Narratori

MARCO SCARDIGLI

Storia di un memorabile perdente

Le due vite e tre morti di Luciano Manara, patriota

SOLFERINO

SOLFERINO

www.solferinolibri.it

Le tavole di pp. 93, 121, 148, 163, 183, 208 e 249
sono realizzate da Sergio Schiavi

ISBN 978-88-282-1599-8
Prima edizione: marzo 2025

Storia di un memorabile perdente

La vita!... che importa!
È il racconto d'un povero idiota!
Vento e suono che nulla dinota!

Giuseppe Verdi, *Macbeth*, atto IV, scena VI

Ritratto di Luciano Manara di Lodovico Cardi detto il Cigoli
(Milano, Museo del Risorgimento; © De Agostini/Getty Images)

Chi vuole cambiare il mondo

Il giorno 22 marzo 1848 a Milano, davanti a Porta Tosa difesa dagli austriaci, tutto sta per cambiare e un piccolo mondo attende di andare all'assalto.

Ci sono signori assieme a impiegati, manovali, facchini, maestri di scuola, cantanti, lampionai, cocchieri; e preti e studenti, e donne, più di quante non si pensi. Sono tutti lì, pronti per combattere.

Ci sono notai che scrivono brevi testamenti caso mai non si torni indietro; sacerdoti che distribuiscono l'estrema unzione assieme all'assicurazione che Dio è dalla nostra parte; amici che si salutano, che si dicono addio e poi vinceremo. C'è chi piange e chi sghignazza; chi ha occhi grandi di paura e chi non vede l'ora, perché è una grande avventura.

Due orchestrali della Scala, una tromba e un corno, intonano l'aria *Va' pensiero* dal *Nabucco*. In quel momento, anche suonata così alla buona, è una musica che fa venire i brividi.

Mi accorgo che è inutile tentare di spiegare questo momento: se uno non era lì, non potrà mai capire.

Il signor Luciano cerca di essere dappertutto e per tutti ha una parola o anche solo una pacca sulla spalla o una stretta al braccio. Comanda l'assalto in marsina, gilet azzurro e camicia di seta con il fiocco candido al collo fatto da Carmelita con le sue mani.

A tutti ripete una frase che gli sembra bellissima; non so se l'abbia detta per primo, ma riassume tutti i significati di questa giornata: «Amici, quest'anno la primavera comincia il 22 marzo».

Questo punto della storia, però è avanti e per raccontare bene le cose si deve fare qualche passo indietro.

Innanzitutto il signor Luciano è Luciano Manara e io l'ho servito fedelmente per anni prima come stalliere e poi come scudiero. Potrei dirvi che è stato un eroe, ma è molto facile riempirsi la bocca con l'eroismo altrui.

Io qui racconterò quanto dolore debba attraversare chi vuole cambiare il mondo e quale sia il prezzo di vivere in tempi straordinari, quando il nuovo è lì che aspetta solo che qualcuno lo afferri.

Il mio nome è Italo, sono un uomo piccolo che narra le vicende di un grande uomo in grandi tempi, affinché non vengano dimenticate. Miei sono gli occhi che vedono e la voce che racconta: senza di me questa storia non esisterebbe.

1
Italo

Mio padre voleva l'Italia libera dagli stranieri, ma siccome erano in pochi a pensarla come lui e gli stranieri austriaci erano decisamente contrari, è stato imprigionato ed è morto in carcere.

Quando lo hanno arrestato, mio nonno ha ordinato a mia madre di dimenticarselo, perché era uno sciagurato. Già che c'era, poiché il nonno era persona seria, che le cose le faceva bene e fino in fondo, le comandò di dimenticarsi anche di me, in quanto sangue di sciagurato.

Mia madre ha alzato la bella testa e gli occhi dolci e ha detto di no; così il nonno, uomo tutto d'un pezzo e di parola, l'ha cacciata di casa. E io, sangue di sciagurato, con lei.

Non me lo ricordo: dovevo essere nato da pochissimo, uno di quei cosini avvolti stretti nelle bende, che piangono e basta.

Mia madre si è trasferita a Milano dove c'erano i compagni di fede di mio padre e per essere lontana dal suo, di padre. Mi ha dato il nome Italo, perché il mio genitore si è sacrificato per l'Italia.

Le vicine la chiamavano principessa

I miei primi ricordi sono di una stanzetta piccola con una finestrella alta da cui entra poca luce.

Mia mamma era bella, colta e raffinata, cose non adatte a quella condizione: io la rivedo muoversi lenta tra il cassone che faceva da letto e il tavolino zoppo, con addosso un vestito color vino che era stato elegante tanto tempo prima. Da quelle quattro mura umide non usciva mai: non avrebbe saputo dove andare. Le vicine la chiamavano principessa che, in certi casi, significa che non sai fare nulla di utile nella vita.

Mi insegnava a scrivere, usando pezzetti di mattone sul sasso del pavimento perché non c'erano penne e inchiostro, e mi raccontava l'*Odissea* da un libro squadernato che perdeva fogli da tutte le parti. Le prime cose che ho conosciuto della vita sono state Polifemo, Circe e le sirene; ero convinto vivessero a Milano, solo qualche via distante dalla nostra stanza.

Ho imparato anche la fame: il nostro pane quotidiano dipendeva da una donna amica dei patrioti che veniva con un cestino coperto da uno straccio. Mia mamma diceva che era una bellissima cosa che ci fosse amicizia e solidarietà tra chi condivide gli ideali; però la donna non veniva spesso, e man mano che invecchiava, compariva sempre più di rado e portava sempre meno cibo.

A volte mia mamma mi teneva vicino, mi accarezzava la testa e diceva che era una sfortuna che fossi povero, ma dovevo essere ugualmente fiero di mio padre, martire per la libertà.

«Un uomo amato e rispettato da tutti quelli che vogliono un futuro più bello e più giusto.» Crescendo ho scoperto che si illudeva: quasi nessuno sapeva di mio padre e anche quei pochi tendevano a scordarsene. Se fosse morto in battaglia, oppure impiccato, oppure fucilato, forse sarebbe stato ricordato meglio e di più. Invece uno che va in carcere non fa notizia, e anche se poi muore, non c'è nessuno a vederlo.

Per essere ricordati, conviene morire facendo scena, come a teatro. Ma se fosse possibile, sarebbe meglio non morire.

Italo, assomiglia più a un dolore che a un nome vero e proprio

Io non riuscivo ad amare un padre che non conoscevo. Ero abbastanza contento di essere figlio di un eroe, ma non sarebbe male se gli eroi pensassero anche ai loro figli, invece di farsi arrestare e morire in prigione.

Però non l'ho mai nemmeno odiato; penso solo che se lo avessi visto almeno una volta le cose sarebbero state più semplici.

Ho sempre considerato che il nome che porto, Italo, assomiglia più a un dolore che a un nome vero e proprio: voleva dire che non avevo un padre e dovevo imparare a cavarmela da solo.

Così a girare per le strade con le bande di bambini poveri, a rubacchiare, a picchiarsi, a scappare e a fare il bagno nei canali della città ho imparato tante cose, alcune delle quali, forse, potevo anche evitarmele. Comunque grazie a quest'infanzia misera, per tutta la vita mi hanno detto che io capisco come va il mondo.

Non so se sia un complimento o un compatimento.

Un povero prete, vecchio, grasso

Un giorno, poco tempo dopo che mia mamma era morta, mi sforzavo di arrivare a un paio di mele cadute da una cesta e incastrate in fondo a un tombino, quando mi è arrivato alle spalle l'Austriaco, un ragazzo più grande di me, con i capelli così biondi da sembrare bianchi, la faccia tagliata con l'accetta, mani e piedi grossi per picchiare meglio e una cattiveria che se non è tedesca allora è croata.[1] In un altro momento l'avrei sentito e sarei fuggito, ma quella volta avevo troppa fame e mancava poco per arrivare a quelle benedette mele.

Grazie a qualche santo in Paradiso sono riuscito a scappare e a rifugiarmi in una porta ed è stata due volte una fortuna: la prima è che se l'Austriaco mi prendeva mi ammazzava di botte, così, per divertimento. La seconda è che sono finito nella cappella privata di palazzo Cistellia, una dimora nobiliare e ci sono rimasto per diversi anni ad aiutare un povero prete, vec-

[1] Fino al 1859 l'Austria controllava le attuali regioni Lombardia, Veneto, Friuli-Venezia Giulia e Trentino-Alto Adige. Siccome l'impero asburgico era composto da molteplici nazionalità, era prassi comune mandare le truppe in guarnigioni lontane dalla propria terra natale. A Milano si incontravano con maggior facilità croati, ungheresi e boemi, oltre ad austriaci veri e propri e a tedeschi. I vari termini possono essere riassunti nella parola «imperiali».

chio, grasso, che respira male. Tutti i bambini del quartiere lo prendono in giro e lo chiamano don Bragone perché sotto la tonaca porta un paio di braghe sformate e tenute su da una corda. Anch'io lo ricordo con questo nome e non so più come si chiamasse davvero.

Don Bragone è uno di quei preti detti «fiaccherai» perché, come i conducenti delle vetture a nolo, vengono recuperati una volta qui per dire una messa di commemorazione, una volta là per una comunione e a volte, persino, per una estrema unzione. Insomma è un prete a comando.

Quando lo cercano, e non succede spesso, si pettina con cura i capelli all'indietro e passa una pomata che dovrebbe restituire il biondo a una testa ormai quasi tutta grigia. Io devo vestire una sottana che è stata rossa e seguirlo portando il crocefisso ad asta e un tascapane con dentro le chincaglierie che si usano per i riti.

Tutto andrebbe bene, se non fosse che in qualsiasi posto viene chiamato, don Bragone scopre che si mangia di più e meglio che non a palazzo Cistellia e non riesce a trattenersi soprattutto di fronte al vino fresco, rosso, profumato che, a confronto di quello abituale, sembra una rosa d'amore paragonata a un papavero secco. Così finisce che lo buttano fuori, a male parole, triste e ubriaco.

Per anni ho dormito in chiesa

Per anni ho dormito in chiesa e cenato con i suoi avanzi: quando aveva finito, allungava con l'acqua il fondo della zuppa e me la passava. Mentre mangiavo mi spiegava le parabole del Vangelo, oppure le storie della Bibbia; soprattutto gli piaceva raccontare di quando lui era giovane e bello e andava nei salotti delle principesse a insegnare come mai una cosa di moda che si chiamava illuminismo fosse una grande stupidata. E le signorine principessine lo guardavano ammirate e qualcuna era anche un po' innamorata, ma lui non aveva mai ceduto sulla strada del vizio.

«Vedi» mi diceva «questi signori francesi illuministi pensano che la ragione sia importante, sia il centro di tutto, ma hanno le pigne nella testa. Infatti anche uno stupido sa che nell'uomo c'è ben poca ragione e tutti sono pronti a rubare, mentire e ammazzare, basta che ne abbiano anche solo un piccolo guadagno.»

Allora si alzava di scatto come se fosse ancora giovane. Con il dito al cielo, diceva che solo Dio deve governare il mondo perché lui non ha interessi terreni: non è tentato dalle ricchezze, dalla lussuria, dalle invidie come invece succede agli uomini.

Poi si risedeva e cominciava la parte triste del racconto. Infatti un brutto giorno arrivarono i francesi con le pezze al culo, ma siccome avevano fatto un patto con il demonio, avevano sconfitto gli eserciti di Sua Maestà l'imperatore ed erano entrati a Milano. I vincitori erano tutti illuministi e così, da un giorno all'altro, nessuno ha voluto più ascoltare don Bragone e nemmeno lo ha invitato nei salotti.

Lui era stato fortunato a trovare ospitalità presso dei signori che hanno ben chiari i valori di ordine e religione; altri nelle sue condizioni sono dovuti andare a lavorare per poter avere la zuppa di sera.

Camminano appoggiandosi a bastoni neri di lacca

A palazzo Cistellia abitano anche i signori padroni: il barone Edoardo Maria Vittore e la baronessa Benedetta Anna Sofia.

Sono nobili, camminano appoggiandosi a bastoni neri di lacca e appartengono a un altro tempo: il signor barone veste sempre con il cappello a tesa larga e i pantaloni al ginocchio come era obbligo prima della rivoluzione, anche se non hanno più fermagli d'argento a chiudere l'orlo. Dice che le braghe lunghe sono una moda stupida dei rivoluzionari perché tirano su tutto lo sporco che c'è per terra. Lo dice almeno cinque volte ogni giorno e non aggiunge molto altro.

La baronessa sta al suo fianco, con la mano appoggiata al suo avambraccio, sorride e fa cenni cortesi con la testa.

I signori di Cistellia sono vecchissimi e davvero conciati male: vestono abiti così lisi da essere quasi trasparenti e portano parrucche spelacchiate che, però, sono sempre meglio dei loro capelli, radi e sottili come fili di ragnatele.

Anche per loro il disastro è venuto con i francesi, quando a palazzo si è presentato un generale rivoluzionario senza nemmeno una goccia di nobiltà nelle vene e ha osato dare ordini al barone i cui antenati hanno fatto le crociate.

Risultato: i francesi si sono portati via tutto, poi è venuto il popolino milanese a prendersi il resto (perfino la tappezzeria che sono riusciti a staccare) e il barone indignato ha fatto sprangare il portone e da allora non è mai più uscito da palazzo.

Nessuno gli ha detto che ormai da decenni non ci sono più i francesi, ma sono tornati gli austriaci. Ma anche se qualcuno li avesse informati, non sarebbe cambiato nulla: il barone e la baronessa, invecchiati fra queste mura, non vogliono avere nulla a che fare con quanto succede nel mondo e gli va bene così.

Ogni giorno mi danno quattro soldi per la spesa e si raccomandano di acquistare un bel fagiano grasso, oppure delle pernici che la cuoca conosce la ricetta di una salsa al Madera che aveva stupito perfino Sua Maestà.

Io non voglio deluderli e non dico che con gli spiccioli che mi danno e che non so da dove arrivino, non si comperano né fagiani né pernici, ma a malapena pane bigio per tutti. Taccio e mi arrangio a rubacchiare qualcosa qua e qualcosa là.

Rappresentano il passato decrepito

Anni dopo, nei giorni della rivolta, chi ne sapeva più di me mi ha spiegato che don Bragone e i baroni di Cistellia rappresentano il passato decrepito, che deve lasciare il passo al progresso. Mi ha anche detto che i francesi erano i buoni, perché hanno cominciato a costruire un mondo più bello, più giusto, ma soprattutto moderno. Un mondo che si riassume in poche parole: uguaglianza, libertà e fratellanza; e per chi non ce l'ha, indipendenza.

Io invece ricordo quei due vecchietti con rispetto e forse anche con tenerezza, e non solo perché mi davano un tetto e un pasto, per quanto misero. Rammento anche l'insegnamento che ripetevano quasi ogni giorno: non bisogna fidarsi del popolo perché pensa solo a mangiare, bere, accoppiarsi come bestie e non capisce la differenza fra una porcellana di Sèvres e un piattaccio di terraglia. Soprattutto il popolo è come una bandiera al vento, che oggi sventola a destra e domani a sinistra: non bisogna mai farci conto.

Il piccolo mondo di Cistellia che sembrava esistere da sempre è finito in fretta. Un giorno è defunto il signor barone e due giorni dopo lo ha seguito la signora baronessa: forse aspettavano solo di capire come si fa a morire. Finiti i funerali, don Bragone mi ha comunicato, serio serio, che i signori, con le ultime disposizioni, hanno voluto lasciarmi libero dai miei doveri; in realtà ho capito che non sapeva come darmi da mangiare.

Adesso sapete di chi è la voce che state ascoltando e questa è una cosa molto importante.

Cioè non è importante la mia vita, perché di vicende infelici è pieno il mondo: è importante perché sono io che parlo e le storie cambiano, e di tanto, a seconda di chi le racconta.

Dice un proverbio:

La vicenda è differente se la racconta chi bastona,
chi viene bastonato o chi conta le bastonate.

2
Il signor Luciano

Fuori da palazzo Cistellia, un giorno d'autunno dell'anno 1846, la mia vita ha avuto un'altra svolta.

Lavoravo in uno di quei locali moderni che stanno sorgendo un po' dappertutto in giro per Milano. Non una delle solite osterie: stanze fumose con un tavolo, una o due botti, qualche panca, ubriachi dentro e ubriachi fuori. A fare il garzone lì si è fortunati se si prendono solo dei gran calci.

Nemmeno una locanda della posta dove i viaggiatori possono fermarsi, mangiare qualcosa, magari dormire in una grande camera comune e intanto vengono cambiati i cavalli delle diligenze.

Il padrone, Gregorio, era stato il cuoco di una famiglia nobile, fuggita all'arrivo dei francesi. Trovandosi senza lavoro e avendo una certa esperienza del mondo, non si è demoralizzato e ha aperto un locale come ne aveva visti a Parigi: un «ristorante». Questo significa che non si entra per ubriacarsi, ma per trovare ristoro: una stanza pulita con tavoli invece dei tavolacci, carne cotta bene, brodo caldo e profumato e vino buono in bicchieri puliti.

La cosa funziona e tra la dispensa, la cucina e le pulizie ci lavoriamo in dieci persone. Io sono il più giovane, ma ugualmente mangio tutte le sere assieme agli altri lavoranti e nel piatto ci sono le stesse cose della tavola del padrone e di sua moglie; dormo al caldo in un angolo vicino al camino e mi considero decisamente fortunato.

Nel ristorante vengono di giorno i borghesi che così si sentono signori per qualche ora. I signori veri, invece, arrivano più tardi, quando finisce lo spettacolo alla Scala: una lanterna sopra l'ingresso segnala che il locale è aperto.

Secondo te, cos'è la libertà?

Una sera c'è una gran tavolata di giovani usciti da teatro e particolarmente allegri; non è la prima volta che li vedo.

Li guida un signore di poco più di vent'anni, elegantissimo e con uno di quei visi aperti e sinceri che si vorrebbero avere davanti quando si ha bisogno di chiedere un favore. Uno con una bella voce, che intona arie d'opera come fossero canzonette.

Questi giovani oramai li conosco: ridono, cantano, corteggiano, ma soprattutto discutono, si accalorano e allora i bicchieri prendono a volare come uccellini.

A un certo punto il signore dalla bella faccia chiama il padrone, parlottano e il signor Gregorio si volta a guardare nella stanza, poi indica me e mi viene vicino: «Mi hanno chiesto chi è il più sveglio dei miei ragazzi: ho detto che sei tu e non farmi fare brutta figura. Mi raccomando, stai al gioco, ma attento a come rispondi perché questi giovanotti hanno le teste parecchio calde e quello in fondo, che ha preso solo un piccolo di rosso, è uno spione della polizia. Non metterti nei guai, se riesci tieni fuori anche quei giovanotti ed evita che succedano cose brutte qua dentro».

Avrei preferito continuare a versare il vino nelle caraffe, ma sono contento che il signor Gregorio abbia fiducia in me.

Mi avvicino al tavolo, voltando le spalle all'informatore.

Il primo a parlare è il tizio con la bella voce che poi ho saputo che si chiama Luciano Manara, ma per me sarà sempre il signor Luciano.

«È da un po' che stiamo discutendo, non riusciamo a metterci d'accordo e perciò abbiamo deciso di sentire il parere di una persona che non faccia parte della nostra combriccola. Quello che vogliamo sapere è molto semplice: secondo te, cos'è la libertà?»

Non ci vuole molto a capire dove vuole arrivare: in giro per Milano corre più rabbia contro gli austriaci che acqua nei canali e non passa giorno che non ci sia qualche zuffa o rissa con i conseguenti arresti. E chi finisce in manette in via Santa Margherita, alla polizia, sa quando entra, ma mai che fine farà.

Perciò cerco una risposta che accontenti i giovanotti e non metta in sospetto lo spione.

«Libertà è quando posso decidere in tranquillità cosa devo fare, senza nessuno che mi grida dietro, oppure mi insegue.»

Intanto con una mano mi afferro il polso dell'altra, sperando di far capire chi ho alle spalle.

Di tutto il gruppo, solo una signorina sembra aver visto il mio gesto: però invece di spaventarsi, oppure di consigliare di lasciar perdere, si diverte.

È bellissima e parla con voce d'angelo: «Mi sembra sveglio; allargatevi un po' così si siede al tavolo e possiamo andare avanti a discutere».

Come è difficile vedere la libertà

«Non sei d'accordo che sia giusto che ogni uomo sia libero? E ogni popolo?»

Con la coda dell'occhio cerco il signor Gregorio per un aiuto; il padrone risponde con una smorfia di stare attento.

«Io so che ogni uomo, innanzitutto, vuole mangiare, magari tutti i giorni.»

Non è la risposta che si aspettavano, me ne accorgo subito dalle occhiate deluse della compagnia. Avrei dovuto immaginarlo: loro sono tutti signori per i quali è normale avere sempre il piatto pieno.

Invece il capo prende sul serio quello che ho detto e fa tacere la tavolata con un gesto della mano. Di solito quelli come lui quando si rivolgono ai servi come me sono duri o al massimo distaccati; lui invece sorride e questa è una cosa che colpisce sin dal primo momento.

«Hai ragione, ci sono aspirazioni materiali che sono sacrosante, non dico di no, come il mangiare. Però ci sono altre aspirazioni che possiamo chiamare... una fame dell'anima, e sono, come dire... divoranti.»

Tutti sorridono a quel gioco di parole.

Tutti meno me: mi guardo alle spalle e vedo che lo spione se ne è andato e così, come un lampo, mi viene un'idea che sale alla bocca prima che possa far qualcosa per fermarla.

«Vi racconto una storia: c'era una volta un ragazzino che vorrebbe prendere due mele incastrate in fondo a un tombino perché muore di fame. È così occupato che l'Austriaco, il ragazzo più grosso e cattivo del quartiere, per poco non lo prende di sorpresa e lo ammazza di botte. Se quel ragazzino non avesse avuto la pancia vuota, si sarebbe accorto del pericolo. È difficile non mangiare e allo stesso tempo badare ai nemici; così come è difficile vedere la libertà, se hai gli occhi appannati dalla fame.»

Non so cosa mi sia venuto in mente di raccontarla, però ho fatto bene: adesso quei signori mi guardano con maggiore interesse.

«Come è andata a finire?» chiede uno, più giovane degli altri.

«Non abbiate paura: quella volta l'ho scampata. Nella vita l'importante è avere fortuna nella sfortuna.»

Ridono di gusto, ma io, all'improvviso, mi rendo conto dell'enormità che ho commesso: ho trattato da pari a pari dei signori che per di più sono clienti.

Invece non succede nulla: Fanny, la signora bella come un fiore, mi porge una mano con il palmo all'insù, guardandomi con i suoi grandi occhi: «Qui c'è una bella zuppa ricca e fumante».

Stende l'altra mano: «Qui invece c'è la libertà».

Muove le due mani come i piatti di una bilancia: «Quale scegli?».

In un attimo mi passa per la testa tutto quello che so del mondo e la risposta mi esce semplice: «Perché devo scegliere? Se si vuole giustizia, allora devo essere libero e con un piatto davanti».

Capisco che ho imbroccato la risposta e forse ho detto una cosa straordinaria perché tutta la compagnia si ferma e tutti gli occhi sono su di me. Io però fisso solo il signor Luciano Manara che mi scruta in modo strano, prima di alzarsi e andare a parlare al signor Gregorio.

Torna al tavolo: «Giuseppe, il mio caposcuderia, ha bisogno

di un aiuto. Se vuoi, in casa mia si mangia tutti i giorni e si dorme sulla paglia. E poi, se vorrai, alla sera parleremo ancora della libertà».

Guardo il signor Gregorio e lui, che è davvero un brav'uomo, mi fa cenno di sì con la testa. Però non voglio che pensino che ho bisogno della loro carità: «Mi chiamo Italo, so leggere e scrivere, almeno un poco, conosco i personaggi dell'*Odissea* e so come va il mondo. Insomma, posso rendermi utile».

Il signor Luciano sorride ancora e quel sorriso conferma che è una persona differente da tutti gli altri: «Italo è un gran bel nome, l'*Odissea* è un capolavoro, sapere come va il mondo è importante, tu mi sarai molto utile e noi due andremo d'accordo».

Così sono diventato il ragazzo di fatica delle scuderie di casa Manara: onestamente non so cosa potrei desiderare di più dalla vita.

Questa è una frase che diciamo spesso, ma non teniamo conto che la storia va sempre avanti, riserva un sacco di sorprese e qualcosa di nuovo da desiderare lo si trova sempre.

Sono affascinati dal nuovo, dal moderno, dal futuro

La mia nuova vita è liscia e morbida come un panetto di burro.

Lavoro nelle scuderie, porto in giro i secchi dell'acqua, metto in ordine la legnaia, pulisco i camini, do la caccia ai topi e così la mia giornata è sempre piena, non sto mai con le mani in mano. Ho ricevuto braghe, scarpe e una camicia; ho un pagliericcio tutto mio proprio sopra i cavalli; ogni giorno c'è zuppa e pane e alla domenica zuppa e carne. Ogni volta che la trovo nel piatto, non mi sembra vero.

Saper leggere è importante perché mi mette un gradino sopra il resto della servitù e quando c'è da fare una commissione appena un po' impegnativa, scelgono me. Ma questo non spiega del tutto perché io sia di gran lunga il preferito dal signor Luciano. Se c'è da uscire con il calesse, per una visita o per andare al caffè, vuole che sia io a guidarlo; Severo, il cocchiere ufficiale e responsabile delle carrozze, sale in cassetta con la livrea e il cappello a cilindro solo quando i signori vanno a teatro o ai ricevimenti con la berlina di gala.

Questa benevolenza è già un fatto fuori dall'ordinario, eppure non è ancora tutto. Non oso dire che mi tratta da amico, perché io sono un servitore e i veri amici sono altri, ma sicuramente trova in me qualcosa che persino io fatico a vedere.

Ne è prova il fatto straordinario che è successo nel marzo del 1847.

Bisogna sapere che il signor Luciano non è solo elegante, divertente, ricercato per feste e ricevimenti, ma è anche un grandissimo appassionato di musica. Forse di più, un malato di musica. Suona molto bene il piano, canta con bella voce e ad Antegnate, un paese dove la famiglia Manara ha possedimenti, ha messo in piedi una scuola musicale facendosi carico di tutti i costi.

E poi bisogna vederlo alla Scala: non perde un'opera, assiste a ogni prova dalle quinte, teso come un cane da caccia che ha fiutato la lepre. Conosce tanti interpreti, musicisti e impresari; si infila dappertutto, vuole sapere tutto, vedere tutto, capire tutto. Per lui la musica è beatitudine, è qualcosa che lo prende per mano e lo porta in un posto bellissimo che sa solo lui.

Tra le tante persone di teatro che il signor Luciano frequenta, ce n'è una a cui tiene in maniera particolare: si chiama Giuseppe Verdi ed è un compositore di poco più di trent'anni. Ha fama di essere scontroso e arcigno, ma con il signor Luciano è simpatico e gentile e passano molte ore a discutere le partiture e a immaginare nuove opere grandiose e innovative. Perché la cosa che unisce questi due uomini, nonostante la differenza di età, è che tutti e due sono affascinati dal nuovo, dal moderno, dal futuro.

Così, un bel giorno, il signor Verdi ha chiesto al mio padrone di raggiungerlo a Firenze per la prima della nuova opera, il *Macbeth*. Da quel momento il signor Luciano non parla d'altro: è felice come un bambino con le tasche piene di dolciumi.

Un'opera nuova che pensa ai tempi nuovi

Il mese di febbraio è tutto dedicato al grande viaggio: da una parte ci sono le discussioni, ogni sera, ogni pomeriggio, in ogni caffè, in ogni salotto su come sarà quest'opera tratta da un autore inglese che in pochi conoscono, dal nome difficile che suona più o meno *Scespir*. Dall'altra c'è la signora Carmelita, la moglie del signor Luciano, che deve badare ai due figli e, giovane com'è, vorrebbe sempre il marito vicino.

Le due cose si scontrano: lui ama teneramente la moglie e devotamente i bambini, ma l'occasione della prima del *Macbeth* è come quei diavoli tentatori che appaiono ai santi per fargli rinnegare la fede.

«Luciano è il migliore dei mariti, ma quando le sue passioni lo prendono e lo trascinano, non vede e non sente più nulla. È un affascinante testone e questo è il suo bello e il suo brutto.»

Così ha detto la signora Carmelita dopo l'ennesima discussione, senza sapere quanto fosse profetica. Alla fine si è deciso che il viaggio sarebbe durato il minor tempo possibile: proprio una corsa veloce come il vento, giusto per assistere alle ultime prove, applaudire alla prima e poi tornare al volo.

Sarò solo io ad accompagnarlo e così, affinché io comprenda la portata di quell'occasione, il signor Luciano non smette di ripetermi che viviamo in tempi straordinari, in cui tutto sta cambiando e il nuovo è lì che aspetta solo che qualcuno lo afferri.

Dopo tre giorni di viaggio, tra un postale e una diligenza, passando per dei monti che si chiamano Appennini, siamo arrivati a Firenze, una città difficile da capire per chi non conosce altro che Milano e il circondario dei possedimenti dei Manara.

I toscani, innanzitutto parlano in modo strano: un italiano ricco che viene arrotolato e disteso come fosse uno scioglilingua. Io li capisco, però se io parlo la lingua milanese, loro non la comprendono e questo non è giusto.

Appena arrivati, siamo subito andati in teatro a vedere il maestro Verdi all'opera.

Ad assistere alle prove si comprende quanto lavoro ci sia dietro una rappresentazione. La prima cosa che balza agli occhi è che sulla scena il signor Verdi ha un caratteraccio e sembra più un padrone di bottega con i suoi garzoni che un artista con cantanti e musicisti.

Non c'è posto nemmeno per il mio padrone che, relegato in platea, deve badare alle personalità che vengono a ficcare il naso alle prove, così che nessuno osi disturbare il Maestro. Un altro si irriterebbe e direbbe: «Ma come, sono venuto da Milano e adesso devo stare a fare i salamelecchi a gente che non conosco?». Invece lui si fa andare bene anche quel ruolo, sta in platea come nel salotto di casa sua, affascina i visitatori con i racconti sulla vita di Verdi e quando è da solo, se ne sta appoggiato a una colonnina a perdersi nella musica.

Di solito i servitori aspettano fuori dal teatro, io invece sono dentro assieme a lui perché gli piace spiegarmi le cose e così mi ripete la solita frase che lo entusiasma: «Ti ho già detto che questa è un'opera nuova che pensa ai tempi nuovi che si stanno preparando? Vedi come tutto corre verso un futuro di novità?».

Vorrei rispondere di sì, che l'ho sentita almeno cento volte, ma taccio.

In qualche momento si rabbuia: «Tutti si aspettano il bel canto, gli acuti e i do di petto: il Maestro mi ha confidato che per certe parti vuole invece una voce rotta, cattiva, come sono certi personaggi. Mi ha detto perfino che è più importante la recitazione del canto, immagina un po'! Non sarà troppo rivoluzionario per questo pubblico?».

Un'altra volta, sempre in ansia: «Mi dicono che a Firenze si apprezzano solo gli italiani come Alfieri, o al massimo i francesi. Inglesi e tedeschi non piacciono: speriamo che il Maestro faccia il miracolo». Ed è davvero preoccupato, come se i soldi dell'impresa fossero suoi.

Alla soprano che deve fare la moglie di Macbeth tocca una scena da sonnambula: lei in prova allarga le braccia come fanno normalmente le cantanti e Verdi ogni volta la ferma e la costringe all'immobilità.

«Solo le mani puoi muovere, solo le mani.»

Le ha perfino detto che è una regina tragica e angosciata, non una venditrice del mercato: la cantante non l'ha presa bene.

Per chiunque sarebbe una gran fatica

Quando viene provato il coro degli scozzesi in esilio il signor Luciano si commuove fino alle lacrime: «Questo sarà un successo come il *Va' pensiero* del *Nabucco*. Il maestro fa cantare i popoli oppressi e un giorno saranno le arie che accompagneranno la nostra lotta per la libertà».

Perché va bene la passione per la musica, ma c'è sempre la questione politica di Milano che lo fa soffrire: quando siamo a passeggio per Firenze non manca di farmi notare come sia bello vivere senza gendarmi stranieri che gridano, senza nobili stranieri che si fanno largo a loro piacimento, senza manifesti di un governo straniero affissi sui muri. La Toscana non è governata come vorrebbe lui, cioè con elezioni, parlamento, libertà di stampa e guardia civica, ma c'è un bravo sovrano e nessun austriaco, croato, boemo o ungherese. Anch'io, che sono ignorante, capisco la differenza.

Così la nostra permanenza fiorentina trascorre tra la signora Carmelita che scrive una lettera al giorno e preme perché noi si torni il più presto possibile e il signor Verdi che rimanda continuamente la prima perché c'è sempre qualcosa che non funziona.

Il signor Luciano cerca di tener buona la moglie, pur rimandando il ritorno, e intanto sopporta gli sfoghi del Maestro per tutti gli intoppi che ostacolano la creazione di un'opera storica e memorabile. Poi ascolta comprensivo i mugugni di cantanti e musicisti che non ne possono più delle prove, dei ritocchi e dei rimproveri. Quindi torna a tener buona la moglie, poi dà retta a Verdi e poi ascolta ancora cantanti e musicisti. Per chiunque sarebbe una gran fatica, oppure un'angoscia: per lui è felicità al sommo grado.

Alla fine, dopo non so quanti rinvii, la prima è andata in scena, tutto è filato liscio ed è stata un successo; noi siamo tornati a Milano venti giorni dopo la partenza e anche la signora Carmelita ha potuto riabbracciare l'amato consorte.

Il nocciolo unito e indivisibile

La città che ritroviamo è molto differente da quella che abbiamo lasciato, nonostante siano trascorse solo poche settimane. È come se con l'avvicinarsi della primavera il clima politico avesse cominciato a fermentare e germogliare.

Di giorno lavoro nelle scuderie e alla sera mi unisco alla banda che si ritrova in casa Manara per parlare di musica, di libri, di teatro, ma soprattutto di politica e di come cacciare gli austriaci e rendere unita una cosa che si chiama Italia. Gli amici sono tantissimi e di molti mi ricordo solo i nomi: Croff, Mancini, Broggi, Guy, Borgazzi. Ci sono poi le donne che discutono esattamente come gli uomini, altrettanto infervorate, se non di più: la signora Fanny, quella del ristorante con la voce celestiale, e spesso si unisce anche la signora Carmelita, ugualmente bella, con grandi occhi azzurri capaci di brillare come stelle. E poi altre, come le sorelle Morosini, che sono cinque, tutte belle e appassionate.

Però il centro di quel piccolo mondo, il nocciolo unito e indivisibile è formato dal signor Luciano, il capo indiscusso della combriccola, dai due fratelli Dandolo, Enrico ed Emilio, e dal conte Morosini.

Emilio Dandolo è giovanissimo: parla a voce bassa, fuma e raramente sorride per atteggiarsi a uomo adulto. Non ne avrebbe bisogno: sa farsi ascoltare ed è molto deciso nelle sue cose; è sicuro che saranno lui e quelli come lui a cambiare il mondo, a cacciare lo straniero e fare un'Italia libera, unita e giusta.

È anche il poeta del gruppo e a volte legge i suoi componimenti a voce alta: tutti commentano e lo lodano, ma io capisco poco perché la lingua della poesia è perfino più difficile del francese che tutti usano quando non parlano in milanese.

Una volta ho sentito il signor Luciano discutere con il precettore del ragazzo: il canonico Fava diceva che il buon Emilio potrebbe incorrere in seri guai con la polizia per le sue idee e perché non fa nulla per nasconderle.

«È un ragazzo e come tutti i ragazzi ha diritto a sognare» ha ribattuto il mio padrone.

«Sì, questo sarebbe vero per qualsiasi diciottenne. Ma Emilio è molto maturo per la sua età: suo padre ha voluto temprarne il carattere con una educazione forse troppo rigorosa. Non vorrei che si mettesse nei guai proprio per dimostrare quella fermezza che ha acquisito e che non è moderata dall'esperienza.»

Il signor Luciano guarda il ragazzo che sta giocando a carte a un tavolo nell'angolo: «Io alla sua età mi sono innamorato di mia moglie e, sfidando il volere delle nostre famiglie, l'ho rapita e mio padre mi ha tagliato i fondi per due anni. Non ero un bambino io, non è un bambino lui: è un uomo e si comporta da uomo».

«È proprio quello che temo» ribatte il precettore.

Dove c'è Emilio Dandolo c'è il suo amico inseparabile, Emilio Morosini, per tutti il Conte. Entrambi hanno Fava come precettore, entrambi vanno a scuola all'istituto Boselli, dove gli insegnamenti sono i più moderni possibili: sono sempre assieme nello studio, nel divertimento e nelle iniziative patriottiche. Del Conte tutti concordano a dire che abbia una gran classe: significa che è a suo agio, in qualunque posto si trovi.

Anche lui ci tiene ad apparire più vecchio di quello che è, ma lo fa ascoltando serio serio ogni discorso di politica, giocherellando con i baffetti sparuti come se fossero mustacchi. Interviene raramente, ma quando lo fa usa frasi brevi e taglienti come lame: per questo motivo è soprannominato Rasoio.

Il fratello di Emilio Dandolo, Enrico, di tre anni maggiore, è fatto di un'altra pasta. È molto silenzioso: guarda tutto e tutti con grande serietà e le rare volte che prende la parola, lo fa a voce bassa, quasi avesse paura di far udire la sua voce. Ha la pelle delicata, grandi occhi e una timidezza educata; e come gli altri, ne sono sicuro, non ha mai fatto a botte.

Pur essendo il fratello maggiore, lascia al più giovane il compito di guastatore, di prima linea: Emilio ribolle di entusiasmi, Enrico segue silenzioso.

Anche lui brucia per gli ideali, ma siccome è timido e riflessivo gli amici lo prendono in giro definendolo «procrastinatore». Lui non se la prende e ammette che forse hanno ragione.

Sarebbe una facezia, invece è una cosa seria.

In un compito scolastico di un paio d'anni prima, aveva scritto che quelli come lui, procrastinatori per indole, poi finiscono a morire «per una palla straniera in mezzo al petto, combattendo per la libertà d'Italia». Il buon Fava, quando ha letto quelle righe, lo ha pregato di cambiarle, perché apparivano come un brutto pensiero per una giovane mente, e un brutto presagio per l'uomo che sarebbe diventato. Non c'è stato verso di convincerlo.

«Se quel giorno fatale arriverà, vorrà dire che non ho procrastinato come mio solito, altrimenti sarei arrivato a pallottola già passata.»

È fatto così: dove gli altri aspirano traboccando entusiasmi, lui giunge a passo lento, senza rumore, cercando di non disturbare. Ma si può giurare che arriverà là dove ha deciso.

Emilio, Enrico e il Conte si chiamano fra di loro «i Trazi» e io non so bene cosa significhi: è un po' come se fossero una società segreta, ma di certo vuol dire che si vogliono bene ed è come se fossero parenti. I Dandolo trattano le sorelle Morosini come loro sorelle e la mamma come mamma loro; il Conte non farebbe un passo senza i suoi amici.

Sono anche gran signori, eleganti, raffinati

Sono fatti così: sognano di lottare per quello che sentono giusto e sono convinti che sia bello morire come gli eroi dei loro libri. Per non restare con le mani in mano, alla sera fondono pallottole per quando verrà il momento della libertà, uguaglianza e fraternità, nonché dell'indipendenza e lo fanno in una stanzina nascosta in fondo alle cantine.

Io li seguo e li aiuto per tutte quelle cose pratiche che loro non conoscono bene: accendere fuochi, usare le pinze, ramazzare quando si è finito.

Mi capita di domandarmi se anche mio padre fosse stato come loro, attorno a un tavolo con gli amici, con una pipa tedesca in bocca a discutere di libertà, fraternità, uguaglianza e via lo straniero. Forse è così che alla fine viene il sangue sciagurato.

Però non bisogna pensare che questa combriccola trascorra il tempo solo in discorsi seri e a sognare una morte da eroi.

Sono anche gran signori, eleganti, raffinati che si vestono alla moda, fumano tabacco eccellente, hanno cavalli e carrozze, si divertono ad andare all'opera alla Scala, ai balli, ai veglioni e nei caffè, nei ristoranti come quello del signor Gregorio e perfino in qualche osteria. Corteggiano signorine, ridono molto e si divertono a inventare scherzi e burle, come quella volta che hanno preso il posto dei cavalli della carrozza di una famosa ballerina e si sono messi loro a tirare, scalpitando e nitrendo come veri destrieri. In quella occasione io ho dovuto staccare i cavalli, perché loro non ci sapevano proprio fare con i finimenti.

Un altro scherzo: quando si è sparsa la notizia che un ufficiale austriaco aveva acquistato il vaso da notte della stessa ballerina per seicento lire, hanno pensato che fosse una buona occasione per prendere in giro gli orgogliosi tedeschi. Hanno allestito un banchetto di pitali usati e l'attore Modena, uno dei più bravi che ci siano in circolazione, faceva il venditore, magnificando la merce e chiamando i compratori, come se fosse al mercato.

Anche il signor Modena è uno della cerchia degli amici, è straconvinto degli ideali, anzi, è ancora più rivoluzionario perché è un repubblicano, cioè dice che non ci devono più essere dei sovrani, ma a comandare deve essere solo il popolo.

Non vi dico le discussioni che avvengono su questi argomenti, e lui e il signor Luciano litigano che è un piacere: «Timidone»; «Settario»; «Moderatissimo»; «Utopista» ma poi finiscono con un abbraccio perché in fondo vogliono più o meno le stesse cose: cacciare l'Austria, fare le elezioni e poi si vedrà.

3
La prima vita del signor Luciano

Nei primi giorni dell'anno 1848 arriva in casa di corsa Emilio Dandolo, rosso in faccia e così emozionato da dimenticarsi gli atteggiamenti da adulto.

Non resta a casa nemmeno se le inchiodano la porta

Non appena riprende fiato, annuncia che in Duomo i soldati austriaci hanno tirato fuori le sciabole.

Da tempo, tutti i discorsi arrivano sempre a un punto in cui ci si augura che succeda qualcosa e da lì non si va avanti; forse questa è la volta buona che quel qualcosa succede per davvero.

Intanto arrivano tutti gli altri e anche Fanny e la sua presenza crea imbarazzo perché potrebbe essere pericoloso e non è un affare da donne; lei risponde che non resta a casa nemmeno se le inchiodano la porta. La signora Carmelita è incinta del terzo figlio e non può proprio partecipare, altrimenti bisognerebbe preoccuparsi anche per lei.

Al gruppo si aggiungono anche due o tre ragazzi delle scuderie, tra i più muscolosi, perché Giuseppe, il caposcuderia, è molto inquieto.

«Bada tu ai signori. Sono bravissime persone, ma ingenui: sotto sotto sono convinti che a fare i ragionamenti giusti si ottiene tutto quello che si chiede. Invece agli austriaci i discorsi non interessano: loro pestano, feriscono e ammazzano senza farsi troppe domande.»

Questo è stato il discorso più lungo che gli ho sentito fare da quando sono ai suoi ordini: l'ho sempre considerato una persona buona e gentile, adesso penso anche che sia pieno di buon senso.

Prima di uscire, il signor Luciano, il nostro condottiero, spiega a tutti, servitori compresi, cosa sta succedendo. Dall'inizio dell'anno i milanesi hanno deciso di non fumare più per non portare soldi alle casse imperiali: basta sigari, sigaretti, pipe, perfino niente tabacco da masticare o da fiutare.

In risposta, le belle teste della polizia mandano in giro delle facce da schiaffi ben fornite di sigari, con l'ordine di fumarli davanti a tutti, magari a due per volta.

«È una provocazione, non dobbiamo cascarci. Vogliono che qualcuno si azzardi a protestare o si ribelli, così finisce prima pestato per bene e poi ai ferri.»

Arrivati a un coperto di corsia dei Servi, la prima cosa che vediamo è un bel tomo con un sigaro in bocca e altri tre nel taschino del panciotto: aspira come se fosse la miglior fumata della sua vita e butta il fumo in faccia a chi gli è vicino. Grazie ai miei trascorsi di ladruncolo, riconosco poco lontano un paio di gendarmi in borghese e così basta un'occhiata per capirci al volo e stiamo *schisci*; altri invece non sono così furbi e qua e là si accendono risse e sono sempre i milanesi ad avere la peggio.

Probabilmente salvano onore e dignità, però le prendono di santa ragione e, come aveva previsto Giuseppe, soldati e gendarmi non guardano dove picchiano: braccia, gambe, ventre, naso, occhi, dove colpiscono, colpiscono.

Però, anche sapendo che sono provocazioni, dover sopportare senza reagire fa perdere il lume della ragione; in un paio di occasioni siamo arrivati a un pelo dal fare qualche stupidata. Alla fine per noi tutto è andato bene, ma abbiamo passato la giornata a tirar via dalle grinfie dei gendarmi quelli meno prudenti, a medicarli e pulire il sangue.

Si respira come un'aria alcolica

Nei giorni seguenti tutti sono rabbiosi e nervosi perché non sono volate solo le botte, ma qualcuno ci ha lasciato la pelle. Non è stata la scintilla della rivolta, ma ugualmente qualcosa è cambiato: un rancore sordo gira per la città e si respira come un'aria alcolica.

Chi è entrato in una cantina quando si travasa il vino, sa che solo respirare fa girare la testa e si diventa ubriachi senza bere un solo goccio. Per le vie di Milano è così: tutti sono sul chi vive, sembrano farsi segni di riconoscimento e aspettano che accada qualcosa. A ogni cantone si discute su quello che è successo nel giorno dei sigari: i gendarmi hanno fatto, i soldati hanno detto. Maledetti austriaci e croati, ungheresi e boemi.

Emilio Dandolo, ha riassunto bene la situazione: la violenza degli austriaci sta insegnando ai milanesi a odiare. Quando l'ha detto tutti hanno annuito seri e anch'io credo che abbia ragione: se vedi una volta correre il sangue, poi ti rimane negli occhi e niente è più come prima.

In casa nostra, poi, c'è la stessa animazione che per un matrimonio: gente che va, che viene, che bussa in piena notte, che entra, dice due cose e scappa via. Altri portano biglietti, li consegnano e poi fuggono con la risposta stretta in pugno.

Per le strade ci sono tantissimi gendarmi, molti più del normale e agli incroci stazionano drappelli di soldati e perfino la cavalleria che fa paura con quei cavalli alti come statue, gli zoccoli che battono impazienti sul selciato, i cavalieri in sella, con i copricapi che arrivano agli occhi, minacciosi proprio perché immobili. Sembrano dire: «Ti faccio paura senza muovermi, pensa quando ti vengo addosso in un turbine di zoccoli, lame, punte e pistole».

Nei cortili delle caserme, gli addetti fanno il filo alle lame delle sciabole, passandole sulla mola e tirandone fuori una cascata di scintille. È una cosa che mette i brividi perché significa: «Guardate milanesi che noi ci prepariamo a bucarvi la pancia». I portoni sono lasciati aperti, affinché tutti possano ben vedere e ricordare.

Passano i giorni, ma la situazione non si calma, anzi continua a prendere calore, come le braci quando ci si sventola su l'aria. Tutti i milanesi sono nervosi, pronti a scattare, a rispondere a muso duro e in casa nostra l'eccitazione è a tal punto che non si bada nemmeno più alle spie della gendarmeria che sorvegliano l'entrata.

Nella frenesia generale il signor Luciano vuole che io passi tutto il tempo con lui, senza mai farmi vedere nelle scuderie. Sono convinto che gli piaccia avermi fra i piedi, in modo da potermi spiegare cosa succede, come se dirle a qualcuno renda più vere le cose.

Inoltre c'è un piccolo dettaglio, ma che al signor Luciano e agli altri sembra importare molto: il mio nome, Italo. Io lo consideravo il nome di un dolore, ma loro dicono che è il nome di una speranza.

Coccarde bianche, rosse e verdi che sono i colori di questa Italia

Un bel giorno arriva la notizia che una città di nome Palermo è insorta e chiede la Costituzione. Questa parola viene ripetuta così tante volte che diventa ben presto un altro chiodo fisso del gruppo di amici.

La Costituzione è una carta con su le leggi spiegate per bene e in modo chiaro, così chi comanda non può fare tutto quello che gli passa per la mente, ma solo quello che c'è scritto. Inoltre ci sono le garanzie della democrazia: la libertà di stampa, così che la gente può leggere sui giornali come stanno davvero le cose, e una polizia che faccia rispettare la legge e non sia solo al servizio di chi ha il potere. Come si vede, ho seguito con attenzione le lezioni del signor Luciano.

Comunque quella di Palermo deve essere una notizia grandiosa perché tutti si sono abbracciati non appena l'hanno sentita; nella stanza delle cantine si fondono pallottole in continuazione, mentre la signora Carmelita e le sue amiche al piano di sopra cuciono coccarde bianche, rosse e verdi che sono i colori di quest'Italia che loro vogliono con tanto ardore.

Fra le donne c'è una giovane sempre sorridente che si chiama Teresina, ma siccome è piccola, l'hanno soprannominata Gigogin: a lei i musicisti di casa hanno dedicato una canzoncina veloce e allegra che si intitola, appunto, *La bella Gigogin*. Quando la sente la ragazza diventa tutta rossa ed è davvero deliziosa: dice ai cantanti di smetterla, ma si vede che le fa piacere.

Non sono solo coccarde e canzoni: in casa non si parla d'altro che di insurrezione, libertà e indipendenza e, già che c'è, anche di Costituzione. Una sera, dopo diversi brindisi, tutti insieme hanno recitato una poesia che sanno a memoria del signor Manzoni, un signore che abita poco lontano, in piazza Belgioioso.

Oggi, o forti, sui volti baleni
il furor delle menti segrete:
per l'Italia si pugna, vincete!
Il suo fato sui brandi vi sta.
O risorta per voi la vedremo
al convito de' popoli assisa,
o più serva, più vil, più derisa,
sotto l'orrida verga starà.

Hanno dovuto spiegarmela: parla di un'insurrezione avvenuta qualche anno fa e significa che gli italiani devono vincere la battaglia per la libertà, oppure saranno sempre servi, derisi dagli altri popoli.

Per curiosità chiedo come fosse finita quella ribellione, ma mi accorgo di aver toccato un tasto dolente: tutti si affrettano a dire che quella volta c'erano stati troppi errori e troppe divisioni.

Il Conte Rasoio ha tagliato corto: la poesia è stata la cosa migliore rimasta da quell'insurrezione.

Anche se sono uno zuccone, voglio cercare di capire

Ho sentito come una botta al petto e sono corso via a rifugiarmi in un angolo del cortile per stare da solo, anche se fa un freddo del diavolo: mi sono preso la testa tra le mani perché, anche se sono uno zuccone, voglio cercare di capire.

La prima cosa che mi è venuta in mente è che mio padre è andato in carcere, è morto, io ho fatto una vita da cane e tutto il guadagno è stato una poesia. O forse nemmeno, perché non so se la rivolta del signor Manzoni sia stata la stessa di mio padre.

Certo è che i poeti, quando scrivono, non considerano i padri che finiscono in carcere e i figli che crescono poveri; cambiano parecchio le carte in tavola e fanno sembrare splendido e giusto quello che è triste e persino un po' meschino. Don Bragone diceva sempre che non bisogna fidarsi di loro e forse un poco aveva ragione, anche se mi dispiace ammetterlo.

Fermati, mi dico. Non si tratta solo di poesia: in tutta Milano c'è la stessa frenesia di casa Manara. E non può essere che tutta la città sia abitata da sciagurati.

La questione vera è se voglio fare il ragazzo delle scuderie con la cena sicura e il letto di paglia, oppure voglio anch'io l'Italia unita, la libertà e tutto il resto della mercanzia.

Al ristorante del signor Gregorio, alla domanda di scegliere fra zuppa e libertà, avevo risposto che le volevo tutte e due e mi era sembrata una gran bella risposta. Però là si parlava tanto per parlare: adesso a restare c'è il mangiare assicurato e non si rischia nulla; a seguire il signor Luciano e gli altri magari si ottiene la libertà, ma chissà a quale prezzo.

La voce del buon senso, il mio sapere come va il mondo, devo ammetterlo, mi suggerisce di rimanere al caldo delle scuderie e uscire solo quando ci sarà la certezza che le cose siano finite bene.

Oltretutto girano voci maligne sul signor Luciano e i suoi amici: che sono ricchi e hanno tutto e più di tutto e solo per questa ragione possono permettersi di buttar via le giornate con i sogni e gli ideali. La gente normale invece ha da tirare la carretta dall'alba al tramonto e non ha tempo per queste baggianate.

Tutto questo è sensato, allora perché sento che è sbagliato?

Mi rispondo: se non sanno le cose loro che hanno studiato, chi le deve sapere? Sono ricchi, è vero, ma proprio perché hanno solo da perdere credo sia giusto seguirli. E poi sono brave persone, leali e generose con me e voglio ricambiare.

Infine c'è un altro fatto più personale: da qualche parte in fondo alla testa o forse nel cuore, una vocina mi dice che quel padre che io non ho mai visto vorrebbe che io li seguissi.

Alzo la testa e sorrido alla luna.

Così, mentre nella sala discutono di democrazia, Italia e Costituzioni, io nel cortile decido che rimarrò con loro, succeda quel che deve succedere. Anche chi lotta per la libertà, mi dico, avrà bisogno di qualcuno che sappia fare i nodi, pulire una lanterna, sellare un cavallo, oppure sapere come funziona il mondo.

Spero solo che non finisca che, fra qualche anno, qualcuno dirà che la cosa migliore di questi giorni è stata una poesia, o magari una canzone come *La bella Gigogin*.

Una vita che nasce è un miracolo

Passano i giorni, insorge anche la città di Napoli e anche lì viene concessa la Costituzione. Grandi feste e in tutte le trattorie e i ristoranti della città si serve un piatto che si chiama maccheroni alla napoletana. L'ho assaggiato anch'io: è come il risotto, ma più scivoloso, però non è male.

In casa si festeggia un po' meno di quello che ci si aspetterebbe, perché la signora Carmelita è agli ultimi giorni della gravidanza e questo preoccupa un po' tutti. Il 19 febbraio nasce Pio in onore del papa Pio IX che, a differenza dei pontefici precedenti, non si preoccupa soltanto dei soldi che vanno a finire nelle casse della Chiesa, ma ha concesso delle libertà ai suoi sudditi e vuole anche lui il progresso e l'Italia unita.

Anche se non ci fosse stata di mezzo la politica, sarebbe stato ugualmente un grande momento perché una vita che nasce è un miracolo che mette ombra a ogni altra cosa, anche alle insurrezioni. Si dice che di solito gli uomini siano freddi all'arrivo di un figlio, soprattutto se è il terzo; il mio padrone invece lo tiene in braccio e sorride concentrato e rapito, come fa solo quando suona certe musiche al pianoforte.

Per due o tre giorni non si è parlato di Italia o libertà, ma solo della salute della mamma e del bambino. Sarebbe stata davvero una grande ingiustizia se la signora Carmelita fosse morta per il parto, come tanto spesso succede: gli amori belli non devono finire così.

Almeno io la penso in questo modo.

Anche il signor Luciano deve averlo pensato e ha fatto questo brindisi: sua moglie ha rischiato la vita tre volte per far nascere i tre figli e quindi è più eroina lei di tanti soldati che vanno in battaglia una sola volta e poi si vantano per tutta la vita.

«Quello di Carmelita e di tutte le donne è un grande insegnamento: non si deve restare troppo attaccati alla vita altrimenti, con la scusa che bisogna salvare la pelle, non si fanno le cose davvero importanti. Come mettere al mondo i figli o lottare per la libertà.»

Sembra una frase detta con leggerezza, ma poi ho avuto modo di capire quanto fosse seria.

Però la storia non si ferma perché è nato un bambino.

Si riprende a parlare di insurrezioni, libertà, Costituzioni, repubblica o non repubblica, guardia civica e libertà di stampa e un bel giorno arriva la notizia che anche un'altra città di nome Parigi è insorta, ha cacciato un re e proclamato la Repubblica. Io credevo che i re non si potessero mandare via come se fossero i venditori alla porta che gli si dice «oggi non serve il pesce, ripassate magari la settimana prossima», ma che ci fossero sempre stati e sempre ci saranno, come il sole, i sassi, gli alberi e tutto il resto. Invece ha ragione il signor Luciano a dire che tutto il mondo sta cambiando.

Le rivolte sono come le ciliegie, una tira l'altra, e io chiedo di farmi vedere su una carta geografica dove sono le città che insorgono, per capire quanti giorni di cammino ci vogliono per arrivarci: direi che le più lontane sono Budapest e Berlino. Bisogna ammettere che le idee hanno gambe veloci e corrono come il vento.

Alla fine, come accade per ogni cosa troppo ripetuta, anche le insurrezioni diventano una cosa quasi normale. Invece fa un gran rumore che quella ballerina a cui il signor Luciano e suoi amici avevano staccato i cavalli, se ne sia andata da Milano. Siccome è austriaca, non si è sentita più al sicuro e inoltre a teatro dove faceva sempre il pienone, l'ultima volta ha venduto solo nove biglietti. Qualcuno dice che è il segno che la gente non vuole più sapere nulla di tutto ciò che è austriaco.

Emilio, il poeta, ha commentato: «Leggera come una farfalla, sente nell'aria un vento troppo forte» e tutti hanno brindato alla tempesta che si sarebbe senz'altro abbattuta anche su Milano. Io sono meno entusiasta di loro: ricordo bene i soldati che affilavano le spade e non mi sembra che abbiano intenzione di lasciarsi portare via dal vento senza sguainarle.

Siamo solo noi che restiamo con le mani in mano

Un mattino di metà marzo, prima dell'alba, il Conte arriva al portone, picchia come un matto e, cosa insolita, ce lo troviamo davanti, spettinato, senza fiato e con due chiazze rosse sulle guance. Sembra un ragazzino che ha appena finito di correre con i compagni, invece porta una grande notizia, da fonte sicurissima: anche Vienna, la città dove ci sono tutti gli austriaci e dove abita l'imperatore, è insorta.

Lo dice al signor Luciano e alla signora Carmelita, scesi dalla camera in camicia da notte e cappotto, nonostante il freddo, e intanto gira per il cortile come un cane a digiuno e ripete: «Siamo solo noi che restiamo con le mani in mano».

Arrivano anche i Dandolo e così si ricompone il terzetto dei Trazi; poi giunge l'attore Modena e poi Fanny, con i capelli raccolti come se fossero serpenti in una cesta, ma con gli occhi che brillano di ansia e felicità. E poi altra gente e persino qualcuno che non conosco.

Il signor Luciano fa entrare tutti nel salone dove ha ordinato di accendere il camino grande e annuncia che bisogna mettersi in contatto con il comitato insurrezionale perché in Piemonte, che è uno stato vicino a Milano, sono pronti quarantamila fucili per la rivolta.

Almeno, questo si dice in città.

Peccato che nessuno sappia l'indirizzo di questo comitato.

«Non c'è nessun comitato» dice uno.

«È una voce che ha messo in giro la polizia, così noi iniziamo l'insurrezione, i fucili non ci sono, ci ritroviamo in quattro gatti e finiamo appesi alle forche.»

Avrei voluto dire che a trovarsi in piazza da soli, magari non si finisce impiccati, ma poi si muore in carcere che forse è anche peggio. Però taccio, perché nessuno conosce la mia storia.

Potrei raccontarla e di sicuro me ne verrebbe del buono ma, per qualche strana ragione che non so spiegarmi, sento che la storia di mio padre sia una questione privata.

Intanto la gente discute ad alta voce, ma tutti sono d'accordo su un punto: «Tutto il mondo si ribella e solo noi restiamo a guardare».

Ferri roventi su cui si continua a battere

Nei giorni seguenti le notizie sull'insurrezione si rincorrono, si scontrano, si intrecciano, vengono lasciate cadere, riprese e alla fine si continua a non sapere cosa succederà l'indomani.

E l'indomani arriva la notizia che anche Venezia si è ribellata e sta combattendo contro gli austriaci. Questa è una vera bomba perché Venezia è una città dell'Italia e, come Milano, fa parte dell'impero austriaco. Se si è ribellata lei, allora Milano fa davvero una figura meschina a essere l'unica che se ne sta senza far niente.

Per questo motivo, gli animi in casa Manara che fino alla sera prima erano infiammati, oggi sono incandescenti. Avete mai visto un fabbro quando batte il ferro caldo, rosso e luminoso, che a ogni colpo sembra prendere vita? Ecco, casa nostra e tutta Milano in quei giorni sono ferri roventi su cui si continua a battere.

«Vienna è insorta, Budapest è insorta, Venezia è insorta: tutto l'impero sta per crollare e noi cosa aspettiamo?»

«Si dice che Carlo Alberto stia ammassando l'armata sul Ticino.»

«Io non mi fido di Carlo Alberto.»

«Tutta l'Italia è in rivolta: Napoli, Roma e Firenze hanno la Costituzione. Questa volta nessuno ci potrà fermare.»

«Tutta l'Europa è in rivolta: sta cambiando il mondo. I neri, i gesuiti e i parrucconi, se vorranno, potranno sempre rifugiarsi in Russia.»[2]

«Notizie del comitato insurrezionale?»

«Al momento giusto si paleserà.»

«È questo il momento giusto.»

«Cattaneo cosa dice?»

Cattaneo è un professore pacato, che parla con la tranquillità di chi le cose le ha capite davvero e viene spesso in casa nostra a discutere con il signor Luciano e gli altri amici.

«Lui non è uomo d'azione. Dice di aspettare e capire come comportarci.»

«Se non ci muoviamo perderemo la grande occasione di cambiare la situazione.»

«Se rimaniamo a fare le belle statuine non potremo più guardarci allo specchio senza disprezzarci.»

Intanto nella cantina si continuano a fondere pallottole e messaggeri e biglietti vanno e vengono come api dall'alveare. Qualcuno ha detto alle donne che, se ci sarà battaglia, serviranno stoppacci per i fucili e bende per curare i feriti. Detto fatto: un mare di camicie e lenzuola viene sacrificato sull'altare della patria.

[2] Nel linguaggio del tempo il fronte ostile alle riforme e ai cambiamenti è definito da una pluralità di termini. Il più diffuso è «neri» (in contrasto ai «rossi» cioè chi voleva cambiare le cose. Gli stessi termini in uso anche oggi, anche se con protagonisti estremamente differenti), ma anche «codini» e «parrucconi», cioè chi usa le parrucche in voga prima della rivoluzione; «retrogradi» non ha bisogno di spiegazioni. I «gesuiti» avevano monopolizzato la cultura assolutista e come tali venivano visti come una sorta di spina dorsale del Vecchio Regime.

Noi abbiamo la forza della gioventù

Quel giorno 17 marzo la città è come la polenta sul fuoco: in superficie calda, borbottante, ma gli scoppiettii qua e là rivelano che all'interno la temperatura è incandescente.

Alla fine, dopo cento biglietti arrivati e partiti e dopo cento messaggeri che corrono come trottole, la decisione è ancora di temporeggiare, anche se in tanti scuotono la testa scontenti.

Il signor Luciano è tra quelli che vorrebbero fare qualcosa, ma Cattaneo sostiene che prima di agire con le armi è meglio esplorare altre vie e cominciare col chiedere la guardia civica e la libertà di stampa.

«Agire così» conclude «è un modo per capire le intenzioni reali degli austriaci: se vogliono trattare, oppure combattere. La situazione per loro è davvero difficile con le rivolte in tante città dell'impero e non è escluso che se ne vadano senza colpo ferire.»

Parla bene, con calma e lucidità e i suoi sono buoni ragionamenti che, però, siccome sono logici e pacati, non piacciono a molti. Fra gli insofferenti c'è un giovanotto nervosissimo, con in testa un cappello da brigante calabrese o alla Ernani, due piume su un lato e la coccarda tricolore sull'altro, che fa un gesto come per dire che sono tutte stupidate e lui sa precisamente cosa fare: si deve colpire, quando il nemico è indebolito.

Il signor Luciano gli mette una mano sulla spalla: «Forse hai ragione, ma combattere contro ventimila soldati comandati da un osso duro come Radetzky non è uno scherzo. Per di più può ricevere rinforzi dalle altre città della Lombardia. Si arriverà alla battaglia, se si dovrà, ma non è una decisione da prendere a cuor leggero, giusto per fare gli eroi a tutti i costi».

Una volta mi ha indicato per strada questo maresciallo Radetzky. È un vecchio grasso che ricorda un cagnone di pollaio, pieno di cicatrici e sempre mezzo addormentato: sembra innocuo, invece piuttosto si fa ammazzare, ma il pollaio non lo lascia indifeso.

In quella occasione il signor Luciano mi ha detto: «Lui è come il legno delle piante secolari, vecchio come il mondo che rappresenta. È duro e coriaceo, ma è il passato e invece noi abbiamo la forza della gioventù. Il futuro è con noi».

Milano è una città dove ci si conosce tutti

Nella notte del 17 marzo in casa Manara dormono non so più quante persone e ciascuno ha portato con sé più gente che poteva; così in ogni stanza c'è qualcuno che ronfa, perfino in cucina e nella dispensa, per non parlare delle scuderie.

Dormire però è una parola grossa e lo fanno solo quelli che la sera prima hanno bevuto qualche bicchiere di troppo, visto che si era in compagnia; gli altri girano per casa, parlano sottovoce, ma soprattutto guardano fuori dalle finestre e dal portone, come se dovesse arrivare un messaggero da un momento all'altro. Per calmare l'irrequietezza, il signor Luciano ha passato la notte a contare, radunare e pulire le armi di casa, e io con lui: ci sono una dozzina di fucili buoni comperati a Lugano e fatti arrivare in città col carretto, nascosti sotto le rape; quattro tromboncini, di quelli per la caccia alle anatre. Poi ci sono tre pistole belle e decorate, una decina fra sciabole e spade di varia misura, infine gli spiedi della cucina e i coltellacci.

Prima dell'alba, fuori è ancora tutto buio, arriva il messaggero tanto atteso, ma non è un cavaliere stanco dopo lunga galoppata e magari ferito, come succede nei libri di avventure, ma un ragazzino di non più di sei anni. Però la notizia che porta è davvero grossa: un valletto della casa del viceré ha fatto sapere a suo cugino, servitore di casa Morosini, che nella notte è arrivato un messaggero – quello sì, sfinito, a cavallo e fradicio di pioggia – con la notizia che Vienna è in mano agli insorti, il primo ministro Metternich è fuggito chissà dove e anche l'imperatore se ne è andato. Allora il viceré ha fatto svegliare tutto il personale della casa per preparare i bagagli in fretta e furia e imballare le cose preziose e adesso attende solo una scorta di ussari per abbandonare Milano.

I pochi che dormono ancora vengono svegliati e tutti dicono che il momento è arrivato e gli austriaci se ne vanno. Si attende l'alba e intanto si cerca di decidere che cosa fare.

Quando finalmente arriva la luce si esce di casa e andiamo verso il centro, a gruppetti di tre o quattro, facendo finta di niente, senza fucili e senza armi grosse, ma con pistole e pugnali nascosti sotto le giacche.

La prima persona che incrociamo è il signor Cattaneo: è un amico, un democratico e secondo il mio padrone «una bella testa», però in quell'occasione gela gli entusiasmi: «Dove vado? Quando i ragazzini hanno il sopravvento, gli uomini vanno a casa» e ci lascia col naso in mezzo alla faccia.

Però lo slancio accumulato nelle ultime settimane è tale che passiamo sopra a questo inciampo: «È sempre troppo prudente. Vedrete che cambierà idea».

Milano è una città dove ci si conosce tutti e in una giornata simile, ogni persona che si incontra ha qualcosa da dire, più spesso qualcosa da chiedere: «È vero che gli austriaci se ne vanno? Radetzky è ancora a Milano? Stanno arrivando i piemontesi?».

Qualcuno, con fare cospiratore, si avvicina e domanda sottovoce se ci sono notizie dal comitato insurrezionale: si dà per scontato che, se questo esiste, il signor Luciano ne sia al corrente.

Però noi stiamo sulle nostre, cercando di non dire troppo per evitare di finire arrestati per via di qualche spione della polizia ancora prima che cominci qualcosa, qualsiasi cosa sia.

Così, dovendosi tenere la curiosità, la gente si accoda e quando arriviamo nelle stradine attorno al Duomo, siamo già un'ottantina.

In un altro giorno saremmo sembrati tanti, ma in quella mattinata piovigginosa siamo come una secchiata nel Naviglio; si direbbe che nessuno sia rimasto in casa.

Arrivati al municipio, il signor Luciano sale per sentire cosa abbia deciso il podestà Casati e se siano arrivate notizie da Vienna; soprattutto per sapere le intenzioni dei militari.

A noi tutti raccomanda di tenere gli occhi aperti e di non cedere a provocazioni.

A me invece bisbiglia di tenere d'occhio Fanny che, giaccone da uomo e cappellaccio da brigante, stringe in seno una piccola pistola di suo marito.

«È voluta venire con noi a tutti i costi ed è più facile far cambiare idea a un mulo. Però ho paura che si metta nei guai: stalle vicino, tu che sai come va il mondo.»

Poi si volta, la guarda, guarda me: «Ti sono in debito».

Perché il signor Luciano è fatto così, ringrazia anche quando potrebbe solo ordinare.

Comunque direi che non ci sono problemi, perché in giro non si vede nessun brutto muso della polizia, nessun confidente, né tanto meno soldati, il che è davvero una cosa strana. Infatti ognuno la interpreta come vuole.

Si stanno preparando per andarsene da Milano?

Si stanno preparando per uscire tutti insieme e fare un massacro dei milanesi?

Finché non succede qualcosa, tutti hanno diritto di aver ragione.

A parer mio, gendarmi e spioni hanno capito che non è aria per loro. Il che non vuol dire che non torneranno a mostrare i loro brutti musi passata la buriana.

Una gran folla che si aspetta cose memorabili

Intanto arriva sempre più gente, qualcuno da solo, ma la maggioranza a gruppi per farsi coraggio e ci sono signori, ma anche bottegai e lavoratori di tutti i tipi e naturalmente perdigiorno e cercaguai.

A un certo punto un giovanotto con pizzo e baffi sale su un gradino e annuncia che ci si deve preparare a fare la guerra agli austriaci e che se si vuole la libertà, bisogna conquistarla. Qualcuno lo ascolta, qualcuno scuote la testa; qualche altro risponde ad alta voce e ognuno commenta le cose come le vede, oppure solo per dimostrare che anche lui ha qualcosa da dire.

Così il rumore sale e alla fine tutti gridano quello che pensano: libertà, Costituzione, Repubblica, pane gratis, Italia, libertà di stampa. Una donna grida di liberare i prigionieri politici chiusi nelle carceri e nelle caserme della città, allora tutti gridano che bisogna liberare i prigionieri.

Poi uno grida «viva Pio IX» e allora tutti gridano «viva Pio IX».

Da un'altra parte della piazza qualcuno urla «Viva Carlo Alberto» (che è il re del Piemonte da cui dovrebbero arrivare i famosi quarantamila fucili), qualcuno lo zittisce, quello risponde e si rischia la rissa: anche nei grandi momenti tutti ci tengono ad avere ragione.

Questo per dire che nella piazza davanti al municipio c'è una gran folla che si aspetta cose memorabili, ma non sa bene che cosa volere e neppure da chi volerlo.

Mi giro e non vedo più Fanny e il cuore perde un paio di battiti; invece è solo andata a parlare all'uomo che ha gridato «Viva Carlo Alberto» e a chi lo contesta. Sarà che è bella, sarà che parla bene, sarà che si vede che è una signora, ma gli uomini la ascoltano attenti e fanno di sì con la testa.

Cerco anche gli altri, ma c'è gente dappertutto che non ci si riesce a muovere e sono piene anche le viuzze tutt'intorno.

A un certo punto il podestà esce sul balcone, circondato da parecchie persone e qualcuno sventola una bandiera bianca, rossa e verde che è la bandiera italiana.

Il podestà parla e muove la testa e le mani, ma non si riesce a sentire cosa dice perché c'è un brusio sottovoce che moltiplicato per tante bocche, fa un rumore assordante.

Io faccio appena in tempo a riconoscere il signor Luciano tra le persone sul balcone e lo indico alla signora Fanny che applaude contenta, come se avesse visto un bello spettacolo.

Finito il discorso che nessuno ha sentito, la gente non fa in tempo a domandarsi cosa succederà adesso, perché corre la voce che si va al palazzo del governo, dall'altra parte della città, a presentare una cosa che si chiama «istanze del popolo milanese».

C'è nell'aria una sorta di allegria

Così ci muoviamo, con il podestà in testa e la bandiera dai tre colori appena dietro: un serpente di persone che si sa dove comincia, ma non dove finisce perché anche le strade a destra e quelle a sinistra sono piene.

Percorriamo il Cordusio, via Orefici e oltrepassiamo il coperto Figini. Mentre cammino e tengo d'occhio la signora Fanny, penso che c'è davvero tanta gente di tutti i tipi: lei è una signora e ha un poveraccio a un fianco e uno studente all'altro; poi ci sono lavoratori, preti, operai, bottegai e borghesi.

I baroni di Cistellia sostenevano che non ci si deve fidare della gente, soprattutto quando è folla; eppure io mi sento di fidarmi delle persone che mi circondano. È un sentimento strano che non ho mai provato: mi sembra quasi di sentire i pensieri degli altri, come fossero amici anche se non li ho mai visti prima.

C'è nell'aria una sorta di allegria, come di giorno di festa, ma mescolata a qualcosa di minaccioso. C'è chi corre con gli occhi duri e chi grida: quando si passa davanti alle case di qualcuno che si è fatto una posizione lavorando per l'impero, si forma un capannello che picchia sulla porta e tira sassi contro le finestre. Nelle strade laterali di corso Francesco la gente mette di traverso carri e carrozze perché non si sa mai che arrivino gli austriaci a caricare con la cavalleria.

Però il grosso della gente non sembra preoccuparsi: procede, sorride, saluta e intanto sempre più persone si uniscono alla marcia, come se un messaggero fosse corso a bussare alle porte per far scendere tutti in strada.

Al ponte di San Damiano incontriamo i primi soldati in una garitta all'inizio di corso Monforte. Sono lontani e non vedo se sono boemi o ungheresi, ma altri arrivano di corsa con le baionette sui fucili. Il corteo per un attimo si ferma, aspettando che qualcuno dica cosa fare; poi ci sono movimenti, il tono delle voci sale, un passo avanti, un ondeggiare e, all'improvviso, si sente uno sparo e poi un secondo. In un altro momento due fucilate sarebbero bastate per disperdere la gente e farla fuggire come tanti piccioni, invece questa volta è come se obbedisse all'ordine «tutti avanti»; si sentono altri spari, ma si perdono nel ruggito della folla.

I soldati scappano, sono travolti, la gente arriva al palazzo del governo e si butta dentro. Quando il signor Luciano e i suoi amici riescono a raggiungere a loro volta il portone, trovano già un sacco di persone, e anche qualcuno che esce con un fagotto stretto al petto, perché se non si sa come finisce, tanto vale guadagnarci qualcosa. Dovunque per terra, davanti al palazzo e nel cortile, fogli, registri e faldoni; sembra sia nevicato carta.

Fuori, invece, sono sempre di più quelli che rovesciano botti, masserizie, panche e carrozze per fare barricate perché da un momento all'altro arriveranno altri soldati; la signora Fanny è fra di loro, tira, spinge e dà ordini agli uomini che ha vicino e quando una carrozza della Posta finisce a ruote all'aria, lancia un gridolino di gioia.

Io continuo a fare avanti e indietro tra tutta la gente che conosco, per sapere la posizione di ciascuno, finché il signor Luciano non sbuca dal palazzo e mi dice di correre a casa a prendere i fucili e le altre armi perché bisogna essere pronti.

Mentre parliamo esce sul balcone il governatore assieme ad alcuni milanesi che sventolano bandiere a tre colori e dei fogli che poi arriveranno fino a terra e iniziano tutti con le parole «Il governo ha conceduto...».

Gli uomini in alto hanno un'espressione che si capisce che sono contenti; il governatore invece ha una faccia da mal di pancia. Sotto qualcuno si abbraccia e dice «Abbiamo vinto», altri urlano «Vogliamo fucili»; però adesso sui volti dei più domina la preoccupazione. Come quando ci si rende conto di averla combinata grossa.

Vorrei restare a capire, perché un giorno sarà bello raccontare che c'ero anch'io davanti al palazzo del governo, ma devo correre a casa a prendere le armi. Dico a Emilio Dandolo di dare un occhio a Fanny in mia assenza e poi parto di corsa.

Quel tratto di strada me lo ricorderò per tutta la vita perché sembra che tutti i milanesi siano in corso Monforte e nelle altre strade non ci sia più nessuno, tranne i pochi che fanno la guardia sulle prime barricate.

SABATO 18 MARZO 1848 – PRIMO GIORNO DELLA RIVOLTA

La mia missione di prendere le armi dura più del previsto perché la signora Carmelita mi ferma in cortile e vuole sapere se il signor Luciano sta bene, e poi anche come stanno i fratelli Dandolo, e poi Morosini, poi tutti gli altri, uno per uno, e ogni volta alza gli occhi al cielo come fanno le sante nei dipinti delle chiese e rende grazie al Signore. Quando finisco con lei e vorrei andare a prendere i fucili, mi si attacca la signorina Teresina, la Gigogin, che vuole a tutti i costi venire con me e che se resta chiusa in casa impazzisce. La signora Carmelita mi chiede di darle un occhio, io che so come va il mondo.

Fortuna che ne ho due di occhi, avrei voluto rispondere, così posso darne uno alla Gigogin e l'altro alla Fanny.

Comunque, ora che ho rincuorato tutte le donne di casa, che assieme a Giuseppe delle scuderie ho caricato su un carretto fucili, spade e pistole, che per precauzione ho nascosto il tutto con dei sacchi e sono uscito con la Gigogin al fianco, mi sono perso un bel po' di cose.

Già sulla via per tornare in corso Monforte, mi accorgo che il panorama è cambiato. Le barricate sembrano più robuste, sono state usate catene o grosse corde per tenerle insieme, e dappertutto la gente comincia a sbarrare le finestre, con assi e legni.

Le barricate bloccano tutte le vie e il carretto, anche se è di quelli leggeri con le stanghe da spingere a mano, non passa più da nessuna parte. Per fortuna incontro dei facchini che mi aiutano e fanno passare i fucili al di là e poi anche la Gigogin e si vede che sono ben contenti di prenderla in braccio. In ultimo anche il carretto finisce legato alla barricata, ridotto come uno scudo. Però adesso le armi le devo portare a spalla e meno male che alcuni di loro si offrono di aiutarmi, se no avrei fatto la fine dell'asino vecchio che stramazza per il troppo peso. Mentre cammino, penso che in un altro giorno, un servizio di trasporto simile sarebbe costato almeno cinque lire, e invece adesso nessuno parla di pagare.

Da quel momento cominciamo a correre

In corso Monforte trovo il conte Morosini, irrequieto come non è di solito: «Luciano sta andando con il podestà Casati a scortare il governatore, perché di lui non si fidano: potrebbe rimangiarsi le concessioni fatte dicendo che gli sono state estorte con la forza. Io invece vado a Porta Nuova».

Poi sorride: «In realtà non ci fidiamo neanche del podestà che è persona paurosa, a cui piace tenere i piedi in tante scarpe».

«Sono andati di là» conclude, e proprio dalla direzione dell'indice arriva il rumore secco di fucileria.

Distribuiamo in fretta le armi fra gli amici e corriamo come matti da quella parte: arriviamo in contrada del Monte giusto in tempo per sentire che si spara da tutte le direzioni; quando i fucili tacciono, l'aria è piena del rumore di martelli che inchiodano assi alle barricate e del fracasso dei mobili portati fuori dalle case e rovesciati. E poi le campane suonano, perché gli eserciti hanno le trombe, i popoli le campane. Insomma, la città non è mai stata così rumorosa.

La cosa incredibile è che lavorano tutti come se non ci fosse altro da fare al mondo: i fratelli Dandolo, esili e educati, ma con il fucile in spalla, imparano a fare i nodi ai canapi grossi, quelli usati dai muratori per issare il materiale, fianco a fianco a un barbiere e a qualche altro popolano. Ritrovo anche il signor Luciano che è alla guida di un piccolo gruppo che lo segue come i soldati seguono un ufficiale.

Mi unisco a loro e da quel momento cominciamo a correre e non faremo altro per cinque giorni. Corriamo in contrada San Giuseppe dove si sentono spari e si dice che gli austriaci stanno attaccando; corriamo poi in contrada Andegari dove una barricata rischia di cadere e i difensori stanno per farsi prendere dallo sconforto.

Siccome siamo fra i pochi ad avere dei fucili, dobbiamo muoverci il più possibile, da una strada all'altra, per far credere agli austriaci che i milanesi abbiano tante armi da fuoco; così saranno più cauti ad avanzare.

Il signor Luciano è irriconoscibile per chi aveva sempre e solo incontrato il milordino dei caffè e della Scala: tranquillo, ma deciso; autorevole, ma anche famigliare, e così la gente lo segue volentieri. Mi fa un certo effetto vederlo nei panni del comandante: quasi non credo sia la stessa persona che a Firenze faceva da segretario a Verdi o inventava gli scherzi alle ballerine.

Non so come, ma ha abbandonato, come una biscia, la sua vecchia pelle. O forse erano i panni da milordino a essere fasulli e il vero signor Luciano aspettava solo di saltar fuori.

Non c'è tempo per altri pensieri perché bisogna sempre muoversi: accorriamo perfino dove qualcuno si è approfittato della situazione per rubare nelle case vuote. I giorni di rivolta non sono una magia per la quale proprio tutti diventano brave persone.

Non gli è andata bene: un ladruncolo col naso storto e un occhio guercio è stato preso con due candelieri e un salame sotto la giacca; si è riunita una piccola folla e lo vorrebbero impiccare, perché è un verme. Il signor Luciano arriva e non sa che pesci pigliare: fa la faccia scura, ma io che lo conosco so che vorrebbe ridere. Poi ordina con il tono del giudice severo: «Impiccatelo a un balcone» e poi a bassa voce, a uno che sembra il capo di quella via: «Per finta, mi raccomando. Fategli prendere un bello spavento e poi lasciatelo andare. Vedrete che la lezione sarà sufficiente».

Dopo questo intervento da gendarmi siamo corsi di nuovo al palazzo del governo, ma gli austriaci lo hanno rioccupato e si sono ripresi anche il Broletto, sfondando a cannonate il portone. Quei pochi che sono riusciti a scappare ci raccontano che i soldati sono inferociti: picchiano, ammazzano, rabbiosi e cattivi. A me tornano in mente le sciabole messe ad affilare che facevano cascate di scintille: me lo sentivo che prima o poi le avrebbero usate.

Vedo morire la prima persona di quella guerra

Si spara a Palazzo Reale, si spara a tutte le porte e qua e là si sente anche la voce del cannone; gli austriaci stanno anche sul tetto del Duomo e dalla cima di quella montagna bianca che domina la città possono tirare con tutto il comodo dentro le finestre, sui terrazzi, nelle vie e sopra le barricate. Per attraversare le strade in quelle vicinanze bisogna correre chinati, altrimenti i cacciatori tirolesi ti beccano, come a casa loro prenderebbero un capriolo o un daino.

È in questo modo che vedo morire la prima persona di quella guerra: un ragazzotto ben vestito, con un cravattino di quelli che le mamme annodano al figlio al mattino prima di uscire, e un cappello da brigante che sarà anche diventato un simbolo della rivolta, ma stona su quella faccia senza barba. Mentre si sporgeva da una barricata per gridare a due amici di stare al coperto, una pallottola lo ha preso proprio sopra l'occhio e ha lasciato un buco nero spaventoso.

Non è il mio primo cadavere: sono stato vicino per un'intera notte a mia madre gelida e immobile e ho visto ragazzini poveri come me affogati nei canali, schiacciati dai carri e qualcuno anche ucciso di botte. Però in tempo di pace se uno muore, ci si fa un segno della croce e si cerca di scappare via e dimenticare. Invece questo è il primo morto che devo e voglio restare a guardare perché mi hanno spiegato che siamo in guerra, morire è una cosa che può succedere a tutti e i caduti sono santi ed eroi. Allora mi obbligo a restare e vedere, anche se vorrei tanto scappare o almeno voltare la testa. Ho scoperto poi che anche i Trazi, ciascuno per conto suo, hanno fatto la stessa esperienza: forzarsi di restare vicino a un morto, obbligarsi a fissare nella mente le fattezze e le ferite, per abituarsi alla morte, farla diventare vicina e normale.

Però devo confessare che sarà anche un santo e un eroe, ma quel giovane morto fa paura a me e a tutti quelli che stanno intorno perché ci dice che il prossimo può essere uno qualunque di noi. La guerra è così: la fucilata e la sciabolata sono solo parole finché non si vedono gli squarci nella pelle, gli schizzi di sangue e le bocche spalancate per l'orrore delle ferite. Non ci si rende conto di cosa sia una cannonata finché non se ne vede una arrivare, che fa volare dovunque schegge di selciato e poi sfascia ogni cosa, strappa, sbrindella, sfonda e distrugge.

Alla fine devono pensarci due donne a prendere il corpo dello studentello e metterlo a posto, con le braccia incrociate sul petto e coprirlo con una stoffa, altrimenti io e gli altri di quella strada saremmo rimasti lì tutto il tempo, con i nostri pensieri, senza sapere cosa fare, impagliati come lepri.

Mentre portano via quel ragazzo, dal lenzuolino cade fuori una mano penzolante: questa è la guerra, quella che ho deciso di fare seguendo il signor Luciano. Per fortuna vengono a chiamarmi e corro via, così non faccio vedere che sto per piangere.

Poi tutti i pensieri svaniscono perché ci ritroviamo ad affrontare degli ussari proprio davanti al teatro della Scala: la cavalleria fa sempre paura, ma qualcuno ha tolto parecchie pietre del selciato, così i cavalli inciampano ed è facile fare centro con i pochi fucili che abbiamo a disposizione.

Perché alla fine si è scoperto che i quarantamila fucili piemontesi di cui si parlava tanto sono solo una pia illusione. Invece di armi da fuoco ce ne sono poche e vengono date solo a quei milanesi più bravi a sparare, assieme alle palle che in tanti hanno preparato di nascosto nelle cantine; peccato però che nessuno abbia pensato di fare anche la polvere da sparo e così quel poco che c'è lo si consegna a cartoccetti grossi come un palmo, con la raccomandazione di usarla il meno possibile e tirare solo a colpo sicuro.

Per fortuna nelle vie strette del centro non serve sparare, si possono gettare tegole, sassi e qualsiasi cosa pesante dalle finestre e dai tetti e l'effetto è più o meno lo stesso. Per le rivolte non occorrono a tutti i costi quarantamila fucili, ma ci vuole la volontà, e tutti possono testimoniare che i milanesi la volontà potrebbero anche venderla, tanta ne hanno.

«Quello lì è Luciano Manara: ha detto che stiamo facendo bene»

A sera la battaglia si calma e il signor Luciano fa il giro delle barricate più esterne, quelle che l'indomani verranno attaccate per prime. Sembra che tutti lo conoscano e ognuno abbia qualcosa da raccontare: qui la cavalleria non è passata perché c'era una catena di traverso alla strada; là due donne sono morte colpite alla finestra di casa loro mentre si sporgevano per lanciare tegole. Qui un tiratore con il solo fucile di questa via ha ferito ben quattro cannonieri mentre cercavano di mettere in posizione un pezzo e così hanno dovuto rinunciare. Là in fondo ci sono stati due morti, e di qua tre feriti; qui c'è la barricata più alta della città, che arriva al secondo piano delle case; là quella più solida, fatta con le lastre di pietra tolte dal sagrato di una chiesa, che resiste anche ai colpi di cannone.

Poi una donna si avvicina con le mani nel grembiule e la voce tremante: chiede se è vero che gli austriaci crocifiggono i prigionieri come Nostro Signore.

«Spero di no» risponde il signor Luciano. «Sono uomini anche loro.»

Allora uno dice che invece sono bestie e in una via hanno ucciso un bambino. Nell'altra hanno preso una ragazza e le hanno fatto cose che non si possono neanche dire.

In un'osteria hanno ucciso tutti e poi hanno arrostito due bambini.

In tasca a un austriaco hanno trovato una mano di donna, perché non ha avuto tempo di strapparle gli anelli.

Hanno sventrato una donna incinta.

Bruciano i prigionieri e gli strappano il cervello.

«Chi l'ha detto?»

«Lo dicono tutti... Si dice... Si sa.»

Di queste storie sono piene le barricate. E più passano di bocca in bocca, più i delitti diventano orrendi che al confronto i diavoli dell'inferno sono signorine timide al primo ballo.

Con questo non dico che non siano vere: sanno tutti che croati, boemi e compagnia briscola vengono mandati in Italia proprio perché non devono avere simpatia per gli italiani. Molti sono cattivi, quasi sempre rabbiosi e c'è anche qualche anima proprio nera; io però in tutti e cinque i giorni non ho visto bambini bruciati, né donne sventrate.

Ho solo conosciuto un giovanetto, Carlo, sedicenne veneto di Belluno, che assieme al fratello di poco più grande ha ucciso un croato che aveva violentato e assassinato due donne. Me lo ha raccontato lui in una pausa dei combattimenti, vicino a un braciere, mentre fumava un sigaretto e si dava arie da uomo adulto.

In ogni caso il signor Luciano cerca di calmare, di tranquillizzare, ma anche di tenere alto il morale, rassicurando e incoraggiando. Lui ha una parola per tutti, un gesto, una stretta di mano e soprattutto un sorriso: tanti combattenti sono serissimi, convinti che per far la guerra siano necessari visi scuri e duri. Lui invece sembra dire con ogni gesto che tutto va al meglio, che è giusto così, e la gente si sente rincuorata: sapevo che aveva tante doti, ma non avrei mai immaginato che sapesse fare anche come il vescovo quando esce in processione e benedice a destra e manca. Lui non dà la benedizione, ma è quasi lo stesso, perché quando si allontana la gente è contenta e dice a chi sta vicino: «Quello lì è Luciano Manara: ha detto che stiamo facendo bene».

Milano brucia di un fuoco santo

Non è lui il solo a fare cose straordinarie: arriva qualcuno con il pane e lo dà a chi lo chiede, e poi passa un altro con un po' di vino e chi ha sete, beve. Non è come gli altri giorni che c'è chi ha la pancia piena e chi invece fa la fame e se chiedi qualcosa a una bancarella prima il venditore vuol vedere i soldi e poi ti dà la merce. Sulle barricate, se uno ha una pagnotta e quello di fianco niente, lui gliene dà metà, come se fosse una cosa naturale. Invece non è naturale, però la gente non se ne rende conto e lo fa lo stesso.

In realtà ben presto ci accorgiamo che non ci sono proprio tutti i milanesi a combattere. In tanti hanno semplicemente paura e stanno chiusi in casa come topi, senza mettere il naso fuori; e «topi» sono chiamati dai combattenti, ma non si può certo obbligare la gente a essere coraggiosa.

Un'altra cosa normale in queste giornate e che non lo sarebbe in tutti gli altri giorni: ci fermiamo a mangiare nelle cucine di un bel palazzo, dove il signore ha dato ordine di tenere sempre della carne a cuocere in un pentolone, pane e un bicchiere di vino pronti a qualunque ora e per chiunque abbia una coccarda tricolore. Al nostro arrivo c'erano già quattro o cinque persone in piedi che mangiavano da un forchettone, con il pane e il vino appoggiati a un tavolo.

Emilio, il nostro poeta, dice che Milano brucia di un fuoco santo e io all'inizio non ho capito cosa volesse dire. Poi ci ho pensato su ed è vero: l'insurrezione è come un fuoco che scalda tutti, che è vita e mette perfino allegria. Magari poi brucerà tutto, ma per adesso girare per la città è come stare vicino a un gigantesco camino scoppiettante.

A proposito di cose che scaldano il cuore: Enrico Dandolo era a casa Origo quando è stata attaccata da una dozzina di granatieri ungheresi e lui, giovane timido e educato, è rimasto solo col suo fucile a far fuoco per permettere agli altri di sgomberare. Ne ha colpiti tre e poi si è ritirato anche lui: la gente dall'altra parte del Naviglio applaudiva. Anche questa è una storia che gira di bocca in bocca sulle barricate: io e il signor Luciano l'abbiamo sentita da un cocchiere e poi da una donna in contrada Olmetto, prima che incontrassimo di persona il nostro eroe.

Vivo, giovane, e a posto con la mia coscienza

Alla fine, stremati, ci fermiamo a dormire in un cortile, sotto un portico dove qualcuno ha acceso un fuocherello e una brava donna ci porta una trapunta del letto.

«Io non so dove sia mio marito, ma spero che qualcuno dia una coperta anche a lui.»

Così, appoggiato a un muro, guardo le braci, troppo stanco anche per parlare. Invece il signor Luciano è pieno di energia: ha mandato un biglietto a Carmelita perché ha promesso che le avrebbe raccontato ogni cosa per filo e per segno; se non avesse potuto farlo a voce, le avrebbe scritto.

Poi ha ancora voglia di chiacchierare: è come se dovesse fermare i pensieri prima che si perdano fra tutte le cose che stanno succedendo.

«È tutta la vita che aspettavo un'occasione così e se per caso domani una pallottola dovesse colpirmi, ti prego di andare da mia moglie a dirle che sono morto felice.»

Si ferma, ci pensa su, e poi si corregge: «No, non si muore felici. Dille solo che non mi sono mai sentito così vivo come in queste giornate. Vivo, giovane, e a posto con la mia coscienza. Ti ricorderai tutto?».

Ciondolo la testa per annuire, ma sto morendo dalla stanchezza, neanche avessi portato i secchi d'acqua in tutte le stanze della casa per dieci volte. Non più tardi di un'ora prima Emilio Dandolo mi aveva parlato esattamente nella stessa maniera. Aveva detto: «Mi sento vivo come il cantante che prova per la prima volta l'acuto o il giocatore che punta tutto su una carta. Potrei sbagliare, potrei perdere e forse potrei morire, ma ne sarebbe valsa ugualmente la pena. Questa, vedi, è la forza grandiosa della gioventù».

Il signor Luciano, però, ha come una febbre che invece di far battere i denti, fa chiacchierare.

«Vedi Italo, da qualunque parte rigiro la questione, mi considero fortunato. Non della fortuna di chi inciampa in un tesoro e così si illude di poter cambiare la propria vita senza merito. Sono fortunato perché posso spendermi per una buona causa. La sorte di chi, come dice la Bibbia, viene saggiato nel crogiuolo e può dimostrare la buona vena del suo metallo.»

Se ha detto altro non lo so, perché mi sono addormentato secco.

Domenica 19 marzo 1848 – secondo giorno della rivolta

Il mattino dopo il mio padrone mi sveglia che è ancora buio: «Vieni presto, dobbiamo formare una squadra volante pronta a intervenire dove ci sia qualche situazione difficile o qualche cedimento».

Ci dividiamo e ci diamo appuntamento a casa.

Il percorso non è facile perché ormai ci sono così tante barricate, anche cinque o sei in fila nelle vie più importanti, che per muoversi bisogna conoscere i passaggi dentro i cortili e perfino alcune brecce che sono state aperte apposta nei muri dei giardini.

Quando arrivo a casa Manara ho raccolto una ventina di persone, il signor Luciano una trentina.

Ci aspetta una sorpresa: in cortile c'è don Sacchi, un prete che è stato professore di tutto il gruppo di amici; lui per primo, sui libri di scuola, ha insegnato l'amore per la patria.

Anch'io lo conosco perché tante volte gli ho portato messaggi e biglietti: però non lo avevo mai visto con addosso i paramenti sacri.

In quella mattina che si annuncia con il cielo azzurro, dice a tutti di inginocchiarsi nel cortile, sui sassi umidi, perché impartirà l'assoluzione *in articulo mortis*, che è quella che si dà ai soldati prima delle battaglie e che se quel giorno si muore, si va direttamente in paradiso perché tutti i peccati sono perdonati.

La voce di don Sacchi, mentre alza la mano per benedire, è dolce e potente nello stesso tempo: metà dei giovanotti ha gli occhi rossi e l'altra metà fa fatica a trattenere le lacrime; invece tutte le donne, nel cortile, alle finestre, sui balconi, piangono in silenzio.

Il signor Modena, l'attore, che si vanta di essere un senza Dio, ha gli occhi umidi e lo sento mormorare: «Fossi capace anch'io di rapire in questo modo il mio pubblico...».

Siccome io ho fatto indigestione di benedizioni ai tempi di don Bragone, mi guardo in giro; c'è il signor Luciano con fucile e pistola, i Trazi con un fucile ciascuno, e io con una spada che non so usare. Pochi altri hanno fucili, poi ci sono bastoni, qualche spadone e coltelli. Se tre giorni prima mi avessero descritto una massa di meschini così mal armata contro le truppe austriache, avrei scommesso una bella somma che saremmo tutti morti prima di sera.

Ancora adesso, con la testa, mi stupisco che siamo vivi, ma col cuore sono sicuro che vinceremo.

Arriva sempre qualcuno o qualcosa a salvare la situazione

La domenica la passiamo correndo da una parte all'altra della città, da una barricata all'altra.

A Porta Orientale, a Porta Nuova, in contrada San Giuseppe, dell'Orso, Andegari, in ogni via, in ogni strada dovunque gli austriaci cercano di sfondare usando cannoni, fucili, cavalli, ma le barricate li fermano e la gente dai tetti, dalle finestre e perfino dalle bocche degli scantinati li colpisce con tutto quello che ha sottomano.

Quando sembra che gli imperiali siano lì lì per farcela, arriva sempre qualcuno o qualcosa a salvare la situazione e a dar forza ai difensori, a rincuorarli.

Così ho scoperto che la follia della guerra è qualcosa che si passa uno all'altro, come la ridarola, cioè quando uno comincia a ridere e tutti gli altri non possono evitare di fare lo stesso e alla fine ci si scompiscia e non si sa perché. Sulle barricate è uguale: quando bisognerebbe scappare perché gli austriaci sono lì a un passo, se uno rimane, allora tutti rimangono; se uno corre incontro ai cannoni, anche gli altri lo seguono.

Perché la guerra è un mondo diverso: la vita e la salute non sono così importanti come negli altri giorni.

Nella notte le barricate sono cresciute come se avessero vita loro, come i funghi: qualcuno si è preso il buontempo di contarle e ha detto che ce ne sono millecinquecento, un altro dice duemila. Assieme alle barricate sono aumentate le scritte sui muri, ce ne sono dappertutto, e le più comuni sono VIVA PIO IX e VIVA MILANO, e poi A MORTE I LADRI e A MORTE LE SPIE.

A guardare con attenzione le barricate, ci si trova qualsiasi cosa: mobili, letti, botti, lastre di pietra, rotoli di stoffa, casse, carrozze. Le barricate sono lo specchio degli edifici circostanti: interno diventato esterno. Davanti a un palazzo di nobili si trova la poltroncina ricamata, il mobile decorato, il ricciolo di ferro battuto. Di fronte alle case povere: il tavolo consumato, il materasso di foglie e paglia; vicino al teatro della Scala pezzi di scenografie; nei pressi di una chiesa, panche e confessionali; fuori da una scuola, leggii e banchi.

Ogni barricata prende il nome dalla posizione o da un oggetto che colpisce la fantasia: del Crocefisso o dell'Angelo, del Paiolo o della Ruota. Poi ci sono le stranezze che si possono vedere solo in questi giorni: ad esempio il Naviglio a Porta Orientale è pieno non di chiatte e barconi, ma di carrozze. Lì per lì sono rimasto fermo a chiedermi cosa fosse successo e se qualcuno avesse provato a navigare con le carrozze. La realtà è più semplice: gli austriaci avevano preso la prima barricata, fatta appunto di vetture, e per liberare il passo le avevano gettate nel canale.

Però lo spirito è uguale in tutte le contrade e ovunque si vede che il signor Luciano è importante: quando arriva da qualche parte la gente si rianima, sorride a vederlo. Popolani, borghesi, preti, ragazzini, signorine, ladri e nobili credono che lui capisca cosa stia succedendo, sappia cosa fare e come farlo e quindi sono pronti a prendere ordini da lui.

Uguali sono anche le cose che si sentono, sempre le stesse. Una donna piccolina, con un fazzoletto in testa e uno spadino infilato nel grembiule chiede: «Radetzky farà bombardare la città?».

Il signor Luciano scuote la testa: «Neanche lui è una bestia così cattiva».

Un uomo magro, pelato, con due baffetti striminziti che vorrebbero dargli importanza, armato con uno schioppo su cui è montata una baionetta lunga mezzo metro: «Moriremo tutti? Radetzky ci farà impiccare per quello che abbiamo fatto?».

«Noi vinceremo e nessuno impiccherà più nessuno.»

Un sacerdote col cappello a larga tesa e una sciabola in mano: «Ma l'imperatore cosa dirà?».

«L'imperatore è scappato da Vienna. Noi faremo uno Stato nuovo, dove ci sarà una Costituzione che dice con precisione quali sono i diritti e i doveri di ciascuno: di chi comanda e di chi obbedisce. Nessuno darà più ordini solo perché così gli fa comodo.»

«Per quanto dovremo combattere?»

«Per tutto il tempo necessario. Non si dovrà mai dire che i milanesi si sono arresi.»

Quando ha risposto a tutte le domande, il signor Luciano controlla la situazione e consiglia di tenere quella casa, quella terrazza, quella finestra perché da lì si vede, da là si spara, da quell'altra si controlla. E infine sorride: «Bravi, di qui gli austriaci non passeranno» e se ne va in un'altra strada.

Mentre camminiamo, spiega che il morale è una cosa importantissima: finché saranno di più quelli che credono nella vittoria rispetto a quelli che temono la sconfitta, allora le barricate resisteranno.

Uno di quelli che comandare gli viene facile

È incredibile come in certe situazioni nascano storie che nessuno andrà mai a controllare se siano vere o no; l'importante è che ci siano e che la gente ci creda.

In quella via, sulla barricata, salgono delle ragazze di una casa chiusa e combattono a seno nudo; in quell'altra una donna del popolo è saltata fuori alle spalle di una piccola pattuglia di austriaci, ha rubato la pistola a un sergente e spianando l'arma, ha catturato tutti i gendarmi. In quell'altra ancora c'era un cannone che sparava da un portico e non c'era modo di stanarlo: stava per sfondare la barricata, sarebbe bastato un ultimo colpo e invece è intervenuto Sant'Ambrogio e il cannone è esploso da solo.

I cervelloni che si ritrovano all'istituto di astronomia e gli studenti del seminario hanno costruito piccole mongolfiere di carta leggera e le hanno fatte volare con dei biglietti appesi, per far sapere ai lombardi delle campagne che Milano è in rivolta e ha bisogno di aiuto, armi, uomini e cibo.

Quest'ultima cosa è vera: anch'io le ho viste volare e sono magnifiche. Emilio Dandolo ha detto che sono come le nostre speranze, luminose e altissime.

Tra i tanti racconti ci sono anche quelli che riguardano Augusto Anfossi, la persona forse più famosa di queste giornate, anche più del signor Luciano.

Io non lo conoscevo, non era fra quelli che passavano per casa Manara, ma l'ho incontrato assieme al mio padrone. È più anziano, un uomo fatto di circa trentacinque anni, con la barba nera e i capelli legati dietro la nuca. Per tutta la vita ha combattuto: ha cominciato nei famosi moti del Trenta e magari ha conosciuto mio padre, però lui non è finito in prigione, ma è andato in esilio, in tanti Paesi lontani, probabilmente quelli dove ci sono tigri, coccodrilli e altri strani animali.

Siccome ha esperienza e poi è uno di quelli che comandare gli viene facile, è stato nominato a capo della Guardia Civica, anche se non c'è ancora e non si sa bene cosa sia. Lui invece si comporta come se lo sapesse e si sente un Giulio Cesare; chi lo conosce racconta che ha un coraggio da leone e le pallottole lo sfiorano senza colpirlo.

Lui e il signor Luciano si sono incontrati, hanno parlato e sono d'accordo sulla situazione: Radetzky e i suoi soldati controllano l'anello dei bastioni e qualche edificio in centro e vogliono soffocare la rivolta, tenendola isolata dalla campagna.

Però sono due personaggi molto differenti e ognuno ha un suo piano: Anfossi dice che bisogna prendere i capisaldi all'interno della città, così che gli imperiali non possano più attaccare le nostre linee; il signor Luciano è convinto che la battaglia si risolverà prendendo le porte e mettendosi in comunicazione con il circondario.

Potrebbe discutere, sostenere le sue idee e invece dice: «Va bene, da dove cominciamo?».

Sulla via del ritorno, chiedo al mio padrone perché non abbia insistito per attaccare le porte.

«Scontrarci non porterebbe niente di buono. Anfossi ha esperienza e piace al popolo: lui è l'eroe che serve in questo momento.»

Il signor Luciano è fatto così: pensa sempre a cosa è bene per tutti e mai a cosa sia bene per lui.

Ognuno fa la sua parte

Fino a sera continuiamo a girare per le barricate, combattendo, sparando, ma anche dando consigli a uno, rincuorando un altro, consolando un ferito, suggerendo come migliorare una difesa.

«Stanotte alzate più lastre di pavimento della strada, per evitare che i cavalli possano avvicinarsi.»

«Tenete a disposizione bende pulite per medicare i feriti e una stanza calda dove ricoverarli.»

«Se riuscite a prendere quella casa all'angolo non potranno più sparare direttamente nella via.»

E poi rispondiamo alle domande, sempre le stesse, perché quelle sono le angosce dei milanesi: «Radetzky farà bombardare la città? Cosa ne sarà dei nostri poveri prigionieri? Quando finirà?».

«Sempre debole in matematica, Manara?»

Questa domanda coglie il mio padrone impreparato. Si volta e vede una figura alta, diritta, con uno stiffelius fuori moda e una carabina in mano; impiega un istante per riconoscere il professor Antonio Boselli, direttore dell'omonima scuola frequentata ai tempi da lui e oggi dai Trazi e da tanti fra i patrioti più accesi.

«Sempre. Per fortuna oggi l'esame è pratico e ci stiamo portando bene.»

Un paio di volte l'esame è stato sotto il fuoco e il signor Luciano l'ha superato brillantemente: lui ha fatto la scuola militare a Venezia e raccomanda soprattutto di essere calmi, perché il peggior nemico in battaglia è il panico. Ai difensori ripete di stare attenti e riparati, perché servono combattenti vivi e non eroi morti.

Come se non bastasse la fatica per fare un'insurrezione, si aggiungono i falsi allarmi che ci fanno correre per niente: qua tre gendarmi vengono scambiati per l'avanguardia di un reggimento; là il cigolio di una carretta sembra uno spostarsi di cannoni.

Ogni tanto arrivano notizie dal comitato direttivo, una specie di governo della città che deve prendere decisioni, fare votazioni, scrivere decreti. Il signor Luciano ascolta e poi dice di dare retta a Carlo Cattaneo. Infatti il vecchio e saggio amico, dopo l'iniziale ritrosia, partecipa alle riunioni e sarebbe un ottimo capo se non trovasse sempre un sacco di difficoltà a mettere tutti d'accordo.

Ci dicono anche che Anfossi ha guidato un attacco vittorioso in corso di Porta Nuova, sloggiando un cannone austriaco che dava il tormento ai difensori di una barricata. Il signor Luciano mi guarda e sorride, come a dire «vedi, ognuno fa la sua parte».

Avrebbe preferito togliersi qualche sacrosanta soddisfazione

La rivolta per noi non è solo combattere, confortare e correre; spesso ci ritroviamo a fare da giudice.

Una volta, ad esempio, è stato catturato un austriacante sorpreso a fare segni dalla finestra al nemico. Non si sa cosa avesse di importante da dire, comunque adesso quell'ometto, magrolino e pelato, con un occhio chiuso dalle botte, è in ginocchio in mezzo a un cortile. Di fianco, anche lei in ginocchio, la moglie, grossa e rabbiosa, con la faccia da mastino e addosso un brutto vestito a fiori. Una di quelle donne, c'è da scommettere, che seguono le domestiche con la bacchetta per far loro capire chi comanda e passano i conti dei fornitori con la lente perché nessuno rubi neanche una monetina.

Se fosse per la gente della via, probabilmente questi due, ma soprattutto la donna, penzolerebbero da qualche balcone, pagando così il tradimento di adesso e le prepotenze del passato.

«Chiudeteli in una cantina. Ce ne sarà una con un catenaccio solido, no?... Ci penseremo dopo la vittoria a cosa fare di queste carogne» dice il mio padrone. E la gente obbedisce perché al signor Luciano si obbedisce, ma non è contenta; avrebbe preferito togliersi qualche sacrosanta soddisfazione.

Quando fa buio, dopo un ultimo giro di barricate a controllare che tutto fili liscio, riusciamo a tornare a casa per dormire. Lì il signor Luciano, anche se è stanco come uno straccio, si ferma con i suoi amici per discutere di cose grosse, come ad esempio se i piemontesi stiano arrivando oppure no. E se sia un bene che arrivino.

Entra anche Enrico Dandolo, pure lui sfinito, ma con gli occhi che brillano: anche se tace, si vede che non aspetta altro che qualcuno gli chieda delle gesta di casa Origo.

Ci pensa ovviamente il signor Luciano: «Allora *patano*, hai deciso che li sconfiggi tu da solo gli austriaci in città?».

Il giovane diventa rosso e si schermisce, ma dentro ribolle di felicità: «Lo avremmo fatto tutti, è stato semplice. Loro dovevano attraversare uno slargo: appena si mostravano, sparavo e così tornavano indietro. L'unica cosa era ricaricare in fretta e sperare che il fucile non facesse mai cilecca, altrimenti non sarei qui a raccontarlo».

Ostenta indifferenza, ma io credo di sapere cosa gli fa più piacere: è stato lui ad agire, non ha atteso troppo, non si è macerato nei dubbi e alla fine non ha procrastinato. Vorrebbe andare avanti a discuterne ancora per ore, ma tutti gli altri, uomini e donne, parlano lenti, strascicando le parole.

Poi, uno per uno, vanno a dormire perché domani la giornata comincia prima dell'alba anche per loro: sono tutti signori, ma si svegliano come i contadini.

LUNEDÌ 20 MARZO 1848 – TERZO GIORNO DELLA RIVOLTA

Il terzo giorno della rivolta ci si sveglia nuovamente con un tempo grigio, freddo e una pioggerella noiosa. Chi il giorno prima aveva detto che il cielo azzurro era un segno del destino per la vittoria, adesso dice che l'acqua è un altro segno del destino, perché bagna le polveri dei cannoni e dei fucili. Siccome gli austriaci hanno più fucili e tutti i cannoni, l'acqua dal cielo è un vantaggio per noi.

Il signor Luciano ascolta e alza le spalle: «Siamo noi che ci costruiamo il futuro. Non c'entra il cielo grigio, azzurro e neppure se fosse giallo».

Mai che si sappia se una notizia sia buona o cattiva

Con le prime luci dell'alba arrivano uno dopo l'altro due *martinitt*, gli orfanelli che partecipano alla rivolta come portaordini.

Il primo dice che durante la notte gli austriaci hanno abbandonato in gran silenzio Palazzo Reale e il Broletto portandosi via tutto: armi, bagagli e prigionieri.

Il secondo riferisce che anche il palazzo della Polizia in via Santa Margherita è stato sgomberato e questa è una notizia grossa perché per i milanesi «andare a Santa Margherita» ha sempre voluto dire cose brutte: botte, sofferenze e soprattutto sparire nel nulla, senza lasciare tracce.

Sono state trovate carte, armi e liberati parecchi prigionieri.

«Come stanno?» è la prima domanda del signor Luciano, la stessa che gli è stata fatta cento volte nei giorni precedenti.

«Bene, come si può stare da prigionieri.»

Allora comincia la discussione.

Radetzky ritira le truppe per prepararsi a sgomberare Milano. Ha capito che non può piegare una città intera in lotta. Abbiamo vinto.

Radetzky ritira le truppe per preparare un attacco massiccio, a confronto del quale quelli delle giornate precedenti sembreranno punture di spillo. È la fine, abbiamo perso.

Mai che si sappia se una notizia sia buona o cattiva; se si debba gioire o disperarsi.

E si riparte.

Corriamo qui e là, ripetiamo le stesse cose e sembra che non ci sia mai stato altro nella vita: abbiamo sempre avuto un'arma in mano, sempre corso da una barricata all'altra e sparato dietro a cristiani che, da parte loro, sparano a noi.

Lo dico al signor Luciano e lui sorridendo mi fa notare che in realtà tante cose sono cambiate: adesso i milanesi hanno più fucili presi ai prigionieri, oppure trovati nei palazzi abbandonati e hanno l'esperienza per affrontare un assalto della fanteria, far retrocedere un cannone, sanno resistere alla cavalleria. Oramai ogni barricata è stata bagnata con il sangue dei suoi difensori: qui un morto, là due, nell'altra quattro feriti.

«Guarda Enrico: ieri era uno studente timido con la testa piena di sogni e ideali e oggi è un vero combattente.»

Non è il solo: nel nostro correre incontriamo uomini e donne, vecchi e ragazzi, e tutti sono determinati a lottare fino alla vittoria.

«Vedi cosa significa un popolo che scrive il suo destino?» dice il signor Luciano, ed è una frase che deve piacergli perché la ripete più volte.

Un uomo nuovo, con un nome nuovo

A metà pomeriggio viene conquistata la caserma di polizia di San Bernardino in via Lanzone e si trovano altri fucili, polvere da sparo e una dozzina di prigionieri.

Non c'è stata grande battaglia: i gendarmi della guarnigione hanno preferito salvare la pelle e si sono ritirati da una porticina posteriore. Hanno lasciato dietro due feriti gravi: uno bianco come un lenzuolo, con un brutto squarcio sulla testa, gli occhi spalancati che vedono già le cose dell'altro mondo. L'altro, con una pallottola nel ventre, è perfettamente lucido e si lamenta con un piagnucolio sommesso che fa uno strano contrasto con una statura da gigante. Chiede pietà, di non cavargli gli occhi come abbiamo fatto agli altri prigionieri.

Così veniamo a sapere che anche fra gli austriaci corrono voci terrorizzanti: che accechiamo, bruciamo testicoli, appendiamo nudi per fare il tiro a segno. Forse queste storie servono a entrambe le parti per aizzare la rabbia dei combattenti e convincerli che stanno lottando contro belve, non uomini.

I nostri che erano prigionieri invece sono riuniti in uno stanzone e qualcuno ha dato loro coperte e da mangiare, visto che digiunano da due giorni. Sono stati catturati proprio all'inizio della rivolta, mentre stavano costruendo una barricata: quello che sembra il capo è un giovanotto alto e magro, con i baffi e i capelli biondi lunghi alle spalle.

Sembra stupito che noi siamo riusciti a espugnare addirittura una caserma; quando sente che tutta la città è insorta, ha un gesto d'ira.

«E io mi sono fatto prendere come un pollo e mi sono perso tutto questo? Come avrei voluto esserci anch'io a combattere... Gli avrei fatto vedere cosa sanno fare i milanesi...»

Prima della rivolta faceva il sarto e, per ironia del destino, la sua clientela era formata in gran parte proprio da ufficialetti austriaci, di quelli arrivati finalmente a farsi fare la divisa su misura, ma che non possono permettersi le sartorie migliori.

«Lei non sa» dice rivolgendosi al signor Luciano «quanti rospi ho dovuto ingoiare da questi tedeschi che si credono dei Padreterni.»

Il mio padrone lo rassicura che la rivolta non è finita e che ci saranno occasioni di combattere ancora: questa sembra la notizia più bella che potesse dargli.

«Vengo con voi. Non vedo l'ora di menare le mani e vedrete che gli amici della contrada mi seguiranno. Sapremo rifarci del tempo perso.»

Il signor Luciano sorride perché di discorsi simili ne ha ascoltati mille da quando è cominciata la rivolta: ogni strada, ogni caseggiato ha il suo piccolo capo che si sente un Napoleone alla guida di un esercito.

«Come vi chiamate?»

«Non importa il nome che avevo. Da oggi sono un uomo nuovo, con un nome nuovo: mi chiamerò... Bois Gilbert... Mi sembra che mi cada a pennello, per dirla da sarto. Bois Gilbert e i suoi compagni. Giuro che recupererò il tempo perduto.»

Quando siamo fuori e ci stiamo avviando verso l'ennesima barricata, chiedo che cosa significhi quel nome che mi ricorda qualcosa, ma non so dire cosa.

«Credo si sia ispirato a un personaggio dell'*Ivanhoe*, però quello si chiamava Bois Guilbert e non era certamente il più bravo di tutto il romanzo. Però contento lui...»

Un paio di volte, controvoglia, il signor Luciano deve lasciare la compagnia convocato perentoriamente dal governo provvisorio. A me sembra che ci sia troppa gente che vuol mettere i puntini sulle i: sarebbe bello se prima tutti combattessimo sulle barricate e dopo tutti ci si riunisse a prendere le decisioni politiche.

«C'è chi è disposto a morire eroicamente e chi eroicamente dispone delle vite degli altri» commenta il conte Morosini.

È per frasi come questa che lo chiamano Rasoio.

Solo una piccola bandiera in cima a una grande chiesa

Verso la fine della giornata succede una di quelle cose che, da sole, fanno migliorare l'umore di tutti.

Gli austriaci si sono ritirati da Palazzo Reale e di conseguenza hanno abbandonato anche il Duomo che altrimenti sarebbe rimasto isolato; così è finito l'incubo dei tiratori annidati fra le guglie. Approfittando della situazione, un gruppo di patrioti è salito fino alla Madonnina e ha appeso una bandiera bianca, rossa e verde.

È stata improvvisata con una tenda e due tovagliette del ristorante Biffi, ma la si vede chiaramente: è quasi sera, il cielo è grigio, pioviggina, eppure il signor Luciano rimane fermo con il naso per aria, gli occhi lucidi e un mezzo sorriso, uguale a quello che aveva quando teneva in braccio il figlio appena nato: «È solo una piccola bandiera in cima a una grande chiesa, ma a me sembra una cosa straordinaria. Non pare anche a te che sia spuntato il sole?».

Non è vero perché il cielo era nuvolo prima e rimane nuvolo adesso, ma ho capito cosa volesse dire; però una frase simile me la sarei aspettata da Emilio Dandolo. Invece anche il poeta sta con il naso in alto, tace e sembra quasi triste, forse perché le grandi gioie assomigliano sempre un po' a delle malinconie.

Ci dovrebbe essere una commissione di puttane scelte

Il signor Luciano è andato a Porta Orientale, mentre io ho sbrigato alcuni compiti in quella specie di territorio autonomo che è Porta Ticinese. Alla sera ho dormito in un cortile dove hanno portato un braciere grande, di quelli che usano i cocchieri delle carrozzelle pubbliche per scaldarsi mentre aspettano i clienti; dalle case vicine è arrivato un pentolone di minestra e del pane. Si parla, si chiacchiera e mi accorgo che per il solo fatto di essere uno vicino al signor Luciano, sono considerato una persona importante.

Poco lontano ci sono due ragazze che ho già notato prodigarsi sulle barricate; però lavorano in una casa chiusa lì vicino e così gli uomini le guardano con dei sorrisetti strani e i più arditi si avvicinano per sapere se magari...

«Non possono lasciarle in pace?» chiedo.

Risatina di risposta: «Lavorano in una casa di lusso e non sembra vero averle a portata di mano».

Non so bene perché, ma mi suona stonato: anche se sono ragazze di piacere, stanno combattendo come patrioti e questo dovrebbe contare qualcosa.

Così mi alzo e vado a sedermi fra di loro. Dapprima sono sospettose, ma quando vedono che voglio solo chiacchierare, si rilassano. Una, più carina, è timida e riservata e si limita ad annuire a quello che dice la compagna; l'altra, alta, robusta, con un gran naso e occhi neri come carboncini, è invece allegra e sfrontata e si vede che ha le idee ben chiare.

«Voglio che ci sia la rivoluzione e la Repubblica, perché anche quelle come noi devono poter votare. Anzi, ci dovrebbe essere una commissione di puttane scelte che vagli le candidature per i posti di comando: noi conosciamo gli uomini e sappiamo che hanno due facce: con i pantaloni o senza.»

Ho sonno, ma il discorso mi incuriosisce: «In che senso?».

Parla bene, con una bella voce, sorride meglio: «Nel senso che se prendi un uomo elegante, raffinato e rispettabilissimo e gli togli i pantaloni, magari scopri che è un prepotente, oppure un pidocchio, oppure un vigliacco. Sono pochi gli uomini che rimangono degni di rispetto anche con il cosino al vento: quelli sì, vanno bene a comandare».

Risata: «Fate scegliere a noi i presidenti e i ministri e vedrete che filerà tutto liscio come l'olio».

Non so se sono d'accordo, ma è divertente sentirla parlare: sto così bene che mi addormento sfinito in mezzo a due tra le *merveilleuses* più richieste della città e una mi passa il braccio attorno alle spalle e mi tiene vicino, come farebbe una mamma col suo bambino.

Mi sveglia il signor Luciano che non so come ha fatto a trovarmi, ma lui non sembra riposare mai, e mi consegna un biglietto per Carmelita che si starà domandando se per caso suo marito è morto o ferito.

Cara Litiza,
Sto bene, sfinito come non pensavo potesse essere possibile, ma bene. Abbiamo combattuto e nessuno potrà più dire che gli italiani siano cicisbei vanesi, capaci solo di disquisire del colore dei gilet e scrivere melense poesie d'amore. Ho visto sulle barricate uomini, donne, vecchi, preti e gente d'ogni mestiere e professione, dalla più nobile alla più bassa. Tutti uguali: ricchi e poveri, professori e ignoranti. Tutto è meraviglioso: sarebbe bellissimo che anche tu fossi qui con noi, assieme agli amici che ormai sono fratelli. So quale sacrificio ti costi restare a casa e farò ogni cosa affinché tu possa essere fiera di tuo marito.

MARTEDÌ 21 MARZO 1848 – QUARTO GIORNO DELLA RIVOLTA

Il giorno successivo sembra che tutto sia cambiato. Sarà per il tricolore che sventola di fianco alla Madonnina e significa che vinceremo, sarà che tre giorni di combattimenti hanno trasformato pacifici cittadini in guerrieri, sarà che adesso ci sono molti fucili a disposizione e anche polvere da sparo, ma sta di fatto che i milanesi avanzano in tutti i punti della città.

Un pugno piantato nello stomaco della città

Al pomeriggio comincia la battaglia voluta fortemente da Anfossi perché, secondo lui, finché i milanesi non otterranno una vera vittoria sul campo, gli austriaci non si ritireranno.

L'obiettivo è tale da far tremare i polsi perché il palazzo del Genio è come un pugno piantato nello stomaco della città. È un edificio grande, con muri spessi e difeso da almeno duecento soldati scelti. Ci si entra per un portone così solido da sembrare l'ingresso di un castello; su un'altra via ce n'è uno secondario, più piccolo, ma non meno robusto.

Anfossi ha preparato per bene l'assalto: il giorno prima è stata fatta un'avanzata nelle strade alle spalle dell'obiettivo, che adesso sono munite di barricate per non permettere la ritirata dei difensori. Poi ha ordinato di rinforzare tutte le finestre delle case che si affacciano sul palazzo, in modo che si possa sparare su quelle di fronte e impedire agli austriaci di sporgersi e ha fatto portare una decina di asce per abbattere l'uscio.

Ha pensato a tutto, tranne che i difensori sono tosti, hanno trasformato il palazzo in una fortezza, le finestre in posizioni di tiro e non lasciano avvicinare proprio nessuno.

Ogni volta che abbiamo tentato un assalto, accompagnato da un urlo da leoni, ha risposto il blaterare secco dei fucili: grida di dolore e poi la ritirata nelle vie adiacenti, cercando riparo dietro alle barricate o nei portoni e trascinandoci dietro i feriti. Uno è stato colpito alla spalla, un altro di striscio alla fronte, ma sanguina copiosamente; uno ha un braccio spezzato e un altro è stato preso allo stomaco da un colpo di rimbalzo.

Il signor Luciano e Augusto Anfossi si dividono i compiti: il primo riunisce gli uomini, li rassicura, dice che questa è la volta buona e che prenderemo quel maledetto palazzo. Il secondo li porta alla carica e per dare l'esempio, si mette allo scoperto a sfidare le pallottole austriache.

Dopo il terzo assalto fallito, dal portone dove sono nascosto, vedo almeno quattro o cinque corpi a terra che non si muovono e altrettanti, feriti gravi, che danno ancora qualche segno di vita.

Dall'altra parte della strada il signor Luciano, mi fa dei segni: mi sporgo per guardare e vedo uno dei feriti che ha trovato riparo proprio contro il muraglione del palazzo. Ha fatto bene: lì sotto non possono spararegli senza sporgersi, e se lo fanno, noi li colpiamo facilmente.

Però non sta fermo: si trascina lento per non dare nell'occhio e si muove verso il portone; è coperto di stracci e si confonde con gli altri corpi.

Arriva anche Anfossi, di corsa, e passa di bocca in bocca il nuovo ordine: si ritenta un attacco.

Non capisco, ma credo c'entri quel tipo addossato al muro.

Nuovamente via del Monte di Pietà risuona di colpi, scoppi e grida: però gli austriaci non si scompongono e sparano bene. Cade uno dei nostri, cadono due, si rientra.

Sbircio fuori: la figura coperta di stracci ha approfittato dell'assalto ed è arrivata vicino all'ingresso.

Un guizzo: l'uomo ha gettato del liquido contro il portone.

Un momento col cuore in gola e poi tutto è chiaro: una fiammella, uno straccio prende fuoco; in un attimo il portone arde e non c'è mezzo di spegnere le fiamme.

Un ruggito dalle strade, dalle finestre: se i battenti bruciano, il palazzo è segnato.

Mentre tutti fissiamo le fiamme, arriva un *martinitt* con un biglietto.

«Andiamo, Anfossi è ferito, è molto grave.»

Corriamo e qualcuno ci segue, forse pensando che stiamo andando a un'altra azione; c'è entusiasmo perché non c'è come il sapore di vittoria per far diventare tutti leoni.

In un cortile, sotto un portico, su un tavolaccio, giace quello che fino a pochi minuti prima era il generale dei rivoltosi di Milano. È coperto con un mantello tirato fin sulla faccia: il signor Luciano si avvicina per sfiorarlo e forse vorrebbe dire qualcosa, ma per una volta anche a lui mancano le parole.

Non sapremo mai cosa avrebbe voluto dire: due uomini entrano di corsa e, senza accorgersi del morto, gridano che gli austriaci si arrendono, stanno uscendo e bisogna decidere subito cosa fare.

Il mio padrone esita un attimo e poi mi ordina di far portare il corpo in una chiesa e che qualcuno lo vegli.

«Fallo coprire con la bandiera tricolore. È morto per quello»; le ultime parole si perdono nell'androne.

Arrivano due uomini, padre e figlio, sorreggendo il ciabattino del rione, uno zoppo che di nome fa Pasquale Sottocorno. È lui che è strisciato fino al portone, ha gettato l'acqua ragia e l'ha incendiata: è l'eroe della giornata, ma ha preso una pallottola nella gamba buona.

La signora Fanny, si avvicina all'ometto, gli dice qualcosa con gli occhi che brillano e poi lo bacia sulla fronte.

Il ciabattino è felice, sorride e si guarda in giro per accertarsi che proprio tutti l'abbiano visto: in quel momento non è più il meschino che ripara tacchi e suole, ma è un eroe baciato da una delle più belle donne di Milano.

Sarà anche ferito, ma una giornata così vale una vita.

Vedrai, sarà la giornata decisiva

Quando la signora Fanny viene chiamata altrove, cessa l'incantesimo e cominciano le discussioni.

Qualcuno non vuole che il corpo di Anfossi finisca in chiesa: lui era contro i preti e ne era fiero. Qualcun altro dice che invece bisogna portarlo in Duomo perché è un eroe della città; altri lo vorrebbero in Broletto. Ognuno dice la sua e ciascuno la pensa in maniera diversa da quello che ha di fianco: gli animi si accendono e quella bella unità che si vede sulle barricate finisce in un pollaio di battibecchi.

Io allora esco di nascosto e vado a cercare il signor Luciano, perché con lui mi sento più utile.

Trovare qualcuno in una Milano che sembra un formicaio calpestato è un'impresa, ma per fortuna ormai il nome Manara è noto a tutti e vengo a sapere che è andato a Porta Tosa; è la sua vecchia idea che la battaglia la si vince mettendo in comunicazione gli insorti della città con quelli delle campagne. Adesso è arrivato il momento di metterla in pratica.

Il problema è che verso i bastioni, le strade non sono più strette come nel centro della città, ma viali larghi e dritti che offrono un grandissimo vantaggio a chi possiede fucili e cannoni; per questo motivo si stanno preparando dei marchingegni, le barricate mobili, che proteggeranno i cittadini durante l'attacco.

Finalmente lo incrocio sporco di fuliggine dalla testa ai piedi, di ritorno dalla porta: una cannonata ha incendiato la casa da dove stava spiando gli austriaci.

È bruciacchiato, ma felice e il sorriso risalta meglio sul viso nero: «Domani se tutto va bene ci sarà battaglia grossa. Vedrai, sarà la giornata decisiva».

Poi, d'un tratto si incupisce: «Se vedi i Trazi digli che il buon Boselli è morto».

Impiego un attimo e poi ricordo: è il tizio alto e magro con lo stiffelius e la carabina; il direttore della loro scuola e in qualche misura il responsabile del loro patriottismo. A vedere il numero dei suoi studenti tra gli insorti più convinti, verrebbe da pensare che sia lui il vero artefice di questa rivolta. Perciò il fatto che sia morto è doppiamente triste.

Mercoledì 22 marzo 1848 – quinto giorno della rivolta

Quando sorge il sole è già stata impartita l'assoluzione *in articulo mortis* e la squadra Manara, si muove verso il gran giorno.

Vale la pena presentarsi eleganti

Per qualche motivo, senza che nessuno abbia dato l'ordine, tutti si presentano indossando gli abiti migliori: la prima fila, con il signor Luciano, i Dandolo e Morosini assomiglia più a un palco alla Scala che a un manipolo di combattenti. Qualcuno si è preso il vezzo di farsi un fiocco al collo, si vede perfino qualche fiore all'occhiello e c'è chi esagera e porta il cilindro. La cosa strana, anzi direi meravigliosa, è che anche le persone che incontriamo per strada indossano i vestiti della festa.

Se quello sarà un giorno importante, avranno pensato tutti, di quelli che si ricordano per tutta la vita, allora vale la pena presentarsi eleganti.

Dice Emilio Dandolo, riconoscendo nella ressa il bottegaio che vende i migliori dolci di meliga della città, con addosso un *paletot* quasi nuovo: «Oggi tutti in gran tiro per corteggiare signora Morte. Forse dovevo portarle dei fiori, altrimenti non mi rivolgerà neppure un'occhiata».

Finalmente vedo le barricate mobili: sono straordinarie fascine molto più alte di una persona in piedi, di forma grossomodo cilindrica, formate da assi, pali e tutto quello che di robusto è stato trovato. Vengono bagnate per evitare che prendano fuoco e quando si va all'assalto le si spinge facendole rotolare in modo da proteggere dai colpi dei fucili e si spera anche dalle palle di cannone.

Il caos è completo: si devono muovere i pesantissimi marchingegni e farli arrivare dove servono; poi bisogna organizzare le forze per l'assalto, perché questa volta siamo tantissimi, forse più di mille. Ci sono quelli che aspettano gli ordini del signor Luciano e quelli che invece pretendono di fare di testa loro, oppure chi, come Bois Gilbert, vuole essere il primo ad attaccare, quello che si espone, quello che vince da solo.

Bisogna mettere tutti d'accordo e trovare qualcuno che stia al comando di ciascuna squadra e conduca gli uomini tenendoli ordinati e stretti dietro al riparo, perché quando saremo nello stradone ci aspetterà una tempesta di fuoco. Poi, man mano che si avanza, altri devono raggiungere le case che si affacciano sulla via e da lì sparare per evitare che gli austriaci si schierino troppo comodamente e facciano il fuoco di fila.

Quest'anno la primavera comincia il 22 marzo

Mi guardo in giro perché non voglio perdere nemmeno una faccia o un'espressione di quel piccolo mondo che aspetta l'inizio dell'assalto.

Come ho raccontato all'inizio di questo libro, pittori fanno lo schizzo della scena su un foglio fissato a un'assicella di legno; poi diventerà un grande e memorabile quadro. Due orchestrali della Scala, una tromba e un corno, intonano l'aria *Va' pensiero* dal *Nabucco*. In quel momento, anche suonata così alla buona, è una musica che fa venire i brividi.

Ci sono milanesi divisi dalla politica, mazziniani e moderati, monarchici e repubblicani, e altri divisi per rione, per via di abitazione, raggruppati per professione – qua gli stampatori, là i lavoratori del macello disoccupati perché da cinque giorni non entra bestiame vivo in città; e poi impiegati, manovali, facchini, maestri di scuola, cantanti, lampionai, cocchieri; e preti e studenti, e donne, più di quante non si pensi. Sono tutti lì, pronti per combattere.

Ci sono notai che scrivono brevi testamenti caso mai non si torni indietro, sacerdoti che distribuiscono l'estrema unzione assieme all'assicurazione che Dio è dalla nostra parte; amici che si salutano, che si dicono addio e poi vinceremo. C'è chi piange e chi sghignazza; chi ha occhi grandi di paura e chi non vede l'ora, perché è una grande avventura.

Mi accorgo che è inutile cercare di spiegare questo momento: se uno non era lì, non potrà mai capire.

Le barricate mobili sono ferme come grosse bestie, celate per non far capire agli austriaci il loro uso ed evitare che possano prendere le contromisure. Poi gli ultimi accordi perché ogni capo abbia la sua barricata, per sé, per i suoi uomini e per le sue ambizioni.

Emilio Dandolo porta la nostra bandiera che è stata cucita in casa Morosini e sa che per quel motivo, spareranno addosso più a lui che a tutti gli altri e ne è fiero: «Il portabandiera e il poeta sono uguali: devono attirare i colpi dei nemici, altrimenti non fanno un buon lavoro».

Mi viene vicino e mi lascia toccare la stoffa: «Guarda: questa è la vita, la speranza e il futuro. Il tuo nome, Italo, è un augurio per tutti noi».

Ed è vero: in quel momento il mio nome è una cosa bella. E noi non siamo sciagurati, ma eroi.

Il signor Luciano cerca di essere dappertutto e per tutti ha una parola o anche solo una pacca sulla spalla o una stretta al braccio. Comanda l'assalto in marsina, gilet azzurro e camicia di seta con il fiocco candido al collo fatto da Carmelita con le sue mani. A vederlo così sembrerebbe tornato il milordino sorridente dei caffè e dei teatri.

A tutti ripete una frase che gli sembra bellissima; non so se l'abbia detta per primo, ma riassume tutti i significati di quella giornata: «Amici, quest'anno la primavera comincia il 22 marzo».

Non ricordo nulla di quella battaglia

Prendiamo posizione.

Un attimo sospeso, un ultimo sguardo di intesa e poi tutti a spingere la barricata mobile che pesa un'infinità e non si sposta.

Allora il signor Luciano intona con voce piena *La bella Gigogin* e un altro risponde e anche un terzo. Quando tutti cantano, si sente uno scricchiolio, un cedimento e quel macchinario inizia a rotolare, con un rumore di legno che si frantuma, schiacciato dal proprio peso.

Gli austriaci impiegano qualche attimo per capire cosa stia succedendo e poi aprono un fuoco spaventoso.

Non ricordo nulla di quella battaglia, ma ho scoperto che quasi nessuno ne ha una memoria precisa. Ad esempio doveva esserci il rumore indemoniato della fucileria e i boati dei cannoni, ma non li ho sentiti; come se fossi stato sordo.

Per il resto, in effetti, si vedeva poco, a testa bassa a cantare e spingere, ma non ricordo nemmeno gli incendi a destra e sinistra che pure c'erano.

Qualcuno ha detto che non si respirava per l'odore acre della polvere nera bruciata che si attaccava alla gola e non si vedeva per il tanto fumo delle fucilate che formava una nebbia spessa; un altro ha ricordato che volavano schegge di legno da ogni parte e bisognava procedere con gli occhi quasi chiusi.

Hanno detto che non c'è stata una sola avanzata, ma tanti movimenti brevi interrotti per riprendere fiato: poi si tornava a muovere quelle immense fascine che, a causa dei colpi incassati, erano sempre meno cilindriche.

Ci saranno state urla di chi veniva colpito, gemiti dei feriti e poi forse un grido uscito da tutte le gole quando ci siamo lanciati all'aperto per l'ultimo tratto fino alle porte del dazio. Io ero tra quelli che si erano portati un'accetta per abbattere gli usci e poi siamo entrati come furie.

Probabilmente tutto questo è vero, ma io non ricordo.

Se fosse per la mia memoria, all'assalto di Porta Tosa io non c'ero.

Ho un'immagine di una stanza del dazio, con parecchi corpi austriaci per terra mischiati ad alcuni dei nostri. C'è sangue dappertutto, perfino sui fogli dei registri dove erano state segnate le ultime merci entrate in città prima che scoppiasse la rivolta. Rivedo una scrivania piccola e un calamaio di bronzo a forma di cigno.

La cosa più strana è che non ricordo nemmeno le grida di vittoria: potrei giurare sul mio onore che in quegli istanti regnava un silenzio perfetto.

Una malinconia che è come una stanza segreta del suo cuore

Alla fine della battaglia, quando gli austriaci si sono ritirati da Porta Tosa e noi ci siamo guardati in giro, abbiamo visto che la terra si è aperta e ha vomitato un pezzo di inferno. Le case a destra e a sinistra bruciano e arde anche la porta; in aria c'è fumo e polvere che non si respira, per terra corpi mescolati di cittadini e soldati. Altri, molti altri, urlano e piangono nei cortili vicini con i medici della città che cercano di fare del loro meglio per alleviare dolori, ricucire ferite e aggiustare ossa.

Forse siamo diventati davvero sordi: mi hanno detto che tutte le campane della città hanno suonato a stormo, ma nemmeno questo io ricordo.

Ricordo invece bene che ero inquieto, avevo un'ansia che quasi mi spaccava il cuore: volevo sapere se la battaglia fosse davvero finita, oppure ci aspettava qualche altra prova, qualche inganno, qualche trappola. Nemmeno mi sono fermato a festeggiare, nonostante l'arrivo di un carretto con una botticella di vino dell'Oltrepò, perché ho seguito il mio padrone a fare il giro delle barricate: temeva che Radetzky tentasse un colpo di mano, pensando di sorprendere i milanesi distratti dalla vittoria.

Più è stanco, più si incaponisce a fare cose. Lui è fatto così.

Torniamo che la festa è diventata generale, ma il signor Luciano non è a suo agio.

Io lo capisco, poiché lo seguo da tanto tempo: so che dentro, in profondità, ha un nocciolo di malinconia più resistente di qualsiasi altro sentimento. Altri hanno l'entusiasmo, ma può passare; altri sono innamorati, ma può consumarsi; altri ancora sono mossi dalla rabbia, dall'invidia, dalla smania del successo, ma sono cose che possono cagliare, come il latte dimenticato nel pentolino. Lui invece ha una malinconia che è come una stanza segreta del suo cuore: quando finisce qualcosa, soprattutto se ha vinto, è in quel nascondiglio che ha bisogno di rifugiarsi.

Così, mentre tutti festeggiano, lo vedo allontanarsi di soppiatto e infilarsi in un cortile.

Io intanto parlo con uno, abbraccio un altro, faccio un brindisi con un terzo, ma non perdo di vista il portone di quella casa.

In un momento di tregua vado a spiare e mi ritrovo di fianco la signora Fanny. Ci fermiamo sulla soglia e lo vediamo seduto sul bordo di una fontana che scuote l'acqua con un bastoncino, al suono di una musica immaginaria; la camicia che al mattino era bianca, adesso è di un colore indefinito con qualche macchia rossa di sangue, anche se lui non è stato ferito nemmeno di striscio.

La signora Fanny, senza guardarmi: «Anche da bambino faceva così quando vinceva a qualsiasi gioco. Non lo trovavamo più: si appartava e sembrava quasi triste. Gli piace vincere, ma non è capace di godersi la vittoria. Forse gli dispiace che il gioco sia finito».

Anch'io mi sono fermato un attimo

Anch'io mi sono fermato un attimo poco più in là, e ho pensato che anche mio padre e mia madre sarebbero stati felici di essere qui, nel giorno che la libertà ha vinto e lo straniero è stato sconfitto.

Io me li immagino da qualche parte lì vicino, abbracciati in mezzo ai festeggiamenti: si guardano negli occhi e si sorridono. Mia mamma è bellissima e indossa il suo vestito color vino, che però è nuovo; mio padre assomiglia al signor Luciano.

Il signor Luciano, quello vero, mi raggiunge e dice che bisogna contare i fucili e fare in modo che siano ben distribuiti. Poi si devono guardare i prigionieri e controllare che abbiano acqua e cibo perché nessuno dica che i milanesi maltrattano i nemici. Poi c'è il comitato direttivo, le decisioni da prendere e si deve consultare Cattaneo.

Qualcuno si avvicina a chiedere se non sia il caso di mandare dei messaggeri verso il Ticino per sollecitare l'avanzata dei piemontesi; qualcun altro interviene e dice che invece il re Carlo Alberto dovrebbe restare nelle sue terre, che i milanesi hanno fatto tutto da soli e, grazie, non c'è più bisogno dell'aiuto.

Ci dividiamo e ci rivediamo a casa quando è già buio: lo trovo nello studio, mano nella mano con la signora Carmelita, in silenzio.

Quando mi vede si rialza di scatto, come si vergognasse di essere sorpreso a oziare.

«Si hanno notizie degli austriaci? E i piemontesi? Arrivano o restano ancora alla finestra a guardare?»

Io non ho tutte le risposte, tuttavia qualche novità ce l'ho: «Ci sono movimenti al castello».

La signora Carmelita mi guarda con un'ombra di rimprovero: potevo aspettare almeno un altro po', no? Era così bello quel momento.

Torniamo nelle strade e riuniamo la nostra compagnia: siamo ancora tutti, abbiamo avuto solo quattro feriti. Degli amici più stretti solo Emilio Dandolo e il Conte hanno qualche graffio, ma fanno finta di nulla, con il coraggio e lo sprezzo del dolore di chi ha studiato sui libri come si comporta un eroe.

È interessante vederli vicini: il Conte è sempre se stesso, un ragazzo tranquillo e composto, serio ed elegante in ogni parola e in ogni gesto; Emilio, invece, brucia come se la sua gioventù fosse carbone rovente che emana forza e calore. A Porta Tosa ha tenuto la bandiera ed è sempre stato in prima linea, adesso sarebbe pronto ad assaltare il castello da solo.

Fava, il suo adorato istitutore, commenta con il signor Luciano: «Ha sempre patito l'adolescenza e quel non essere né carne né pesce. È sempre stato più maturo di testa rispetto al corpo: adesso si è incontrato».

Sulle barricate di fronte al castello c'è folla come al mercato e sembra che nessuno abbia voglia di dormire; i milanesi, a gruppi attorno ai fuochi, si domandano cosa aspettarsi dal futuro.

Poi un grido da cento petti: il cielo sopra il castello si è illuminato, come se fosse stato acceso un fuoco enorme nel cortile.

Tutti gli occhi sono fissi sulle fiamme che si alzano oltre i muraglioni e ognuno ha la sua opinione su cosa stia succedendo.

«Faranno volare delle mongolfiere incendiarie per dare fuoco alla città. È nel carattere di Radetzky: o Milano resta sua o non ci sarà più Milano.»

«L'inferno si è aperto sotto i piedi di Radetzky e lo ha inghiottito.»

Il signor Luciano è il più inquieto: «E se volesse distrarci per tentare un colpo di mano da un'altra parte?».

Emilio Dandolo annuisce: «Noi stiamo qui a guardare il fuoco, e lui attacca, che ne so, da Porta Orientale».

«Dividiamoci fra le barricate e teniamole in allarme. Che si diano i turni, ma restino sempre dei difensori sul chi vive; chi dorme lo faccia con l'arma a fianco.»

«Allora abbiamo vinto?»

Le ore della notte trascorrono in uno stato di continua ansietà: è chiaro che gli austriaci stanno preparando qualcosa di grosso, ma non si riesce a immaginare cosa. Il signor Luciano è teso come un cane da caccia: se potesse inchiodarsi sulla schiena un paio di ali, volerebbe sui bastioni per capire cosa bolle in pentola.

Ogni tanto si sentono i fucili crepitare ora a est, ora a ovest, e poi rumori di tutti i tipi, come quando si muovono cavalli, carri e artiglierie. Dopo mezzanotte i tamburi cominciano a battere il tempo, intervallati da scariche di fucileria e da qualche colpo di cannone. Arriva la notizia che una casa ha preso fuoco vicino a Porta Romana e per un attimo si teme che sia quello l'obiettivo di un assalto, ma l'allarme rientra. Poi scariche di fucileria da Porta Tosa.

Emilio Dandolo e il Conte sono ovviamente con noi e allungano occhi e orecchie, ma senza risultato: a vederli così, concentrati e ansiosi, smettono di essere combattenti e tornano a essere studenti di liceo.

La domanda più frequente è quella che da quattro giorni toglie il sonno ai milanesi: Radetzky si sta preparando a bombardare la città, come ha più volte minacciato di fare?

Quando glielo chiedono, il signor Luciano scuote la testa e ripete come al solito che nemmeno una belva farebbe una cosa simile, perché a sparare così, alla cieca, si finisce col colpire anche chi non c'entra per niente: vecchi, donne e bambini.

Il mistero, alla fine, viene svelato quando l'alba comincia a schiarire il cielo (qualcosa che c'entra con delle dita rosee, secondo Emilio Dandolo) e incrociamo una pattuglia proveniente da Landriano: raccontano che fuori città ci sono tantissimi soldati in marcia e sparano a chiunque si avvicini. Loro, assieme ad altri patrioti del circondario sono riusciti a entrare in Milano perché le porte a settentrione e a occidente non sono più sorvegliate.

Soldati austriaci in gran numero a Paullo.

La carrozza rinforzata di ferro di Radetzky vista lasciare Milano.

Cannoni sulla strada per Lodi.

I pezzi si compongono piano piano e il signor Luciano ci ragiona su, fissando la colonna di fuoco dentro al castello: «Si stanno ritirando. Lasciano Milano: i soldati che sono stati segnalati coprono i fianchi e il grosso si muove verso Lodi».

Gli altri sembrano non aver capito, oppure vogliono essere proprio sicuri: «Allora abbiamo vinto?».

Il signor Luciano fa segno di sì, lentamente con la testa e continua a guardare le fiamme.

Ha mezzo sorriso sulla bocca e una piccola lacrima fra le ciglia, perché, davvero, le grandi gioie non sono tali senza un granello di tristezza.

La gente scende in strada

Il nostro gruppo non è il solo ad aver capito le mosse degli austriaci, e forse non è stato nemmeno il primo. Mentre noi ancora fissiamo il muro del castello alla ricerca di conferme, da altre parti della città scoppiano gli «evviva» e una campana comincia a suonare a distesa, subito seguita dalle altre.

La gente scende in strada, dapprima cauta e timorosa, con sguardi perplessi, come se non potesse credere agli avvenimenti, poi sempre più convinta. Allora qualcuno comincia ad abbracciarsi e qualcun altro tira fuori del vino; altri si mettono a ballare di gioia e le donne sono le più scatenate, perché questa vittoria è senza dubbio anche loro.

Man mano che la notizia della ritirata del nemico si fa certezza, i festeggiamenti aumentano e si vedono cose incredibili: vecchi tutti storti che ballano con signorine giovani e belle; uomini austeri, che nella vita di tutti i giorni mettono soggezione con una sola occhiata, vanno sottobraccio con poveracci che normalmente non degnerebbero nemmeno di uno sguardo.

È un bel momento, allegro e spensierato, tutti appaiono sereni e fiduciosi e mostrano la parte migliore di se stessi. Sarebbe bello restare a lungo a parlare, bere, cantare e ballare perché ce lo siamo meritato, ma non si può perché qualcuno grida che bisogna inseguire gli austriaci e non dargli tregua.

Il signor Luciano si alza e sospira: «E con che cosa inseguiamo? Occorre prima radunare gli uomini, distribuire le armi, dare un minimo di forma a un esercito milanese. Però hai ragione, non dobbiamo dormire sugli allori».

Non è una cosa semplice: per la maggioranza dei milanesi la guerra è finita con la fuga degli austriaci e vogliono solo godersi una vita senza prepotenze e senza stranieri a decidere cosa sia permesso e cosa no.

Hanno combattuto proprio per questa libertà e adesso hanno vinto la loro battaglia.

Non sono tutti come il signor Luciano o i Dandolo o Morosini o anche come la signora Fanny e la signora Carmelita che vedono lontano e dietro alla libertà di Milano pensano a quella della Lombardia e poi a quella dell'Italia.

Gli eroi del sesto giorno

Arrivare alla sede del governo provvisorio, nostra destinazione, non è semplice perché le strade sono invase di gente che festeggia e ogni tre passi qualcuno si avvicina al signor Luciano e gli stringe la mano o gli grida qualcosa.

A un certo punto veniamo fermati da un gruppo di cittadini armati fino ai denti che ci chiedono la parola d'ordine per entrare in quella che, ovviamente, considerano una contrada di loro proprietà, mentre altri stanno costruendo una barricata con degli spessi tavolacci presi da una officina lì vicino.

La cosa appare per lo meno strana, visto che gli austriaci se ne sono andati.

«Chi vi ha ordinato di costruire una barricata qui?» chiediamo a quello che sembra il capo: grande, corpulento e con una vistosa piuma bianca sul cappello.

Lo sguardo di risposta è a metà tra la sufficienza e il fastidio: «Bisogna essere pronti a tutto e noi del battaglione Alberto da Giussano sappiamo cosa fare».

Ci guardiamo con uno sguardo interrogativo perché quel nome ci è del tutto nuovo.

Il conte Morosini, al quale è montata la mosca al naso, chiede su quale barricata abbiano combattuto; la risposta ci lascia interdetti: «Siamo un battaglione scelto agli ordini diretti del generale Manara».

Per fortuna il signor Luciano ha senso dell'umorismo: «Benissimo, siamo anche noi agli ordini di Manara e dobbiamo arrivare al Broletto per organizzare una colonna che insegua gli austriaci».

Il capoccione sorride e si rilassa: «Allora ci rivedremo sicuramente. Sempre in prima fila e viva Milano» e fa un segno magnanimo di lasciarci passare.

Appena girato l'angolo, il Conte si ferma irritato: «Perché non gli hai detto il tuo nome e che non li abbiamo mai visti combattere?».

Il mio padrone allarga le braccia: «Che cosa dovevo fare?

Dirgli che sono io Manara e che sono convinto che abbiano trascorso le giornate chiusi in casa e adesso, a battaglia conclusa, escono anche loro a prendersi un po' di gloria? Cosa ci si guadagna?».

Lui è fatto così, ma da lì a poco, quei combattenti delle battaglie finite verranno battezzati come gli «eroi del sesto giorno» di una lotta che ne è durata cinque. Ce ne sono tantissimi e sono pignoli e aggressivi, più di tutti quelli che le giornate le hanno sofferte davvero.

Sua Maestà Carlo Alberto di Savoia è un galantuomo

Quando il signor Luciano entra nelle stanze del governo provvisorio per discutere della costituzione di una armata lombarda, confesso che mi sono addormentato.

Seduto sotto un portico, mi sono detto che non c'è nulla di male a prender fiato. Nei cinque giorni precedenti non ricordo un solo momento di calma: avrò anche dormito, ma era uno svenimento pesante come un sasso. Con la schiena appoggiata al muro, sono scivolato nel sonno sereno di chi ha la coscienza a posto.

Mi sveglio di soprassalto per un vocio che si fa sempre più vicino.

Mi alzo e vedo un nutrito gruppo di milanesi che si stringe attorno a un uomo a cavallo in divisa blu. Qualcuno, festante, grida «Viva i piemontesi»; uno prova a lanciare un «Viva Carlo Alberto», ma un brusio ostile lo fa tacere.

Il cavaliere è magro, pallido, impolverato e si piega dalla sella per stringere ora una mano ora un'altra; per la curiosità che suscita si direbbe che arrivi dall'altra parte del mondo, e non dall'altra riva di un fiume distante una ventina di miglia.

Un signore distinto, potrebbe essere un bottegaio di merci ricercate, forse cappelli o guanti, fa sentire una bella voce da baritono: «A Milano, molti si stanno domandando che cosa voglia davvero il vostro re...».

Il militare si volta con una tale espressione di stupore che il signore si sente in dovere di specificare: «Vede, noi qui non si è capito se il vostro Carlo Alberto sia arrivato in Lombardia per combattere contro gli austriaci, oppure per reprimere la nostra rivolta».

Risposta a muso duro: «Assolutamente contro gli austriaci e per l'unità d'Italia. Non sapete forse che ha emanato lo Statuto e rinunciato al vessillo secolare della sua famiglia per adottare il tricolore italiano?».

Silenzio d'imbarazzo: le parole vengono soppesate. Un ometto alla sinistra, con un cappello a cencio: «Allora perché quando qui si combatteva e si moriva non ha mandato né un uomo, né un barilotto di polvere da sparo?».

Un altro, facchino per l'abbigliamento e le spalle larghe: «Perché ha aspettato che noi avessimo vinto la guerra per entrare in Lombardia? Pensa di prendersi la nostra città come una pera matura?».

Poi, gonfiando il petto: «Milano è dei milanesi, sia chiaro».

L'ufficiale rimane per un attimo interdetto, ma poi esce con la sola risposta possibile: «Sua Maestà Carlo Alberto di Savoia è un galantuomo e vuole sconfiggere l'austriaco e cacciarlo dalle terre italiane. Non posso tollerare che si metta in dubbio la sua parola: chi lo fa dovrà prendersi la responsabilità di ciò che afferma qui e subito. Anche se doveste essere venti contro uno».

Altre persone si avvicinano e quelle già presenti si fanno più da presso e il cavaliere si guarda in giro, più sorpreso che spaventato. Sicuramente non si aspettava un'accoglienza simile.

In quel momento il signor Luciano piomba nella via: «Cosa succede? Siete diventati tutti matti? Siete qui a discutere con un ufficiale piemontese, un nostro alleato, un italiano?».

La piccola folla fa un passo indietro, ma non sembra convinta.

Così sento il mio padrone esprimere le sue convinzioni in pubblico: finora lo avevo sempre e solo ascoltato ragionare sui modi per cacciare gli austriaci. Adesso, per la prima volta, si affaccia a cosa succederà dopo: «Se vogliamo fare un'Italia libera e unita dobbiamo cominciare a fidarci gli uni degli altri. Poi noi faremo le nostre divisioni lombarde e combatteremo a fianco dei piemontesi che hanno tutto quello che a noi manca: cannoni, cavalleria e generali esperti; verranno anche i toscani, i romani, i napoletani e i siciliani e tutti insieme vinceremo la guerra, faremo un congresso per concordare l'unità e ci chiameremo italiani».

Dice queste cose come suo solito, senza gridarle, ma con un sorriso convincente: in maniera piana, come fossero semplicemente ragionamenti di buon senso. Lui è fatto così.

4

La prima morte del signor Luciano

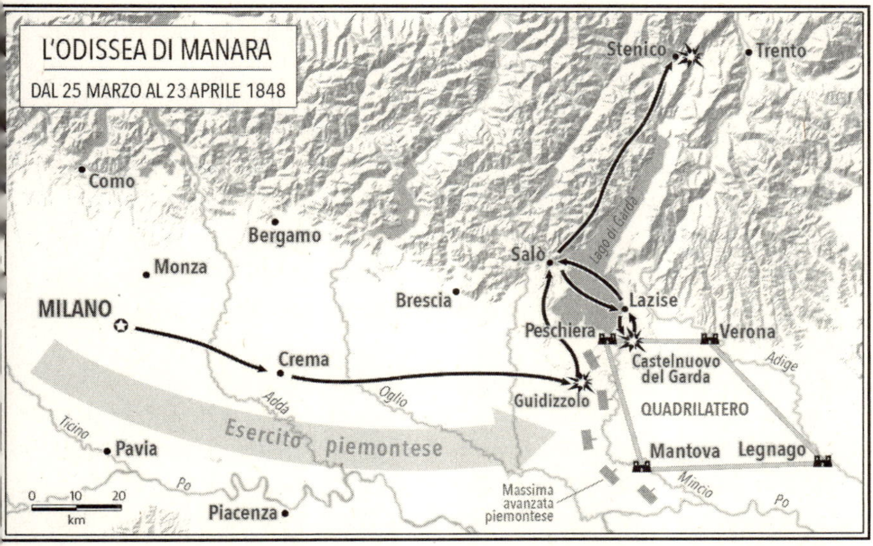

Il 23 marzo 1848, primo giorno di Milano senza austriaci, passa nella confusione più totale.

Nelle vie c'è chi ancora festeggia, beve, balla, si abbraccia, canta, ride. A fianco di questi ci sono gli eroi del sesto giorno che non hanno tempo per le frivolezze, seriamente impegnati a conquistarsi il loro posticino nella vittoria.

Poi ci sono i piemontesi: dopo il primo che abbiamo incontrato ne sono arrivati altri, tutti ufficiali, tutti a cavallo perché la truppa è tenuta nei sobborghi. Li si riconoscerebbe anche se non indossassero la divisa per come guardano con gli occhi fuori dalla testa i palazzi della nostra città, per come spalancano la bocca davanti al Duomo e osservano meravigliati la ricchezza delle nostre case e botteghe.

Non sanno che siamo quattro gatti

Il signor Luciano cerca di mettere insieme una colonna per inseguire gli austriaci, anche se molti membri del governo non ne vedono la necessità. Un po' come dire: «Grazie per la vostra opera sulle barricate, ma adesso ci sono i piemontesi, non servite più».

La questione è semplice e me l'ha spiegata il Conte, una volta che mangiavamo insieme un mezzo pollo portato da una sua sorella: «Chi ha ricchezze e potere, guarda con sospetto chi ha combattuto, si è sacrificato, ha rischiato la pelle. Il timore è che il popolo presenti il conto e si convinca – Dio non voglia! – di aver diritto a qualcosa. Non tutti i signori di Milano sono come noi che consideriamo il ceto non un privilegio, ma una responsabilità.

La maggioranza dei benpensanti è ben attaccata a ciò che possiede ed è convinta che il popolino sia una brutta bestia: comincia tirando sassi a *crucchi* e *tognini* e poi finisce a invadere onorabilissimi palazzi, a far man bassa di argenterie e dispense».

I baroni di Cistellia sarebbero d'accordo, vorrei aggiungere io.

Le teste fini del governo sono corse subito ai ripari: per evitare che da un'insurrezione si passi a una rivoluzione hanno deciso di fare ponti d'oro ai tranquilli e sicuri piemontesi e liberarsi degli eroi ingombranti delle barricate. È stata deliberata la costituzione di colonne di volontari, ma senza menzionare armi, divise, sussistenza e tanto meno stipendi. Cattaneo e gli altri sinceri democratici fanno quello che possono per tentare di mantenere vivi gli ideali, ma sono minoranza.

Infine per dare un contentino all'eroe di Porta Tosa e perché non si dica che l'eroismo non viene premiato, il signor Luciano è stato nominato su due piedi generale di divisione: a ben vedere non costa nulla.

Così si è ritrovato comandante che deve badare a tutto: reclutamento, armi, divise, disciplina e ogni altra cosa. Noi con lui corriamo come topi, cercando di non farci demoralizzare dagli ostacoli e dagli intoppi, mentre la città fa festa e sembra un carnevale, ma molto più allegro.

Il cuore della colonna sono gli amici di casa Manara e i fedelissimi della prima ora: una cinquantina di uomini a cui si è aggiunto Bois Gilbert con i suoi trenta volontari. A vederli fuori dalle barricate, però, ispirano ben poca fiducia: assomigliano più a malfattori che a patrioti.

Dopodiché non si riesce a raggranellare molto, perché per la grande maggioranza dei milanesi l'impegno è finito. A parlarci insieme, rispondono: «Non abbiamo cacciato gli austriaci? Radetzky non se ne è andato? Allora basta: per fare la guerra, ci sono gli eserciti».

Così, alla mattina del 24, da Porta Orientale, finalmente esce la nostra colonna, con il signor Luciano in testa, Emilio al fianco, orgoglioso della bandiera portata in spalla e tutti noi dietro che marciamo fieri.

Una gran folla si è riunita ad applaudirci e a gridare «evviva»; saranno forse più di mille persone che salutano i centoventinove volontari che vanno a far la guerra agli austriaci.

Cosa possiamo fare contro l'esercito imperiale che può schierare trenta o quarantamila uomini?

«Certamente non saremo noi a sconfiggerli» dice il signor Luciano «ma possiamo disturbarli: non sanno che siamo quattro gatti.»

Lui è fatto così e l'ottimismo è contagioso: allora lasciamo cadere i brutti pensieri e marciamo cantando *La bella Gigogin*.

Uno dei più giovani della colonna, un ragazzo di sedici anni, ha detto alla madre che lo accompagnava fino alle porte della città di non preoccuparsi, che sarebbe tornato in quindici giorni. Quando l'ho riferito al signor Luciano, lui ha commentato: «Può darsi. Se va tutto bene...», ma non mi è sembrato molto convinto.

A Treviglio passiamo la prima notte in attesa perché dovrebbero raggiungerci una colonna di svizzeri ticinesi e una di comaschi; un'altra di liguri e piemontesi è in marcia più a sud.

I Trazi bruciano di voglia di andare avanti, di fare in fretta, di arrivare al combattimento e il signor Luciano deve mettercela tutta a calmarli e tirare le redini: non sentono ragioni. Per loro quella è l'avventura della vita, il momento in cui i sogni covati nelle ore di studio e letture diventano realtà e non vogliono perderne nemmeno una briciola.

La seconda sera un barone viene di persona a incontrarci e dà ordine ai fittavoli di mettere a disposizione della colonna pane, verdura, vino, legna per scaldarsi e paglia per dormire. Il signor Luciano, i Dandolo, Morosini vengono invitati al desco del padrone e alla tavolata si aggiunge quasi di forza anche Bois Gilbert: non gli piace per nulla essere messo su un piano secondario.

Fuori dalla sala da pranzo, per quello che posso capire io, la gente del paese è molto meno contenta di vederci. Un ometto viene a chiederci se ci fermeremo molto e se dopo di noi ne arriveranno altri: spera che noi si sia solo un malessere passeggero e di non dover dare cibo e ospitalità a troppi altri soldati.

Prima di coricarsi il signor Luciano scrive alla moglie. Anche se non abbiamo ancora un servizio di staffette come c'è in tutti gli eserciti, lui le ha promesso che ogni sera avrebbe preparato un biglietto e lei gli ha cucito una busta di velluto rosso da portare al collo per riporre la corrispondenza in attesa di spedirla.

Cara Litiza,
La guerra fuori Milano è molto differente da quella sulle barricate. Non sappiamo dove sia il nemico e nemmeno cosa voglia fare. Siamo ottimisti perché tutto l'impero è in rivolta e prima o

poi anche le teste più dure, come quella di Radetzky, dovranno convincersi che il nuovo è arrivato e non si può fermare. Temo però che non sarà così semplice e bisognerà combattere.
La mia colonna è splendida, a partire dai nostri due Emili, Dandolo e Morosini, che sembrano i Dioscuri delle leggende antiche e non vedono l'ora di fare vera battaglia. Il loro entusiasmo è un dono di Dio, ma fosse per me, preferirei che quel cagnaccio austriaco venisse a più miti consigli e accettasse che il suo tempo è finito. In cambio gli si potrebbe assicurare che nulla sarebbe intentato contro di lui e i suoi e non sarebbe fatta nessuna vendetta per le prepotenze del passato.

La guerra? Ma va là

Nei giorni successivi marciamo sempre verso oriente, seguendo le colonne austriache che lasciano dietro di sé un rosario di tracce: un cappello, uno zaino, un carretto, una ruota, l'affusto rotto di un cannone, un cavallo morto; soprattutto tanti racconti di pacifici contadini che si sono trovati le armi puntate addosso se non consegnavano subito cibo, vino, acqua e paglia.

Purtroppo non sono solo gli imperiali a essere prepotenti. A Crema abbiamo trovato una cittadina terrorizzata da una colonna di nostri volontari comandati da un tal Torres che ha richiesto cibo in abbondanza, posti comodi dove dormire, legna, armi e anche soldi. Di fronte alle esitazioni degli assessori, il comandante ha urlato che quello che non veniva consegnato in fretta, sarebbe stato requisito con la forza, perché prima viene la lotta per le libertà e poi le dispense piene dei borghesi del luogo.

Il signor Luciano è riuscito a sistemare la questione, ma ben presto anche noi abbiamo dovuto riconoscere che la guerra in soldoni è questo: mangiare e dormire a spese degli abitanti dei posti che attraversiamo; forse anche combattere, ma dopo, se ce ne sarà bisogno.

Nonostante tutto, noi veniamo accolti se non con entusiasmo, con benevolenza, anche se qualche volta ci sembra di sentire mormorare quella povera gente: «Uno va, l'altro arriva e noi ci andiamo sempre di mezzo».

Una sera, può essere il sesto o settimo giorno di marcia, cominciamo a essere stanchi, si canta meno, si trascinano i piedi e i fucili sono tremendamente pesanti. Intanto il nostro numero è aumentato a quasi ottocento uomini con almeno trecento fucili, in parte moderni e in parte a pietra.

Ci accampiamo nella piazza di un paese e ci dicono che in un cortile c'è una pattuglia di piemontesi: sarebbero i primi che vediamo da vicino, se non si contano gli ufficiali entrati a Milano. La curiosità è forte, ma soprattutto è forte la speranza di avere una risposta ai nostri cento interrogativi.

Invece è una mezza delusione: sei soldati e un sergente con una carretta e l'incarico di trovare una sistemazione bella comoda per un generale atteso da lì a qualche giorno con il grosso della truppa.

Il signor Luciano subito chiede per quando è prevista la battaglia: in risposta lo guardano come un matto che parla turco.

Allora il mio padrone tenta un'altra strada: si siede in mezzo a loro e cerca di attaccare bottone. L'inizio è faticoso perché, anche se è in borghese, si capisce che è un ufficiale e ufficiale per un soldato significa sempre fastidi e grane.

Poi però la simpatia vince e i piemontesi si lasciano un po' andare.

Dice uno: «Tutto va benissimo e nei paesi ci offrono il vino senza pagare nulla. Cosa può esserci di più bello?».

Un altro: «La guerra? Ma va là. Se ci sarà da combattere, lo farete voi lombardi che siete tantissimi...».

Sottinteso: «... E anche un po' matti, che siete qui perché lo volete e non come noi che siamo obbligati».

Interviene il sergente con la faccia di chi la sa lunga: «Se non bastate voi lombardi, arriveranno cinquecentomila francesi di rinforzo. Sono repubblicani e ai repubblicani piace combattere. Come a voi».

L'ultimo, con una fiaschetta in mano: «In qualche modo si farà. Meglio qui che lavorare nei campi».

Da come sono tranquilli si direbbe che stiano facendo una passeggiata, come quando si portano le ceste per una merenda sull'erba dopo una caccia.

Per fare la zuppa non tutte le verdure devono essere proprio fresche

A dire il vero, nemmeno a noi la guerra appare così male. Si cammina molto, è vero, e si mangia, si beve e si dorme dove capita.

Tra tutti Emilio Dandolo è sempre il più entusiasta: il primo a mettersi in marcia, l'ultimo a fermarsi; fosse per lui si camminerebbe anche di notte e assalterebbe gli austriaci da solo contro cento. Sembra non patire, non stancarsi, non soffrire di nulla: il signor Luciano per prenderlo in giro lo chiama «Magnifico» Emilio, perché quella è la parola che usa di più: «Che magnifica alba...; che magnifico albero...; che magnifica chiesa...; che magnifico tramonto!».

Il suo entusiasmo è straordinario e trascina gli altri.

Però non basta, questa è la triste verità.

Il governo milanese è sempre una disperazione: qualcuno, come Cattaneo, sarebbe ben intenzionato a creare un'armata lombarda, ma la maggioranza preferisce lasciare tutta la faccenda della guerra in mano ai sabaudi. Vale per tutti la frase detta da un generale piemontese a un giovane che voleva unirsi alle colonne di volontari: «Vuole andare con i rivoluzionari? Se ne pentirà: badi che quella è una carta che non guadagna».

Così da noi non approdano altro che reclute disarmate, malvestite e anche di dubbia moralità: siamo arrivati alla bella cifra di milleduecento, abbiamo perfino una decina di cavalli che chiamiamo «la nostra cavalleria», però crescono anche i problemi: qua uno ruba un pollo, là viene saccheggiata una cantina, più indietro c'è rissa per una fanciulla.

Per fare la zuppa non tutte le verdure devono essere proprio fresche, ma le cipolle marce finiscono soprattutto nella compagnia di Bois Gilbert che attira tutti quelli che, con la scusa del patriottismo, pensano di fare i comodi loro.

Una volta hanno pestato un contadino che giurava di non avere cibo da dare: dopo le botte sono venuti fuori vino, uova e formaggi. Due di loro ridevano: «Diciamocelo chiaramente: qualcuno doveva rimanere a pancia vuota: o noi o lui. Meglio lui e poi noi abbiamo una guerra da combattere».

Il signor Luciano è andato per riprenderli, ma quella faccia di palta di Bois Gilbert, un vero barabba nella tradizione milanese, maledetto il giorno che lo abbiamo tirato fuori dalla galera, ha risposto a muso duro che lui prende ordini per il combattimento, ma nessuno può permettersi di fare la morale a lui e ai suoi uomini.

Quando il nostro comandante ha finalmente fatto pesare il suo grado, in tutta risposta i più scalmanati hanno preso i fucili e glieli hanno puntati in faccia. Ovviamente abbiamo risposto per le rime e siamo arrivati a un pelo dal fare battaglia tra volontari.

Alla centesima lamentela, il governo si è degnato di prendere un provvedimento: ha dato il comando di tutte le colonne a un ufficiale dell'esercito svizzero, ma di nascita italiana e con un passato di patriota: Michele Napoleone Alemanni.

Speriamo che sia un vero ufficiale esperto, perché la situazione non è bella; ne ha parlato anche il signor Luciano in una lettera alla moglie.

Non so come si procederà e sempre più spesso mi trovo a sperare che gli austriaci se ne vadano di loro volontà, con un grazie da parte nostra e sarei disposto anche a fargli la riverenza. Perché questi volontari in una parte sono ottimi, ma in un'altra pensano solo a mangiare e bere alle spese delle popolazioni che incontriamo e a vantarsi di essere ufficiali senza nessun merito acquisito e senza nessuna esperienza nelle armi.
Anche i piemontesi sono una delusione: lenti, svogliati e irresoluti, quando servirebbe velocità e decisione per colpire gli austriaci finché sono disorganizzati e scossi per le batoste prese.

Intanto veniamo a sapere che molti altri volontari sono in marcia da tutt'Italia, da Roma, da Napoli e da Firenze.

Anche di questo ne ha scritto a Carmelita:

Ti rendi conto, cara la mia Litiza? Il Granduca manda soldati e patrioti assieme, per fare l'Italia. Aspettiamo anche i napoletani e i romani, che si dice siano già in marcia.

Noi lombardi finiremo col fare brutta figura, noi che siamo solo colonne di volontari slegate, mal armate e mal assortite, a fronte degli eserciti regolari degli altri Stati.

Procediamo sempre sulle orme degli imperiali e di tanto in tanto vediamo passare qualche cavalleggero sabaudo in avanscoperta. Noi lo salutiamo agitando i cappelli, ma chissà perché, queste avanguardie hanno sempre una fretta del diavolo e scompaiono rapidamente.

Non una battaglia che finirà in un quadro

Per giorni non abbiamo visto nessun austriaco finché, per caso, in un paese ci scontriamo con un pattuglione imperiale di retroguardia. Ne nasce una fucileria lungo la strada principale e il signor Luciano si precipita ovviamente in prima linea: ordina a una compagnia di rispondere al fuoco, a un'altra di preparare una barricata e manda due pattuglie a destra e sinistra per prendere il nemico in una tenaglia.

Non una cosa grandiosa, certo, e lo ammetterà lui stesso a sera; non una battaglia che finirà in un quadro, però succede un fatto particolare. Io, che come sempre sono al suo fianco, mi volto e vedo che qualche casa più indietro, su un balconcino, ci sono due ufficiali piemontesi, affacciati come al palco del teatro.

Li indico al mio padrone, il quale salta in piedi: «Vado a sentire cosa vogliono, forse è in corso una battaglia più grande e noi non lo sappiamo».

Fa di corsa il pezzo di strada, e poi lo vedo spuntare vicino ai due uomini. Discutono un po', anche sbracciando e poi il signor Luciano torna alla barricata. Non vuole darlo a vedere, ma è deluso: «Niente di importante. Sono stati mandati a riconoscere il terreno, hanno sentito le fucilate e sono venuti a vedere: però hanno l'ordine tassativo di non immischiarsi con noi volontari. Vorrebbero tornare indietro, ma il loro calesse è stato preso per costruire la barricata. Italo, vai tu e trovagli un modo di tornare a casa».

Così lascio perdere il combattimento e accompagno i due piemontesi, scuri in faccia come bambini mandati in castigo, fino a un cortile dove avevo visto una carrozzella. C'è, ma con un assale rotto: ecco perché non è stata portata via dagli abitanti quando hanno sgomberato il paese, perché a nessuno piace stare in mezzo alla guerra e vicino ai soldati.

Alla fine trovo un carretto di quelli per portare al mercato la verdura: salgono, mi salutano con educazione e, prima di andarsene, il più piccolo e magrolino chiede: «Era Luciano Manara quello?».

Mi sono raddrizzato con orgoglio: «Sì, l'eroe di Porta Tosa».

In risposta mi danno i loro biglietti da visita: maggiore Alfonso Lamarmora e sottotenente Giuseppe Govone e si capisce che anche a loro piacerebbe poter dire di essere gli eroi di qualche luogo; invece gli tocca un cavallino più morto che vivo che si mette al passo con cadenza da funerale.

In paese, intanto, la battaglia è finita perché gli austriaci se ne sono andati.

Da parte nostra si alzano degli «evviva» e quel poco di azione, dopo tanti giorni faticosi e tediosi, ha riattizzato l'entusiasmo. Però è anche vero che tutti hanno visto i due ufficiali piemontesi, hanno notato che non hanno preso parte al combattimento e questo è l'argomento principale delle discussioni successive.

Alla sera, il signor Luciano, ne scrive alla moglie.

Non capisco perché si tenga tanto alla separazione fra armata sabauda e volontari. Si direbbe che i piemontesi vogliano fare tutto loro, per poter dire a cose finite: «Questa guerra l'abbiamo vinta noi». In parecchi qui la pensano così e cominciano a considerare i piemontesi come il fumo negli occhi, ma io spero ancora che la lotta sia di tutti e tutti insieme si raggiunga la sospirata unità.

Una gran distesa d'acqua che si chiama lago

Continuiamo a marciare e a inseguire un nemico che non si fa trovare, quando arriva un ordine da Milano: non dobbiamo più andare verso est, perché sul Mincio, in faccia agli austriaci, si schiereranno i piemontesi, ma a nord, verso il Tirolo.

Obbediamo, anche se sembra un modo per relegarci su un fronte secondario; insomma ci mandano fuori dai piedi.

Nella nuova direzione continuiamo a dormire dove capita, mangiare quello che si trova, coprirci come si può, senza lamentarci troppo: in fondo è la vita che fanno i poveri in città e nessuno se ne è mai scandalizzato. Da casa le famiglie mandano quello che possono – perfino degli ottimi sigari che sono stati distribuiti e fumati la sera stessa del loro arrivo – ma non possono certo armare e vestire centinaia di uomini.

Dell'entusiasmo delle barricate ne è rimasto proprio poco, un moccolo di candela alto un dito, ma il signor Luciano è bravo e alla sera gira per i fuochi, si siede fra gli uomini, condivide un sorso di vino e spiega che le grandi conquiste non si ottengono con facilità, né in breve tempo.

«Forse abbiamo creduto che bastassero cinque giorni per sconfiggere un impero che esiste da mille anni. Sulle barricate siamo stati splendidi, ma adesso bisogna concludere il lavoro e per questo ci vogliono pazienza e spirito di sacrificio.»

Dicesse un altro queste cose, la gente farebbe smorfie di noia: lui invece riesce a farsi ascoltare.

«L'Italia unita e libera dallo straniero sarà una grande nazione che riprenderà il suo posto di faro di cultura nel mondo. Diventerà un luogo in cui ciascuno potrà dare il meglio di sé, raggiungere i propri sogni e i propri ideali senza che ci siano privilegi di nascita, o di religione. Un mondo in cui tutti partono uguali.»

Il giorno 6 aprile arriviamo a Salò dove c'è una gran distesa d'acqua che si chiama lago di Garda. Io non ho mai visto tanta acqua tutta insieme: è così grande che non si vede dove finisce ed è molto più profondo dell'altezza di una persona, tanto che se uno ci cade dentro muore affogato.

Rimango immobile a fissarla, perché mi sembra una cosa straordinaria e intanto annuso, perché quella massa d'acqua, proprio come il corpo di un animale, ha un odore caratteristico, simile a quello dei canali di Milano, ma moltiplicato per non so quante volte. Passa così tanto tempo che mi viene a cercare Emilio Dandolo; gli ho confidato cosa pensavo e lui mi ha guardato intenerito: «Se il lago ti fa quest'effetto, aspetta di vedere il mare!».

Io so cos'è il mare perché c'è nell'*Odissea* e in tanti altri racconti che ho ascoltato, ma non riesco a immaginare quanto possa essere grande. Credo che contenga così tanta acqua che è un miracolo se non esce da tutte le parti e forse neanche se uno passa la vita intera in barca, riesce a vederlo tutto.

Il giovane ha sorriso: «Tu non lo conosci perché la Lombardia non si affaccia sul mare. L'Italia invece ha tante coste e tutte bellissime e potrai andare a vederlo di persona. Anche a questo serve una patria libera e unita: a dare il mare a chi non ce l'ha, e noi in cambio doneremo le nostre meravigliose Alpi».

Arriva a chiamarci il fratello, il signor Enrico, perché ci sarà una rivista. Non so bene cosa sia: per me è tutto nuovo, ma mi spiegano che il generale Allemandi, il nuovo comandante, viene a vederci e noi dobbiamo schierarci in piazza e dimostrare che siamo capaci di stare in fila, in colonna e di tenere in mano il fucile. Poi ci dirà che cosa dobbiamo fare e forse farà anche un discorso.

A me un poco dispiace che il signor Luciano non comandi più tutti i volontari, ma solo la nostra colonna. Invece lui è contento perché dice che per fare la guerra serve gente esperta e poi così tocca a qualcun altro avere a che fare con quelli come Bois Gilbert, litigarci e mangiarsi il fegato.

Merce avariata

Ci ritroviamo nella piazza grande del paese e rimaniamo lì fermi per quasi un'ora in attesa che arrivi il generale. Si vede proprio che non siamo come i soldati veri: alcuni si annoiano e cominciano ad andare in giro, a fare capannelli; altri si siedono e qualcuno perfino si sdraia. Inutilmente il signor Luciano si danna per dare alla colonna un aspetto marziale.

Nonostante gli sforzi, quando finalmente il generale Allemandi arriva in carrozza e scende per la rivista, gli si legge chiaro in faccia che considera quello che sta vedendo merce avariata. Non fa nulla, non dice nulla, accenna solo un piccolo saluto con la testa a destra e sinistra e nel bel mezzo della rivista si ferma a confabulare con i suoi aiutanti, che sono quattro e che formano il suo stato maggiore. Cosa si dicano non ci è dato sapere, ma non sembrano felici di essere lì.

In quel momento uno dei nostri grida qualcosa riguardo al fatto che i cinque ufficiali hanno delle belle divise in panno, tagliate su misura, con alamari, cordoni e galloni: «Noi abbiamo sconfitto gli austriaci eppure marciamo da giorni con quello che avevamo addosso a Milano. Quando arrivano gli abiti uniformi anche per noi?».

In effetti, a guardarsi in giro, si vede il vestito da città sgualcito dalle marce e dalle notti per terra e quello di velluto grosso da lavoratore; la giubba da artigiano e il *paletot* dello studente; e poi cappelli d'ogni foggia, carichi di nastri e coccarde, cappelli da brigante, cappelli duri, berretti.

Un'altra voce: «Gli stipendi? Si era detto che ci sarebbe stata una paga per i volontari, altrimenti le nostre famiglie a casa cosa mangiano?».

Un altro: «E i fucili?».

I nostri ufficiali cercano di calmare le proteste e qualcosa ottengono, infatti il generale e il suo seguito possono arrivare sani e salvi al caffè dall'altra parte della piazza, entrare e convocare lì una riunione dei comandanti di colonna per decidere le mosse future.

Io rimango in piazza e devo dire che il generale non ha fatto certo una buona impressione: freddo, antipatico, scostante.

Dice uno a voce sostenuta, per essere sentito da tutti: «Il mio padrone ha fatto impagliare il suo cane più fedele: il cane, da impagliato, mi sembrava più intelligente di questo generale da operetta».

Tutti ridono, l'atmosfera si distende, ma ugualmente non è un buon segno.

Perché mai affrettarsi?

Seguono giorni d'inferno e non l'inferno bello come erano stati i giorni milanesi che il peggio che succedeva era che ti sparavano addosso. Inferno brutto, come dice il signor Luciano, che impazzisce a fare mille cose e ad arrabbiarsi perché nessuna va a buon fine e quello che fino a ieri sembrava facile e giusto, diventa una strada sassosa in salita da percorrere sulle ginocchia.

Ormai è chiaro a tutti che non sarà una cosa breve: per di più, chi arriva dalla città racconta che le nostre gloriose Giornate sono già belle che dimenticate e tanti fra i signori milanesi sono ben contenti che «quelli delle barricate» se ne stiano lontani. Tutti gli occhi e le feste sono per i piemontesi, i quali, dal canto loro, si guardano bene dall'intraprendere seriamente la guerra, ma preferiscono passare da un pranzo a una caccia, da un ballo a una serata a teatro.

Dicono: «Tanto la guerra è vinta. Cosa volete che faccia Radetzky con tutto l'impero in rivolta? Può solo starsene chiuso nelle sue fortezze e prima o poi si arrenderà. Perché mai affrettarsi?».

Così ogni volta che il signor Luciano manda a chiedere armi, viveri, divise e soldi per pagare gli uomini, trova sempre qualche difficoltà, qualche impedimento, qualche azzeccagarbugli che gli rovina la giornata.

Intanto le altre colonne di volontari si sono mosse verso il Tirolo perché il piano di Allemandi è di far sollevare le popolazioni della valle dell'Adige in modo da tagliare a Radetzky la ritirata verso l'Austria; noi invece siamo ancora qui a Salò a fare addestramento per assomigliare a veri soldati.

Siccome nel porticciolo ci sono diversi battelli, abbiamo ottenuto l'autorizzazione di fare una puntata sull'altra riva, per dimostrare agli austriaci che possiamo minacciarli anche da quella parte.

Siamo partiti con due piroscafi e qualche barca a vela: noi di Porta Tosa, i volontari liguri guidati da Agostino Noaro e Bois

Gilbert che a parole non vede l'ora di sconfiggere da solo tutti gli austriaci, ma che a Salò è diventato l'incubo della popolazione con le sue violenze e i suoi furti.

La guerra è molto peggio di come è scritta nei libri

Partiamo il 10 aprile e quando i battelli lasciano la costa, io ed Emilio siamo sulla punta della barca che si chiama prua. Lui guarda avanti e dice: «Adesso abbiamo davvero mollato gli ormeggi».

Lo guardo e non capisco: «Si dice così quando una barca parte e abbandona la sicurezza del porto e si avventura in acque che non conosce. Vuol dire che comincia l'avventura».

Adesso ho capito e sembrerebbe una bella cosa; invece la traversata si rivela terribile e uno non si immagina il freddo che si incontra in mezzo a un lago; e poi le barche ballano e si scrollano come cavalli che non vogliono il cavaliere. Metà dei volontari sta male e tiene la testa fuori dalla murata, gli altri sono bianchi come morti.

Alla fine, grazie a Dio, sbarchiamo in un paese di nome Lazise ben accolti dalla popolazione e i patrioti del posto ci dicono che a Castelnuovo, qualche miglio all'interno, c'è una polveriera poco sorvegliata. Sembra un'occasione unica per portar via polvere e magari fucili agli austriaci e armarci noi, visto che molti volontari hanno ancora solo spade e pugnali. Inoltre non si vedono nemici in giro, neppure una ricognizione di cavalleria.

Raggiungere la polveriera e sopraffare le guardie è cosa veloce, più difficile portar via centinaia di barilotti di polvere; così, a fine giornata, a Castelnuovo restano Noaro e Bois Gilbert con duecento uomini e noi torniamo a Lazise.

Alla sera si trova un vecchio pianoforte e al signor Luciano non pare vero di rimettere le mani sulla tastiera e far sentire i canti delle barricate agli abitanti del paese, a partire da *La bella Gigogin*.

Le fatiche delle marce e i dubbi vengono spazzati via: finalmente siamo in azione e tutto sembra andare per il meglio, addirittura in maniera più facile di quanto ci si potesse aspettare.

Anche il mattino successivo tutto è tranquillo e spunta perfino il sole, quando d'un tratto si sente battaglia dalla parte di Castelnuovo e, dal campanile, la sentinella grida: «Al fumo! Al fumo!». Prendiamo le armi ma, mentre stiamo preparandoci a muovere, arrivano correndo a rotta di collo un paio di uomini della compagnia di Bois Gilbert: Castelnuovo è stata attaccata e hanno dovuto abbandonare la posizione.

Scoppi e spari lontani aumentano di intensità e intanto continuano ad arrivare altri fuggitivi, senza fucili perché li hanno gettati via per scappare più veloci.

Poi un boato più spaventoso fa tremare le case.

Cosa fare? Serrarsi dentro Lazise, oppure andare a dare manforte al combattimento?

Bois Gilbert, arrivato fra gli ultimi, dice che è inutile: gli austriaci sono tantissimi, con cannoni e cavalleria e il paese brucia. Andarci significa buttarsi alla morte. Lontano si vede un muro di fumo alzarsi da Castelnuovo, segno di un incendio grandissimo, come io non ne ho mai visti.

Il signor Luciano decide per una via di mezzo: avanzare per portare aiuto, pronti sia a combattere, sia a ritirarci.

È così che ci imbattiamo negli ultimi difensori di Castelnuovo in fuga: spaventati, feriti, disarmati, portano a spalla i compagni più gravi e sorreggono gli altri.

I racconti, a singhiozzo e balbettati, dicono che tutto era calmo, tanto che alla sera avevano anche festeggiato col vino offerto da quella parte degli abitanti felice di vedere gli italiani.

Stamattina, mentre si procedeva con il trasporto dei barilotti, sono apparse dal nulla le giacche bianche degli austriaci ad attaccare il paese.

Sono riusciti ad avvicinarsi senza farsi vedere, forse perché il sistema di sentinelle non era dei migliori e nessuno pensava al rischio di un attacco: così i nostri si sono trovati tutt'a un tratto accerchiati, con i cannoni che bombardavano l'abitato e le case che prendevano fuoco.

Il resto è un insieme di racconti sconnessi e terribili. Decine, forse centinaia di morti per le strade, case che bruciano, campane che suonano a distesa, urla di feriti; poi gli austriaci che inseguono con le baionette spianate e ammazzano chiunque, volontari e abitanti, uomini, donne, vecchi e bambini. Fumo, urla, pianti, grida rauche. Cavalieri su cavalli enormi che inseguono con le sciabole alzate chiunque cerchi di mettersi in salvo.

Poi la fuga: fortuna che qualcuno ha avuto l'idea di far saltare la polveriera e questo li ha distratti dall'inseguimento.

A Milano il signor Luciano diceva che solo le belve bombardano gli abitati e uccidono anche chi non c'entra con la battaglia. Adesso stringe le labbra a quel racconto e guarda per terra. Emilio Dandolo, entusiasta fino a qualche ora prima, tocca con mano che la guerra è molto peggio di come è scritta nei libri e di come la raccontano le poesie.

Non pensiamoci, altrimenti si mette giù il fucile

Tornati a Lazise scopriamo che un piroscafo è partito con a bordo un centinaio di volontari: evidentemente hanno ragionato che la cosa più importante in quel momento fosse mettere al sicuro la pelle. Ci accoglie il Conte che era rimasto in paese: quando ha visto il fumo e ha sentito i discorsi spaventati della gente, è corso al porto giusto per vedere il battello che si accingeva a partire. Chi era a bordo gli gridava di arrampicarsi, che era successo un disastro ed era stato dato il «si salvi chi può». Per fortuna è arrivato uno dei nostri a gridare di aspettare, che il comandante stava rientrando a Lazise e lì si sarebbe preparata la difesa. Ma il battello è partito ugualmente, nonostante le maledizioni lanciate da chi rimaneva a terra.

Adesso Enrico Dandolo, puntiglioso, gira con un libriccino per annotare i nomi di chi è scappato, chiedendo qui e là. Nemmeno da dire: una buona parte sono i *matamoros* che nei discorsi attorno al fuoco si lamentavano che si combatteva troppo poco.

È inutile recriminare: il signor Luciano è bianco come un cencio e con gli occhi della febbre, ma si impone di rimanere calmo. Bada alle difese e invia messaggeri ad Allemandi su due barche guidate da pescatori del posto, per avvisarlo dell'accaduto e chiedendo o rinforzi, oppure i piroscafi per tornare a Salò. Poi mette sentinelle ovunque e anche degli avamposti, assicurandosi che abbiano una via di ritirata sicura.

La notte passa senza che nessuno dorma, tutti a guardare il buio con le orecchie tese per avvertire il minimo passo di stivali o scalpitio di zoccoli.

Non succede nulla, però camminando nelle vie deserte, si sente il pianto delle donne dietro le imposte chiuse. Se arriveranno gli austriaci, sarà la popolazione ad andarci di mezzo per l'unica colpa che noi volontari siamo arrivati nel loro paese. Proprio come è successo a Castelnuovo.

«Io non posso perdonarmi che altri paghino per le nostre scelte» dice Emilio e nessuno trova qualcosa da ribattere.

«Non pensiamoci, altrimenti si mette giù il fucile e si torna a casa» risponde il Conte e anche su questo nessuno ha obiezioni.

Il giorno successivo arrivano due piroscafi e l'ordine di rientrare; obbediamo, dopo aver legato e chiuso in una stanza i maggiorenti del paese, per dimostrare agli austriaci che sono stati costretti con la forza ad accoglierci e così forse la punizione sarà meno severa.

Navigazione triste e silenziosa su un lago quasi più tetro del nostro umore. In tutti c'è un solo pensiero; per un guadagno di un centinaio di barilotti di polvere, sono morti o prigionieri altrettanti volontari che non sono solo nomi o numeri, ma persone conosciute.

Adelmo, figlio di fornaio; Giovanni Trumpet perché suonava la tromba e con il suo strumento ci aveva accompagnato nel giorno di Porta Tosa. Alessandro e Piero, padre e figlio, che erano con noi all'assalto del palazzo del Genio e che hanno riportato indietro Pasquale Sottocorno ferito alla gamba. Alcide, detto Gatìn, bravissimo a preparare i fischietti da richiamo per i cacciatori; Lorenzo detto Gramigna, che mentre eravamo sul piroscafo, prendeva in giro tutti perché lui non soffriva il mal di lago.

E questi sono solo i primi che mi vengono in mente.

Poi arriva un'altra lista di uomini che mancano all'appello e c'è anche un ragazzino: lo studente che aveva detto alla mamma che sarebbe tornato entro quindici giorni.

Una cosa tremendamente seria

Quando attracchiamo a Salò c'è un sacco di lavoro da fare: improvvisare un ospedale per i feriti, rifocillare i combattenti e subire i rimproveri di quanti non sono venuti con noi.

Però, prima o poi dovremo affrontare quanto è successo, eppure, quando ci ritroviamo nella camera sopra la piazza, nessuno apre bocca: il signor Luciano e i suoi amici fissano le pareti, il pavimento, o il lago fuori dalla finestra.

E poi, cosa dovrebbero dire? Tutti erano pronti, anzi felici, di affrontare un'avventura, anche se costellata di privazioni, contrattempi e fatiche. Invece ci ritroviamo a vivere una cosa tremendamente seria. Forse una tragedia.

Allora sono uscito da solo per gironzolare tra i fuochi: lo faccio spesso per ascoltare gli umori e i pensieri dei nostri compagni. Quando passano il signor Luciano o i Trazi la gente si intimidisce, perché dopotutto sono pur sempre signori o comandanti. Io invece sono un servitore, non metto in soggezione e dopo un po' ci si dimentica di me.

Così ascolto tristezza, delusione, forse anche paura, ma qualche discorso è proprio doloroso.

Ad esempio, c'è chi sostiene che il signor Luciano abbia parecchie colpe: non doveva andare, non doveva fermarsi, non doveva mandare Noaro, doveva correre in soccorso, doveva ritirarsi subito. Qualcun altro si inventa addirittura che mentre si combatteva a Castelnuovo, il gruppetto degli aristocratici suonava il piano e cantava come in osteria. Per fortuna sono voci isolate e molti ascoltatori scuotono la testa, oppure si alzano e se ne vanno.

Cosa devo dire? Le voci sono facili a nascere ed è comodo giudicare da lontano.

Ritorno nella stanza e trovo tutti come li avevo lasciati: li guardo e sembrano più magri, più vecchi, più tristi. Adesso però discutono e il signor Luciano ascolta, tace e scuote la testa; solo alla fine dice che è meglio dormirci su, non prendere decisioni avventate e, in ogni caso, il comandante della colonna è lui, e quindi lui è il responsabile di quanto è successo.

Non l'ho mai visto così serio: di solito riesce sempre a condire le sue parole con un sorriso e questo lo rende diverso dagli altri comandanti. Quella sera invece ha il volto buio come la notte: è un peccato, lui non è fatto così.

È che non l'ho mai visto affrontare una sconfitta: è sempre stato persona vittoriosa, abituata al successo. Ho paura che quel nocciolo di malinconia che non lo lascia mai, cresca troppo, si trasformi in tristezza e poi in disillusione, veleno per l'anima.

Un centinaio di uomini disfatti dalla stanchezza

A metà notte un picchiare furente alla porta: ci vestiamo in fretta, scendiamo e troviamo due carrette di feriti e un centinaio di uomini disfatti dalla stanchezza e con gli occhi vuoti. Fatichiamo a riconoscere i volontari partiti per sollevare il Tirolo.

Pian piano, dai racconti di questi primi e degli altri che arrivano alla spicciolata fino al mattino seguente, si capisce che la spedizione è stata un fallimento totale. Si aspettavano una passeggiata fra popolazioni in festa e invece solo nel paese di Stenico hanno avuto una buona accoglienza ed è stato persino eretto un albero della libertà, così come avevano fatto i padri o i nonni quando era giunta la notizia della rivoluzione francese.

Quando hanno cercato di avanzare oltre, si sono scontrati con truppe austriache numerose e ben comandate che presidiavano le poche strade verso l'Adige. Dopo alcuni scontri, i nostri hanno dovuto retrocedere e poi proprio scappare.

Solo Stenico è rimasta in mano nostra, guardata dai cremonesi e dalla colonna degli svizzeri comandati da Arcioni, però bisognerà mandare rinforzi, altrimenti faranno una brutta fine.

Queste sono altre mazzate per il morale e nella stessa notte una decina di volontari torna a casa: solo due hanno il coraggio di presentarsi dal signor Luciano a dire che non se la sentono di continuare; gli altri fuggono come ladri e uno si porta via il fucile, forse per ricordo dell'avventura, o per ritornare in città a vantarsi delle sue prodezze da soldato.

Nei giorni successivi altri seguiranno la stessa strada: alcuni dei più giovani e chi sperava di raccogliere gloria a poco prezzo.

Giungono perfino dei genitori da Milano e da Como per recuperare d'autorità i propri figli e riportarli al sicuro in famiglia. Uno di questi lo conosco: è un avvocato che durante le Giornate era ben contento di stare nel governo provvisorio e sollevare sempre qualche obiezione sulle decisioni da prendere.

Sarebbe il segnale d'una diserzione

Arriva anche il padre Morosini e porta una lettera del padre Dandolo e una del Fava, l'istitutore amatissimo. Vorrebbero che i giovani pensassero al loro futuro: le Giornate sono state un successo glorioso e adesso si può tornare agli studi e alla vita normale, lasciando gli eserciti a completare l'opera.

Emilio ha ascoltato, ha letto la missiva del genitore e con lo sguardo duro se ne è andato da solo a riflettere in riva al lago. Poi ha scritto una risposta in cui spiega perché, al di là delle convinzioni e degli ideali, intenderebbe disobbedire.

> *Sarebbe il segnale d'una diserzione nei vacillanti che aspettano un pretesto e un nome per ritornare alle pacifiche cure di Milano. Altri rimarrebbero scoraggiati: tutti poi non comprenderebbero perché nel momento decisivo tre giovani sani e ardimentosi ritornino.*
>
> *Tu richiamandomi mi faresti un tal dolore che forse mai ho provato l'eguale. Io son certo tornerei a Milano scoraggiato, triste,*

con l'animo sempre teso a tutti i miei fratelli d'arme che combatteranno e si faranno onore senza di me.
Non obbligarmi a ritornare e io te ne sarò grato eternamente.

Suo fratello Enrico e il Conte sono invece meno decisi: nessuno dei due ha dubbi, nessuno ha la minima intenzione di retrocedere o, peggio, di rinunciare, ma la scarsa prova data dai volontari, l'impressione di condurre operazioni inadeguate e improvvisate, hanno lasciato il segno.

Il padre Morosini ha, tra le altre cose, portato la notizia che un generale piemontese con un passato fra gli insorti del Ventuno, il conte Ettore Perrone di Sanmartino è stato convocato dal governo provvisorio milanese per costituire una divisione lombarda che possa affiancare i sabaudi nella guerra.

«Il generale Perrone è un grand'uomo che è stato esiliato per la vecchia insurrezione e ha fatto un'eccellente carriera nell'esercito francese, ma non ha esitato a buttare tutto alle ortiche e tornare in Italia quando ha sentito che qui si lotta per la libertà» dice Enrico per motivare la sua decisione.

«Ci prenderebbe nel suo stato maggiore e credo che possiamo essere più utili alla causa lì che non a vivere come randagi in questo modo» precisa il Conte.

Per il signor Luciano è una ferita profonda, ma non lo dà a vedere.

Per il giovane Emilio è il tradimento del fratello e dell'amico più caro, e lo dà a vedere: «Noi siamo i volontari. Noi siamo quelli che hanno combattuto sulle barricate. Voi andate a mettere le pantofole nello stato maggiore di un'armata che non c'è. Se vi spaventate al primo insuccesso o alla prima fatica, potevate rimanere a casa e ammettere che la vita di guerra non fa per voi» e se ne esce, sbattendo la porta.

Segue un lungo silenzio con gli aspiranti partenti che guardano per terra, scolaretti in castigo.

Ci pensa il mio padrone a chiudere l'argomento: «Sapete come è fatto Emilio: per lui è una questione di cuore, altrimenti non sarebbe un poeta. Io resto del parere che se ci sarà un corpo lombardo, quello nascerà da queste colonne, non certo dai tavolini del governo. È vero che il generale Perrone è una gran persona, ma le intenzioni non mi sembrano andare nella direzione che dite voi. Però non voglio mettermi contro i vostri genitori e il signor Fava che, forse, da Milano, hanno una visione più lucida di quello che sta accadendo. Spero che sappiate portare un po' dello spirito delle barricate se nascerà questa benedetta armata. In quanto a noi, non è certo un addio, ma un arrivederci: combattiamo per la stessa bandiera e per gli stessi ideali».

Ha parlato bene e ha anche sorriso, rassicurante, eppure io so che quelle sono ustioni che bruciano. Da parte mia ho suggerito al Conte di raggiungere il suo amico e parlarci, affinché si separino in armonia. Li ho visti un'ora dopo, seduti davanti al lago nero come l'inchiostro a parlare fitto fitto, spalla contro spalla.

I problemi, comunque, non sono solo nelle nostre stanze: in questi giorni di tristezza indicibile, le rabbie e tensioni covate nel tempo scoppiano in liti e risse. Il signor Luciano, disfatto dalla stanchezza e dalle delusioni, ha scritto a sua moglie.

Cara Litina,
Non sai quanto mi manchi. Non pensavo che l'avrei mai detto, ma in questo momento la delusione è tale che mi importa poco dell'Italia e degli ideali. Visti da questa stanza sono parole vuote, affogate nelle millanterie di tanti piccoli napoleoni, nella cecità e nell'egoismo del governo, nelle speranze di onori e gloria a basso prezzo.
Purtroppo per me, sono diventato una sorta di simbolo dell'insurrezione milanese e se mollassi io, sembrerebbe che l'intera rivolta abbia abdicato e che le nostre splendide Giornate si siano arrese.
Domani, con forze nuove, riprenderò il mio posto e chiuderò questi pensieri nel baule più profondo. Però se non a te, a chi avrei potuto confidarli?

L'inchiostro non è asciugato del tutto che arriva un messaggero da parte del generale Allemandi con l'ordine di muovere il più in fretta possibile verso nord a portare aiuto alla guarnigione di Stenico.

Neanche il tempo di riposare

Il giorno seguente mi sveglio poco prima dell'alba e trovo il signor Luciano già vestito che, alla luce di una candela, sta scrivendo fogli su fogli.

Si avvicina anche Emilio e ci viene mostrato il frutto del lavoro notturno: «Enrico e il Conte non hanno tutti i torti a cercare altrove: non possiamo andare avanti con metà dei volontari che pensa solo a bere, discutere tutti gli ordini e fare i propri comodi. E nemmeno possiamo correre sempre dietro alle belle figure come Bois Gilbert che infangano il nome della colonna. Che poi è il mio nome».

Attendiamo le conclusioni.

«Ho buttato giù un elenco degli uomini fidati, a cui cercare di dare un'organizzazione. Una colonna con pochi ufficiali che conoscano il loro mestiere, o almeno ci provino, e soldati che sappiano obbedire e accettino anche compiti faticosi o poco gratificanti, come stare di sentinella quando gli altri dormono, lavorare mentre gli altri mangiano, o restare indietro o andare avanti se così viene ordinato.»

Pausa di riflessione.

«Io ne ho contati centottanta e la gran parte sono quelli che erano con noi a Porta Tosa: guardate anche voi la lista e aggiungete se vi viene in mente qualcuno che possa farne parte. Poi, con questi, partiamo per Stenico e lasciamo gli altri qui a Salò, con un comandante che verrà nominato dal generale Allemandi.»

Quando la notizia viene risaputa, scoppiano le proteste da parte degli esclusi: inutile dire che tra i più accaldati ci sono quelli della banda di Bois Gilbert e i gentiluomini fuggiti in piroscafo da Lazise.

Però il signor Luciano rimane fermo sulle sue posizioni e procede a organizzare al meglio la sua unità più piccola, ma ordinata e disciplinata.

Il mattino successivo partiamo che è ancora buio.

La marcia è durissima ma, grazie alla selezione, non si sentono lamentele e nessuno pretende di discutere la direzione, l'orario e la disposizione della colonna.

Arriviamo nel paese di Stenico e, senza neanche riposare un minuto, ci riuniamo ai cremonesi e agli svizzeri e avanziamo verso il paese successivo, Sclemo.

Lo raggiungiamo e poi andiamo ancora avanti, nonostante la grande stanchezza. La speranza è che il nemico non si aspetti un nostro attacco, invece non appena si scollina un'altura, veniamo accolti da un fuoco intensissimo che ci fa retrocedere in disordine; però gli ufficiali si danno da fare a riunire le fila e così riusciamo a costituire una linea.

La cosa che ci colpisce è che di fronte abbiamo gente vestita in abiti civili; sapremo più tardi che si tratta di cittadini stiriani. Sono, cioè, volontari come noi che hanno lasciato casa e affetti per lottare per ciò in cui credono: nel loro caso difendere quell'impero che per noi è il male. Varrebbe la pena rifletterci su, ma non è il momento.

La fucileria continua nutrita, appaiono anche le divise regolari degli austriaci, e assistiamo a movimenti ai nostri fianchi che ci mettono in sospetto. Allora il signor Luciano manda un paio di uomini indietro per vedere se ci sono problemi.

Ritornano di gran corsa, con gli occhi fuori dalle orbite: la guarnigione lasciata di presidio a Sclemo, chissà perché, ha abbandonato il villaggio e gli austriaci lo stanno per occupare. In parole povere: stiamo per essere circondati.

Viene subito dato l'ordine di ripiegare ed è una fortuna che riusciamo a farlo quasi tutti.

Una nuova sconfitta

Alla fine dei conti poteva andare peggio, però ugualmente dobbiamo affrontare una nuova sconfitta: abbiamo perso altri uomini, non siamo riusciti a tener testa ai nemici e per di più è stata catturata la nostra bandiera, il tricolore di Porta Tosa: senza Enrico e il Conte, Emilio ha lasciato il ruolo di portabandiera per comandare un plotone. Adesso non si dà pace per il vessillo perduto.

La nottata a Stenico passa nel freddo, nella tristezza e nel timore di essere attaccati di nuovo e finire noi e gli abitanti massacrati, come è successo a Castelnuovo.

Per fortuna, alla spicciolata, tornano parecchi dei compagni che temevamo fossero morti o prigionieri: si erano rifugiati nei boschi e sono stati aiutati dai montanari che prima li hanno nascosti e poi hanno indicato i sentieri sicuri per raggiungere il paese.

Il giorno successivo trascorre tra i dubbi: avanzare? Barricarci? Ritirarci?

Altra notte a Stenico che segue una cena misera, perché in paese ormai non c'è più niente da mangiare. La cosa che fa più male è vedere questi montanari, che ci avevano accolto con il sorriso, diventare scorbutici, tacere e girarsi dall'altra parte se diciamo qualcosa. Non osano chiederci di andare via, ma solo perché noi siamo armati.

L'unica nota positiva, un raggio di sole fra le nubi, è che è tornato il nostro vessillo. Il portabandiera Bellezza era rimasto isolato: si è nascosto nei boschi e poi è rientrato facendo un larghissimo giro con il tricolore ripiegato sotto gli abiti. Tutti si sono felicitati, ma il giovane Dandolo ha ripreso il suo posto e non ha voluto sentire ragioni.

La sera, il signor Luciano scrive come al solito alla moglie, ma non dice di essere dimagrito, di pesare probabilmente la metà di quando è partito da Milano e che sono giorni che il suo sorriso si è spento.

Mi sento stanco, più nel cuore che nelle membra e mi sento vecchio. Se sulle barricate ho provato l'ebbrezza di tutta la mia gioventù con una forza che avrei sollevato il mondo, adesso mi pesa anche alzare un piede.
A Milano sentivo di avere il destino in mano; adesso mi è sfuggito fra le dita, forse per colpa mia, forse per colpa di altri, forse perché è così che doveva andare.

Non è la fine, lo sai che sono ostinato e che mi riprenderò e mi risolleverò; però mi sembra di avere la gioventù dietro le spalle, il che significa avviarsi a morire.
Non so cosa riservi il futuro; per la prima volta nella mia vita, mi piacerebbe rivolgermi a una zingara che legga le braci e tragga auspici da come brucia un ciocco.
Intanto è passato giusto un mese dalle Giornate milanesi e dalle barricate: mi si dice che in città la lotta ormai sia dimenticata e si pensi solo a ingraziarsi i piemontesi. Non immaginavo che sarebbe andata così.

Finalmente arrivano gli ordini e sono di ritirarsi chi a Salò, chi a Brescia dove le colonne dei volontari saranno riorganizzate.

Mentre ci raduniamo per metterci in marcia, vediamo gli abitanti di Stenico che smontano l'albero della libertà, fanno sparire tutti i tricolori e tirano fuori nuovamente la bandiera gialla e nera dell'impero. Sperano così di non essere puniti troppo severamente per averci ospitato.

5
La seconda morte del signor Luciano

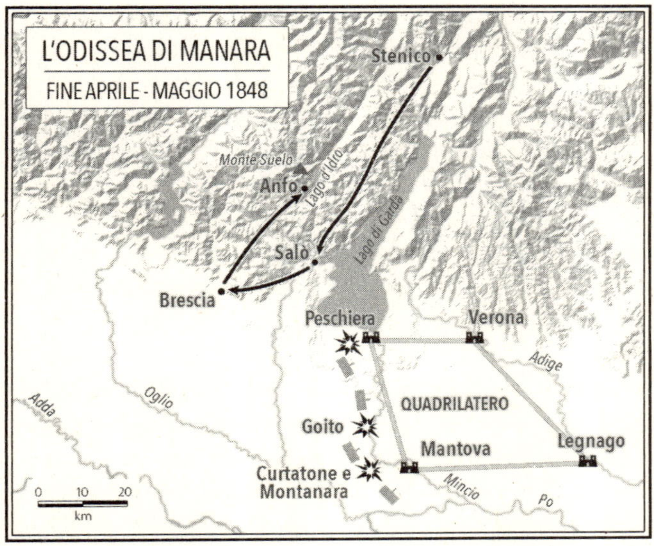

Ritorniamo a Salò e non siamo un bello spettacolo.

Stracciati, coperti con quello che la fortuna ci ha fatto trovare per combattere freddo e pioggia. Sconfitti, tristi, umiliati.

Il giovane Dandolo è il più pittoresco, ma non si vergogna nemmeno un po': si è fatto un mantello con una trapunta a grandi fiori e ha legato le scarpe per tenere attaccate le suole. Il signor Luciano che in quanto a eleganza a Milano nessuno lo batteva, ha trovato chissà dove una mantella pesante da carrettiere, di quelle che tengono l'acqua, ma fanno assomigliare chi le porta a un cartoccio di pesce.

Sono le uniformi di chi fa sacrifici per le proprie idee, ma sono anche lo specchio del momento: stracciati gli abiti, lisi e corrosi gli ideali.

Giovanetti che hanno lasciato la scuola per inseguire un sogno, adesso, smagriti e delusi, scoprono che quell'ideale per cui rischiano la vita e compromettono il futuro, è lontano e nebbioso.

Uomini che hanno abbandonato lavoro e famiglia perché convinti che quella lotta fosse sacrosanta, adesso si ritrovano con nulla in mano a combattere contro pioggia e freddo, magari con addosso solo camicia e pantaloni.

I sogni che sulle barricate sembravano a portata di mano e per raggiungerli bastava solo un passo eroico, adesso hanno la stessa concretezza delle favole o dei pettegolezzi sulle servette.

Una sera riposiamo in una chiesetta su un dosso: nessuno parla e si sentono solo mugugni e batter di denti. Alla luce dell'unica candela lunga tre dita, il signor Luciano scrive alla sua Carmelita.

La mia fede è inalterata e ferma. Sono sicuro, anzi più che sicuro, certissimo, che la lotta per cacciare lo straniero sia sacrosanta. Sono certissimo che il potere assoluto dei sovrani e il potere terreno della Chiesa siano retaggi inaccettabili del medioevo. Che l'unità nazionale sia un destino scritto nella pietra e libertà e indipendenza le cose più giuste dell'universo.
Allora perché è tutto così difficile? Perché si soffre così tanto? Perché sbagliamo così tanto?
Devo ripetermi i capitoli del mio credo, altrimenti la delusione mi soffoca.

Torniamo in paese e ci accoglie l'ostilità di quanti sono stati esclusi dalla colonna e adesso ci rinfacciano quella scelta, sicuri che se ci fossero stati loro le cose sarebbero andate sicuramente molto meglio.

Noi ignoriamo l'astio e per tre giorni pensiamo solo a riposare, rifocillarci e ragionare sul futuro.

Abbraccia tutti e tradisce noi

In quel clima uggioso e malinconico piomba la peggior notizia: il papa Pio IX annuncia che non entrerà in guerra, ritirerà il suo esercito dal conflitto e non porterà il suo Stato a far parte dell'Italia.

Leggiamo il testo dell'allocuzione: «Fedeli agli obblighi del nostro supremo apostolato, Noi abbracciamo tutti i Paesi, tutte le genti e Nazioni in un istintivo sentimento di paterno affetto».

«Abbraccia tutti e tradisce noi» è il commento che gira tra i fuochi.

Questa notizia è come una coltellata perché per ogni patriota, credente o ateo, la presenza del papa indicava che quella guerra fosse giusta al di là di ogni dubbio. Avere il pontefice dalla propria parte era così importante soprattutto per il popolino, infatti sui muri di Milano la scritta più diffusa era proprio VIVA PIO IX.

Adesso i conservatori lombardi e piemontesi gridano che è stato un errore seguire i rivoluzionari; gli estremisti repubblicani e i mazziniani sbraitano in risposta che è stato da pazzi fidarsi dei sovrani, senza eccezioni.

Più grave è un'altra conseguenza: per tanti la mossa del pontefice è il segno che la cosa non funziona più e da qualche parte c'è stato un errore. La sensazione diffusa è che i grandi ideali che hanno spinto alla rivolta siano solo utopie e come tali verranno buoni fra un secolo, fra due e forse mai.

Il signor Luciano cerca di scherzarci su: «La cosa peggiore è che mio figlio si chiama Pio e per tutta la vita porterà il nome di un papa traditore».

Soprattutto non c'è niente da fare

Facendoci forza e rincuorandoci l'un l'altro, la vita continua: il signor Luciano ed Emilio si ostinano a dare l'esempio che nulla è cambiato e che la lotta va avanti.

Così a Salò prima, e a Brescia poi, non si fa altro che tentare un addestramento della nostra colonna e di quelle squadre su cui sembra si possa fare affidamento, come i doganieri di Trotti, i polacchi di Kamiensky, una buona parte dei bresciani e dei cremonesi.

Però i guai restano e alla fine dei conti il problema che più pesa sui cuori e sulle teste è che siamo lontani dal vero teatro della guerra, che si combatte sul Mincio, tra Peschiera e Mantova. A tutti noi oramai appare chiarissimo che il governo lombardo abbia rinunciato ad avere voce in capitolo nel conflitto e deciso definitivamente che gli affari militari debbano essere lasciati ai piemontesi.

Dove trovare le forze e fare sacrifici immensi per qualcosa che sta a cuore solo a noi?

Il signor Luciano prova a farsi sentire a Milano ed è in corrispondenza continua con Cattaneo al governo, ma anche quel sant'uomo può poco contro la maggioranza dei tiepidi.

Nello stato maggiore di Perrone le cose non vanno meglio e la divisione lombarda rimane un miraggio: le lettere di Enrico Dandolo e del Conte sono piene di malinconia e delusione. A sentir loro, la scelta giusta, alla fine dei conti, l'abbiamo ancora fatta noi.

Magra soddisfazione, ma così vanno le cose fra i volontari, i reietti della libertà.

Una cosa buona da Milano però arriva: viene dato il benservito ad Allemandi e nominato un nuovo comandante delle colonne dei volontari, Giacomo Durando. Sicuramente sarà migliore, ma anche lui non può fare miracoli se non è spalleggiato dal governo.

Da Brescia veniamo spostati ad Anfo, un paesino sul lago d'Idro, per continuare l'addestramento e allo stesso tempo essere pronti se agli austriaci venisse lo sghiribizzo di attaccare per quei monti impervi del lago di Garda.

Per noi cambia il panorama, non la musica. Manca sempre tutto: armi, divise, camicie, tascapane, munizioni, scarpe e soldi e soprattutto non c'è niente da fare. Così, anche qui, gli uomini finiscono a passare del gran tempo nelle osterie, piccole, fredde, buie. Su quelle panche gli umori marciscono: la delusione diventa scoraggiamento, il nervosismo rabbia, la noia pessimismo.

Al peggio non c'è mai fine. Scopriamo che prima di noi nel paese era di stanza la Compagnia della Morte di Francesco Anfossi, il fratello violento e prepotente dell'Augusto caduto nell'assalto al palazzo del Genio, durante le Giornate: una legione di rubagalline violenti e senza morale. A causa loro il nome dei volontari è diventato una bestemmia per gli abitanti.

Il signor Luciano si sforza in ogni modo di mostrare che noi siamo differenti: ha improvvisato un'orchestrina che tenga concerti per gli abitanti e ha mandato a chiamare l'attore Gustavo Modena, l'amico di sempre, per fare spettacolo in piazza. È venuto, si è esibito e tutti sono d'accordo che sia davvero molto bravo: sa strappare una risata o portare alle lacrime con la stessa facilità. Durante la sua recita sembrava di essere in un teatro di città, con i palchi e le luci in scena, non in un paesino sperduto, al freddo e al lume di qualche lanterna.

Tutto questo a qualcosa è servito, ma non a molto: la decina di persone più istruite del paese era favorevole a noi prima ed è favorevole anche adesso; i poveracci che di tutto questo movimento vedono solo la pecora rubata o il formaggio portato via ci guardano ancora storto e sputano non appena voltiamo le spalle.

La cosa peggiore è che siamo proprio isolati: se a Salò le notizie giungevano confuse, qui non arrivano del tutto. Non sappiamo nulla di cosa accade in pianura e se non fosse che ogni tanto qualcuno scende in città, potrebbe tranquillamente succedere che i piemontesi arrivino a Vienna o che gli austriaci entrino a Milano e noi rimarremmo a guardare questo bel lago e commentare che è più piccolo di quello di Garda.

Avrebbe bisogno di qualcuno che gli sollevi lo spirito

Fra queste giornate tutte uguali e tutte noiose, ce n'è una che avrebbe potuto essere un piacevole diversivo soprattutto per il signor Luciano che fa di tutto per tenere alto il morale dei suoi uomini, ma nessuno si occupa del suo di morale.

Un giorno scendiamo verso Brescia con una decina di uomini e un carretto perché sembra che finalmente i piemontesi, bontà loro, ci abbiano fatto avere fucili moderni, per sostituire i catenacci a pietra che armano quasi metà dei nostri uomini.

Ha appena piovuto e procediamo come lumache perché il carro si impantana a ogni passo e un paio di ponti di legno ballano sui torrenti gonfi come i denti nella bocca di un vecchio.

Così ci fermiamo a dormire in un cascinale a una decina di miglia prima della città, qualcuno sotto un porticato, qualcuno nel fienile. Al mattino, sono fuori dal portone che ho fatto i miei bisogni in un boschetto, quando vedo arrivare una figura a cavallo coperta con un mantello a cappuccio per proteggersi dalla pioggia.

È un ufficiale piemontese, stanco sfinito, che mi chiede se c'è qualcosa da mangiare e un po' di caldo, che ha cavalcato tutta la notte sotto l'acqua.

Impiego un minuto, ma lo riconosco: si tratta del sottotenente (adesso tenente) Govone, uno dei due ufficiali che hanno assistito senza intervenire alla nostra prima piccolissima battaglia. Lo accompagno nel cascinale e troviamo appoggiato al pozzo il signor Luciano, ancora assonnato, che beve dal secchio. L'ufficiale, con ammirazione, mi confida: «Lo sa che i più grandi comandanti della storia, Giulio Cesare, Annibale e Napoleone, dormivano con i loro uomini, mangiavano con loro e facevano esattamente la loro vita?».

Detto questo si riconoscono, si salutano, si annusano come uomini della stessa pasta. Per il signor Luciano è un toccasana avere qualcuno che non sia un volontario scontento con cui chiacchierare; ascoltare chi sta dall'altra parte, un piemontese che fa la guerra vera, quella sul Mincio.

Però il tenente è quasi più deluso di lui e avrebbe altrettanto bisogno di qualcuno che gli sollevi lo spirito.

Comincia a raccontare dell'avanzata lentissima e svogliata dell'esercito, lo schieramento ancora più lento e poi più nulla: gli austriaci nelle loro fortezze del Quadrilatero, i piemontesi su una linea lunga dal Garda a Mantova.

Dice che ci sono generali che spingerebbero all'azione, ma altri frenano, criticano, nicchiano: un rosario di invidie, pigrizie, disaccordi. Quando finalmente si è deciso di dare battaglia in direzione di Verona, presso un paese chiamato Santa Lucia, è stato un giorno nero: alcuni generali non si sono presentati, altri sono arrivati in ritardo, altri ancora hanno fatto di testa loro, senza seguire il piano prestabilito. E così una giornata di fatiche, eroismi, morti e feriti non è servita assolutamente a nulla, se non a far aumentare la sfiducia dell'armata e il disprezzo verso i comandanti.

Da parte sua il signor Luciano descrive il fastidio con cui a Milano vengono trattati i volontari e di come siano stati emarginati a combattere sulle montagne dove servono a poco o a nulla e mancano del necessario. Il tenente risponde che anche i comandi sabaudi prendono la guerra con sufficienza: tutti sono così convinti che sia già vinta, nessuno considera di combatterla davvero e trattano con irritazione chi dice il contrario.

Dopo un'ora di litanie che manca questo e manca quello, non si fa questo, non si fa quello, i due si abbracciano e ognuno prende la sua strada con il cuore più gonfio di tristezza di com'era prima di vedersi.

Emilio, che ha assistito all'incontro, commenta: «Sono brava gente. Se tutti i volontari fossero come Luciano e tutti i militari come quel tenente, non solo l'Italia sarebbe fatta nel giro di un mese, ma sarebbe un bel posto dove vivere».

Naturalmente a Brescia non ci aspettavano i fucili, ma in compenso c'erano delle camicie e così non siamo tornati proprio a mani vuote.

Ugualmente non è stato un affare, il signor Luciano ha provato a parlarne all'amica Fanny, nella speranza che lei, grazie alle sue conoscenze, possa farsi sentire dai governanti.

Siamo qui abbandonati, dimenticati, demoralizzati ad aspettare a braccia aperte i mezzi di poter morire per la patria che ci vengono rifiutati!

Da un mese grido che non vi sono camicie... Ieri finalmente ar-

rivarono, anche se non in numero sufficiente per tutti. I sacchi che i piemontesi adoperano a fare le opere di fortificazioni sono di tela di gran lunga più fina...

Questo periodo di noia venata di rabbia

Visto che l'inazione è una malattia, si può considerare una fortuna che questo periodo di noia venata di rabbia sia interrotto dalla notizia che gli austriaci stanno scendendo da nord. È quasi con sollievo che prendiamo le armi, le compagnie si riuniscono, gli ufficiali assumono il comando e ci si mette in marcia.

Deve essere un affare serio poiché ci raggiunge il generale Durando con tutto il suo stato maggiore.

Mentre siamo in marcia veniamo a sapere i fatti: gli austriaci hanno attaccato le posizioni tenute dalla Compagnia della Morte tra il fiume Caffaro e il monte Suello, e questa, tanto per rendere palese che non basta un nome altisonante per essere buoni combattenti, non ha offerto quasi resistenza, rifugiandosi nel paese di Lodrone, dove ha saccheggiato la residenza dei conti. Io ho visto la tristezza del palazzo dopo il passaggio di quei bravi: quadri e ritratti tagliati con le baionette, mobili sfondati, bisogni fatti sui tappeti e legni intagliati e perfino violini bruciati nei camini. Dopo di loro sono arrivati gli austriaci e hanno completato l'opera accanendosi contro le altre case del villaggio.

Quando ci siamo avvicinati, il nemico si è ritirato e adesso tocca a noi tenere quelle posizioni.

Abbiamo un freddo cane anche se è maggio e le prime notti le abbiamo passate all'addiaccio, addormentati vicini vicini per sentire il calore degli altri, come animali in branco. È una fortuna che ci sono i lavori per tenere occupati gli uomini: bisogna creare un blocco sulla strada per Brescia e poi costruire capanne per dormire, prima che le malattie facciano più danni degli austriaci. Il signor Luciano e un altro ufficiale dormono sotto un tavolaccio in un fienile e già sono considerati dei privilegiati.

Sistemata la linea, torna la noia, interrotta di tanto in tanto da qualche avvenimento strepitoso: la caccia a un grosso cinghiale, una mucca fuggita e inselvatichita, il morso di un serpente al nostro giovanissimo tamburino.

Un mattino ci svegliamo con il cielo così nero che sembra ancora notte, nubi basse che vogliono schiacciarci come fichi maturi e un vento tanto forte da portare via una capanna: quando si dice che la montagna fa paura si intende proprio questo.

Per fortuna la tempesta passa e lascia dietro di sé solo due feriti e per tutti mani e piedi gelati e vestiti fradici.

Altra piaga sono gli allarmi notturni. La maggior parte degli uomini sono cittadini e non conoscono le voci di boschi e montagne: almeno una volta per notte le sentinelle danno l'allarme per qualche rumore minaccioso. Noi tutti ci svegliamo, prendiamo le armi, accorriamo, scopriamo che si tratta di un cinghiale o un daino o un lupo e mandiamo al diavolo chi ci ha rovinato il sonno.

Per il resto è tedio, malinconia, delusione.

Non succede nulla, per il semplice motivo che non c'è nulla che possa succedere. Così sono sempre di più quelli che si convincono che siamo vittime di un preciso disegno: la futura Italia deve essere proprietà dei tranquilli benestanti milanesi a braccetto dei nobili arroganti piemontesi. Per i patrioti, per gli eroi delle barricate non c'è posto.

Tutto questo può portare a un ammutinamento? Nemmeno per sogno perché fame, freddo e noia hanno tolto a tutti la voglia di discutere, contestare e ribellarsi: più che volontari sembriamo tronchi lasciati a marcire, pieni di insetti e coperti di muschio. Il giovane Dandolo, un giorno, ha definito la nostra vita come «avvelenata da speranze morte» e se ne è andato da solo a rimuginare sotto un pino.

Di nuvole, in quei giorni, ne arrivano tante

Stare fermi e con tanto tempo per pensare vuol dire chiedersi se valga la pena di continuare a lottare e fa crescere la nostalgia di casa, delle comodità della famiglia e della vita normale. Sembra che i giorni milanesi siano un ricordo ammuffito come un vecchio abito: perché ci siamo messi in questa avventura? Chi ce l'ha fatto fare?

Emilio, quando rammenta di essere un poeta, dice che il nostro sogno di ribellione è un sole luminoso, ma adesso è coperto di nubi. C'è, è lì, ma rischiamo di dimenticarcelo e di abituarci al grigio.

E di nuvole, in quei giorni, ne arrivano tante: alcune così scure e minacciose da far spavento.

Giunge la notizia che il re di Napoli si è rimangiato le parole date e ha cancellato il parlamento, il governo, la Costituzione e non parteciperà più alla guerra italiana. Con noi ci sono tre giovani napoletani di buonissima famiglia che adesso sembrano aver visto il diavolo. Passano le giornate a guardare il lago e si riscuotono solo quando arriva qualche messaggero: hanno il terrore che le loro famiglie finiscano in mano ai crudelissimi sanfedisti e lazzaroni. Non ne vogliono parlare e quando lo fanno hanno le lacrime agli occhi perché, anche se i loro cari scampano alle violenze di quei barbari, le carceri borboniche sono spaventose, si entra uomini e si esce larve.

Una amicizia tenace che non voleva e non sapeva rompersi

In settimane piatte come assi, anche la più piccola cosa diventa notizia e poi, siccome i cattivi umori crescono nella noia, è successo che perfino il signor Luciano ed Emilio abbiano litigato e in maniera pesante. La causa non la conosco: ero di pattuglia quando, tornando in paese, ho assistito alla fine della discussione e ho sentito il giovane, rosso e stravolto, gridare «asino» e «villano» al suo amico e comandante, di fronte a tutti.

La litigata è continuata con lettere che ero sempre io a dover recapitare.

Scrive Emilio:

Visto che da qualche giorno l'opera mia è resa perfettamente inutile, io sono con dolore obbligato a domandare la mia regolare dimissione...

Risponde il signor Luciano:

Visto che Ella da qualche tempo col suo contegno ora desolantemente melanconico, ora quasi dispettoso pare molto annoiato della vita che si fa in questo battaglione...

Se non fosse per la noia e la rabbia che ci avvelenano, sarebbe bastato vedere che quelle stesse lettere lunghe e dettagliate erano la prova di una amicizia tenace che non voleva e non sapeva rompersi.

La questione, l'ho capita poi e un poco alla volta, è che il giovane Emilio, ardente e appassionato, partito da un gradino eccessivamente alto di entusiasmo, patisce più degli altri l'inutilità di questa guerra da cui si aspettava chissà quali avventure e da cui avrebbe anche accettato ogni sacrificio.

Inoltre Emilio è giovane e i giovani hanno bisogno di una sponda per i loro sogni. Devono raccontare a qualcuno quello che stanno facendo, solo così diventa vero. Senza il Conte e il fratello Enrico, gli rimane solo il signor Luciano, che però non va più bene perché è diventato il *maggiore* Manara. Questo, nella sua testa, rappresenta una sorta di tradimento.

Alla fine è stato quello più anziano a recuperare un po' di buon senso, ha trovato le parole giuste per esprimere i suoi sentimenti e porre fine al litigio. Questo brano della lettera va riportato, perché dentro c'è tutto il carattere del signor Luciano.

Se la coglioneria dell'altro giorno t'ha fatto talmente perdere l'amicizia che avevi per me, che ormai non possa più offrirmi che un soldato sommesso, vattene.
Se vuoi una prova, inventane una grossa, proponila e io ti seguirò...
Il decifrare tutto il resto sarebbe troppo lungo, a farla finita ti dico che ho torto e poi anche tu.

Perché l'amicizia non sa stare senza l'uguaglianza?
Tu sei giovane, Fava è vecchio siete amici. Garavaglia è piccolo, Mancini è grande sono amici. Io sono un uomo, Carmelita è una donna siamo amici. Durando è generale, Osio no ed è suo amico. Per Dio poi se non siamo eguali noi, sfido il più accanito comunista a darmi le basi dell'Eguaglianza. Addio.

Inutile dire che si sono trovati, abbracciati e il giovane ha pianto come un bambino. Cosa che a volte è, a onta della cultura, del coraggio e della sua studiata maturità. Questo bisticcio, però, ha avuto almeno il pregio di distrarre il signor Luciano e la riappacificazione gli ha fatto ritrovare il sorriso.

Per fortuna alla fine di maggio arriva l'ordine di tornare ad Anfo, dove ci aspetta un medico, tal Bertani, bravissimo e sincero patriota, che la signora Fanny ha mandato da Milano sapendo le nostre precarie condizioni di salute. Quando ci ha visti, questo luminare si è messo le mani nei capelli.

Avevamo lasciato la città delle barricate e la ritroviamo tranquilla

In questo periodo di riposo vengono concesse le licenze visto che ormai siamo lontani da casa da più di due mesi. Ovviamente il signor Luciano mette il suo ritorno a Milano in coda a tutti gli altri permessi e così parte solo a fine maggio, e io al seguito.

Avevamo lasciato la città delle barricate e la ritroviamo tranquilla, come se non fosse successo nulla. Siamo rientrati da Porta Tosa, allungando un poco la strada: avevamo bisogno di vedere i segni dei proiettili e degli incendi per convincerci che le Giornate sono accadute davvero, e non sono state solo un nostro sogno.

A casa, l'incontro con la signora Carmelita è quanto di più commovente ci possa essere.

Lei ovviamente non ci aspetta ed è nel cortile a far sistemare le piante che si arrampicano sui muri di casa. Quando vede il marito ha un momento, ma solo un momento, in cui misura le guance incavate, gli occhi cerchiati e i vestiti che gli cadono di dosso perché è davvero molto smagrito. E poi le scarpe rovinate e le belle mani create per suonare il pianoforte che sono diventate più grosse e forti, ma anche più rozze.

Dura solo un secondo e poi gli si butta tra le braccia e nasconde la faccia nella sua spalla, per non far vedere che ride e piange nello stesso momento. Restano così, abbracciati per un tempo lunghissimo durante il quale io faccio il giro a salutare tutti i servitori che si sono affacciati per vedere il padrone ritornato. Stringo tante mani, ricevo anch'io qualche abbraccio e a tutti dico qualcosa, soprattutto riguardo al fatto che stiamo bene. Quando finisco, il signor Luciano e sua moglie sono ancora abbracciati e immobili, come se fossero dipinti.

Poi si prendono per mano e rientrano in casa perché vogliono restare da soli: hanno tantissime cose da dirsi e lui deve darle la busta di velluto rosso con tutte le lettere che per un motivo o l'altro non ha potuto spedire. Poi vedranno i figli e in cucina la cuoca Agnesina sta già accendendo tutti i fuochi e dando fondo alla dispensa perché il signor padrone così magro è uno scandalo e chissà la gente cosa pensa a vederlo andare in giro ridotto come uno spaventapasseri.

Mangiano a un tavolino in fondo al salotto che è sempre stato il loro angolo preferito e la gente di casa, uno alla volta, passa davanti all'archetto per vedere la coppia finalmente riunita. Tutti, chi in tono tragico, chi in tono divertito, mi dicono che durante l'assenza del marito, la signora Carmelita si impegnava che tutto procedesse normalmente, però non sorrideva mai.

Usciamo io e il signor Luciano, rivestiti e puliti come ci siamo dimenticati si possa essere, con il sole che comincia a tramontare. Il mio padrone è un fiume in piena: il rientro a casa, l'incontro con la moglie, un bel bagno e un buon pasto sono le migliori medicine del mondo.

Mi riporta con entusiasmo quello che ha saputo: poco dopo che noi eravamo usciti dalla città c'era stato il *Te Deum* in Duomo per ringraziare il Signore per la vittoria. Nei banchi di prima fila, a fianco delle autorità, c'erano Pasquale Sottocorno, l'eroe zoppo dell'assalto al palazzo del Genio, e una donna le cui imprese credevamo fossero un'invenzione popolare. Luisa Battistotti Sassi ha davvero portato via la pistola a un sergente della gendarmeria, e con quella ha catturato cinque austriaci; poi, nei giorni seguenti, vestita da uomo, ha diretto la costruzione delle barricate della sua via e ha sempre combattuto in prima linea.

Mentre camminiamo di buon passo, mi spiega perché secondo lui è importante che quei due fossero presenti alla celebrazione della vittoria: «Vedi, le insurrezioni degli anni passati erano fatte da persone certamente illustri, colte e intelligenti, però erano poche. Convinte di avere al loro fianco il popolo, si accorgevano di essere isolate quando era troppo tardi. Nelle nostre Giornate, invece, c'era tutta Milano: è stata questa la nostra forza, il motivo per cui abbiamo vinto...».

Quella forse sarebbe la volta buona per me di raccontargli che io sono figlio di uno di quegli illusi, però non c'è modo perché ogni due passi qualcuno ci ferma e chiede notizie.

Nessuno sembra davvero contento di rivederci

Non so se sia solo una mia impressione, ma di tutta la gente che incontriamo, nessuno sembra davvero contento di rivederci: è come se fossimo diventati degli estranei nella nostra città. Oppure mi pare di vedere l'impaccio del debitore che incontra, per caso, il creditore. Non è una bella sensazione e credo che anche il signor Luciano la senta, infatti è meno cordiale del solito, quasi brusco.

Arrivati al Duomo invece veniamo circondati da un gruppetto di brave persone che hanno combattuto con noi sulle barricate e l'impressione sgradevole scompare. Vengono fuori, però, le magagne politiche del governo provvisorio: ritorna la questione di chi vorrebbe fare in fretta l'annessione al Piemonte ed evitare così che si parli troppo di democrazia, anche a costo di seppellire le gloriose Giornate.

Dice uno: «Dopo che siete partiti ci sono stati solo festeggiamenti per i piemontesi. Noi delle barricate e il signor Cattaneo facevamo notare che, forse, invece che ballare e bere sciampagna sarebbe stato meglio combattere gli austriaci finché erano scossi e disorganizzati. Parole al vento: i soloni dell'esercito sabaudo rispondevano a muso duro che loro conoscono l'arte della guerra e sanno perfettamente come comportarsi e cosa fare».

Un altro getta una luce grigia anche sul *Te Deum*: «Non hanno voluto le bandiere delle barricate e non hanno voluto fare una sfilata di chi ha combattuto perché temevano di irritare i piemontesi rivendicando una vittoria tutta lombarda. Hanno messo quei due poveretti, Sottocorno e la Battistotti, in prima fila con l'ordine di non dire niente e di non fare niente. Lui ha osato chiedere al comune il credito per aprire una bottega e invece gli hanno dato cento lire perché si comperasse la divisa della milizia nazionale».

Un terzo: «Adesso lui passa le giornate a farsi offrire da bere in cambio del racconto delle sue gesta e la gente non lo ascolta più e gli ride anche alle spalle».

Quando siamo rimasti soli sulla via di casa e un po' abbacchiati, gli ho raccontato cosa dicevano i signori di Cistellia, i baroni presso i quali sono cresciuto, riguardo al fatto di non fidarsi del popolo, che cambia idea come una banderuola.

Senza fermarsi, a testa bassa, mi ha risposto: «Forse è il popolo che non dovrebbe fidarsi delle sue guide e non perché cambiano idea come banderuole. Loro sono sempre ferme e decise nella difesa dei propri interessi: cambiano semmai, come banderuole, le parole con cui si presentano».

Alla sera c'è un piccolo ricevimento in casa a cui partecipano i parenti dei Dandolo e dei Morosini e altri amici: tra le tante persone c'è anche, ovviamente, la signora Fanny.

C'è gioia e affetto, ma anche qui qualcosa non è come dovrebbe essere: come se le vite, la nostra e le loro, a un bivio avessero imboccato sentieri diversi e lentamente, ma inesorabilmente, si stessero allontanando.

Il signor Luciano arriva perfino a spazientirsi con la signora Fanny, cosa mai successa prima perché i due possono anche litigare, ma c'è sempre un forte tendine di amicizia che li tiene uniti.

Invece quella sera la signora insiste che è importante mantenere l'autonomia della Lombardia rispetto al Piemonte; lì il signor Luciano sbotta che senza un esercito che sappia tenere il campo e senza un governo che sappia far una politica autonoma è del tutto inutile parlare di Lombardia come Stato a sé. Quando lei ribadisce che sono state le gloriose Giornate a scacciare gli austriaci, il signor Luciano risponde che è troppo poco e non è sufficiente.

«La rivolta è stata un seme, ma dobbiamo ammettere che non siamo stati capaci di coltivarlo e adesso quella pianta si è seccata.»

Lo dice duro e la signora Fanny rimane a guardarlo come se non lo riconoscesse.

Io invece credo di capire cosa sia successo: lui è il comandante di una colonna che vive di stenti in montagna; lei una signora cittadina che discute nei salotti.

Arrivano anche il Conte ed Enrico Dandolo e l'incontro è strano: c'è affetto, ma pesa la distanza e le scelte fatte.

Il Conte, alla fine, spazza via ogni ruggine: «Luciano, credo proprio che abbiamo sbagliato strada. Dovevamo restare con voi, dovevamo restare uniti».

Il signor Luciano sorride e lo abbraccia senza parlare: non vuole deludere l'amico con i dolori della montagna. Comunque è un bel momento, una piccola luce in giorni bigi.

Sul campo di battaglia inneggiavano a Carlo Alberto re d'Italia

Il mattino dopo, mentre ci stiamo preparando per la partenza, arriva la notizia che i piemontesi hanno ottenuto una grande vittoria a Goito e il giorno dopo si è arresa la fortezza austriaca di Peschiera.

Subito usciamo per saperne di più e incontriamo il conte Torelli, un milanese che ha tante conoscenze fra i piemontesi e ci informa dei particolari: gli austriaci volevano sorprendere lo schieramento sul Mincio uscendo da Mantova e attaccando da sud, mentre da nord avrebbero cercato di portare aiuti alla fortezza di Peschiera assediata. Sono stati sconfitti a Goito, il tentativo è fallito e di conseguenza la fortezza si è arresa.

La cosa più bella, dice, è che ufficiali e soldati sul campo di battaglia inneggiavano a Carlo Alberto re d'Italia.

Mentre andiamo alla diligenza che ci porterà a Brescia, vedo che il viso del signor Luciano si è disteso e se ancora non sorride – di questi tempi è così difficile vederglielo fare – per lo meno sembra acquietato, come se quel cane che da tempo gli morde l'anima, non solo abbia smesso di ringhiare, ma perfino accenni a scodinzolare.

Una storia tutt'altro che bella

Lasciamo Milano prima dell'alba, ma ugualmente in casa sono tutti svegli, a partire dalla signora Carmelita. Non vi racconto gli addii, perché sarebbe troppo triste.

Viaggiamo in diligenza e ci fermiamo a Brescia per sbrigare una serie di compiti per la colonna. Poca roba e così, più che al comando e negli uffici, passiamo il tempo con i volontari appartenenti agli altri reparti; oramai ci si conosce quasi tutti e così ci chiedono notizie di Tizio e noi rispondiamo domandando di Sempronio.

Rimaniamo a pranzo con tre fratelli – Narciso, Pilade e Oreste Bronzetti, l'ultimo di tredici anni – che fanno la guerra a Mantova, gomito a gomito con i piemontesi. Il signor Luciano ne approfitta per chiedere dettagli della vittoria di Goito.

Una nube minacciosa si ferma sul tavolaccio dell'osteria.

«La battaglia di Goito? E Curtatone? E Montanara?»

Questi nomi, sparati come pallottole, non ci dicono niente. Spieghiamo che noi arriviamo da una licenza a Milano e lì si parla solo della vittoria piemontese, della caduta di Peschiera e dei soldati che inneggiavano a Carlo Alberto re d'Italia.

«Il re d'Italia? Allora venite con noi.»

Ci conducono in un convento poco distante, adattato a ospedale, dove sono ricoverati i reduci di uno scontro; gli abiti e i cappelli sono tutti di foggia differente, quindi si tratta di volontari. Nel refettorio si contano una quarantina di uomini in parte stesi su giacigli di paglia e in parte seduti per terra, appoggiati ai muri; in fondo, su lettucci improvvisati, i più gravi si lamentano sommessamente.

Pilade ci conduce vicino a un gruppo di feriti più leggeri, pallidi e sofferenti.

«Vi presento un combattente delle Giornate di Milano: gli è giunta all'orecchio la notizia che i piemontesi hanno ottenuto una grande vittoria in quel di Goito.»

Grazie ai ricordi fiorentini, riconosciamo subito quell'inconfondibile parlata: «Toscani! Da dove venite?».

Invece di una risposta guadagniamo una sequenza di insulti indirizzati al sovrano piemontese, alla sua famiglia a partire dalla madre e dai molti e assortiti padri, e bestemmie così fantasiose che avrebbero fatto saltare sulla tavola don Bragone, come quando vedeva un topo in sacrestia.

Poi, smaltita la bile, viene fuori una storia tutt'altro che bella: ce la racconta un tal Carlo che ha un modo tutto suo di condire anche le storie più tristi e ne fa delle vere e proprie opere; lo si starebbe ad ascoltare per ore.

I volontari toscani, assieme ad alcuni reparti regolari e un battaglione di napoletani che aveva disobbedito al suo re, tenevano due paesi vicini a Mantova: Curtatone e Montanara. Un bel giorno si vedono arrivare addosso migliaia e migliaia di austriaci, così tanti che sembrano non finire mai: «È come se sortissero dalla terra o vomitati dall'inferno». Però gli ufficiali dicono che non devono passare, altrimenti sarà un disastro e prenderanno a rovescio la linea piemontese.

Bisogna fermare l'avanzata e dare tempo ai sabaudi di organizzarsi e venire in aiuto. Così resistono un'ora, due ore, tre ore: gli austriaci sono sempre di più e hanno anche artiglieria e cavalleria, ma i toscani sono tosti e non mollano. I morti sono tanti, i feriti molti di più, non c'è quasi nessuno che non abbia versato almeno un po' del suo sangue, ma gli austriaci non passano e fra tutti si dice che adesso arriveranno bene questi piemontesi.

Adesso arrivano.

Adesso arrivano.

E invece niente.

Dopo sei ore la situazione è insostenibile e viene dato l'ordine di ritirarsi: i difensori di Curtatone riescono a farlo con ordine, mentre quelli di Montanara si trovano quasi accerchiati e la metà di loro cade in battaglia, oppure viene presa prigioniera.

Cosa succede quando raggiungono il paese più indietro?

E qui parte un'altra salva di insulti alla casa reale dei Savoia, ai piemontesi in genere e a tutti i monarchi del mondo. Perché fuori dal paese di Goito trovano le forze sabaude che stanno distribuendo il rancio e si preparano a dare battaglia il giorno dopo. Di andare in aiuto ai cosiddetti fratelli non era nemmeno passato per l'anticamera del cervello.

Così la battaglia del giorno dopo è stata sì una vittoria, ma poco più che una scaramuccia, perché gli austriaci sapevano che, fallita la sorpresa, non aveva molto senso procedere con un piano che era stato battuto dalla resistenza dei volontari. Però questo non si può dire per non rovinare la festa ai generali piemontesi, tutti geni della guerra «impestati come le cagne zoccole e bucaiole che li hanno messi al mondo».

Addirittura, perché non si sappia la verità, i feriti toscani sono stati fatti viaggiare di notte, affinché nessuno li vedesse.

Usciamo nel cortile e il signor Luciano è triste come non l'ho mai visto. Quando è così, non c'è nulla che si possa fare: è il famoso nocciolo di malinconia che cresce e diventa una montagna di tristezza.

«Ma è possibile che abbiamo sbagliato così tanto? Che ci siamo fidati di chi non merita nemmeno una briciola delle nostre fatiche?»

Cosa rispondere? Niente, tanto più che va avanti da solo. Ha bisogno di sfogarsi.

«Non ci vogliono. Fanno di tutto perché la vittoria sia solo loro, che nella storia risulti che il re Carlo Alberto ha vinto la guerra, ha fatto l'Italia; li disturba avere i volontari fra i piedi, con i loro noiosi ideali.»

Tira un pugno contro un muro: «Ecco cosa significava la frase di quel generale a Milano, "Andare con i rivoluzionari è una carta che non guadagna": la partita la vogliono vincere solo loro e truccano il mazzo».

Si guarda in giro, forse sperando che qualcuno lo smentisca. Per fortuna il più grande dei fratelli Bronzetti dice la frase giusta: «Io non so cosa passi per la testa del re Carlo Alberto: i sovrani, si sa, sono fatti a modo loro. Ma in questi due mesi ho capito che fra i piemontesi ce ne sono di bravi, così come di pessimi. Purtroppo i bravi sono la maggioranza nei gradi bassi, mentre fra i comandanti prevalgono le anime nere e gli ignoranti. E cosa possiamo pretendere da generali che per tutta la vita hanno dato la caccia a quelli come noi? Che venissero a scusarsi e ad abbracciarci? La stessa cosa che si può dire però anche di noi lombardi: ci sono i bravi che si sacrificano e i pigri e gli egoisti che pensano giusto al loro orticello e al quieto vivere. Questa è la realtà, dobbiamo cercare di farcela andare bene e sperare che alla fine prevalga la parte migliore, sia fra noi, sia fra loro».

A sera il signor Luciano scrive alla moglie il racconto della giornata e chiude così la lettera:

> *Dovevi vedere quei poveretti di toscani: gli era crollato il mondo addosso. Nelle loro linee c'era un intero battaglione di studenti universitari di Pisa. Giovani che avevano davanti a sé la vita più rosea possibile; teste che avrebbero studiato, inventato, creato. Fra di loro c'erano i futuri professori, dottori, letterati e forse anche ministri. Eppure hanno preferito rischiare tutto in nome del più alto ideale, così come ho fatto io nel mio piccolo e hanno fatto i nostri amici e tanti altri lombardi e veneti.*
> *Faccio il facile profeta: un giorno ci sarà da pentirsi ad aver sprecato tanta generosità. L'Italia che nascerà dovrà tenere conto di tutti loro: se ce li dimentichiamo perché non fanno comodo agli interessi di parte, allora forse non vale nemmeno la pena di unirla, questa benedetta Italia.*

Cos'hanno nella testa?

Torniamo a Salò, salutiamo chi di dovere, andiamo a rapporto dal generale Durando e poi risaliamo fino ad Anfo.

Dopo Goito la situazione generale non è cambiata di un capello: i piemontesi in pianura, immobili sul Mincio a fronteggiare il nemico e noi volontari, arrampicati sulle montagne, a tener compagnia alle capre.

Cambio di destinazione: veniamo spostati sull'altra sponda del lago d'Idro e su monti ancora più alti, a difendere un tratto di confine così esteso che serve più di un giorno di marcia per percorrerlo tutto. L'estremo nord è il monte Stino: ci arriva la nostra compagnia migliore, i *Lions*, e scopre che in montagna, anche a fine maggio, può nevicare. Per coprirsi hanno pochi mantelli che sembrano coperte da cavallo e ben presto si abituano a dormire in capanne di fortuna di paglia, foglie e corteccia di pino.

Così è, più o meno, su tutta la linea, e la riserva invece si trova nel paese poverissimo di Hano[3] dove si vive delusi e disillusi in tuguri senza poter asciugare i vestiti, con poco cibo e di scarsa qualità.

Sono arrivati due cannoni ed è stato straordinario, perché ci è sembrato, finalmente, di essere soldati veri e allora si riesce a dare un significato alle sofferenze. È durato poco e poi siamo tornati nella solita noia rabbiosa.

L'unica cosa che possiamo fare sono lunghe passeggiate nei momenti di libertà. Io cerco di stare vicino al giovane Dandolo che fra tutti è ancora quello che soffre di più per l'inutilità dei nostri sacrifici. Così può sfogarsi e cercare, almeno a parole, di dare un senso a quello che sta accadendo.

«Una libertà regalata ha poco valore: bisogna guadagnarla per capirne l'importanza. Chi difende il passato non ha questi problemi perché è in posizione di vantaggio: difende quello che c'è, conosce bene per cosa combatte e deve solo badare che ri-

[3] Oggi Capovalle.

manga così com'è. Chi lotta per cambiare, per un futuro migliore, deve inventare, deve immaginare qualcosa che ancora non esiste, quindi sbaglia spesso, imbocca vicoli ciechi, deve tornare indietro e ricominciare tutto. Però, alla fine, il mondo va avanti ed è inevitabile che sia sempre il futuro a vincere.»

Lo dice e si sforza di crederci.

«Noi lottiamo per dei sogni ed è per questo che servono poeti nelle insurrezioni. Costi quel che costi.»

Lui ci crede e non lo smuoverebbero nemmeno le cannonate; altrettanto il signor Luciano.

Ma gli altri? Tutti quelli fra i nostri compagni che alla sera, attorno ai fuochi, protestano, si indignano, si ribellano: perché rimangono?

Per me è un mistero, soprattutto quando guardo quegli studenti che non hanno il fisico per sopportare queste privazioni, sono sempre malati, soffrono come cani eppure non se ne vanno.

Cos'hanno nella testa? Forse non vogliono ammettere a se stessi di aver sbagliato ideale o il modo di realizzarlo.

Io, per me, ho una mia risposta a questi grandi interrogativi. Penso a mio padre e a quello che gli è successo, mi guardo in giro e alla fine concludo sempre nella stessa maniera: si tratta di un dolore chiamato libertà. Alla fine magari sarà una cosa bella e una festa, ma mentre la si insegue, la libertà è soprattutto dolore.

Una pagnottina bruciacchiata

Un giorno arriva un carretto di farina ed è l'occasione per una piccola festa. Facciamo il pane usando il forno del paese, grande come una stanza: ne approfittano anche le donne da tutte le vicinanze. Si presentano sorridenti, con i vestiti buoni e ognuna porta il suo impasto su un'asse; c'è allegria nell'aria, perché il pane è cibo per l'anima prima che per lo stomaco.

Vengono accesi grossi tronchi e si aspetta che il forno raggiunga la temperatura giusta: per capire quando si può infornare, le anziane cuociono piccoli ometti di pasta. A ognuno danno un nome e a seconda di come cuociono, se bruciano o meno, predicono il futuro. Abbiamo chiesto che facessero anche i nostri, per sapere il nostro destino: quello che rappresentava il signor Luciano è uscito tutto nero. Le vecchie non hanno detto nulla e le giovani hanno alzato le spalle con noncuranza, per nascondere una verità da non rivelare.

Il signor Luciano invece ha riso: «Dobbiamo preoccuparci davvero per una pagnottina bruciacchiata? Non abbiamo abbastanza problemi?».

Invece io, che sono ignorante e a certe cose non riesco a non crederci, mi sono preoccupato.

Il giorno dopo, noi due abbiamo portato il pane agli avamposti, dentro le gerle che qui si usano per trasportare il fieno. Una buona occasione per controllare lo schieramento e sollevare il morale degli uomini; fermandoci un poco in ogni accampamento abbiamo calcolato che avremmo impiegato due o tre giorni.

Dopo mezza giornata arriviamo in un posto straordinario: il sentiero si allarga come un balcone sul panorama e un tronco caduto sembra fatto apposta per sedersi e riposare. A guardare il paesaggio da quell'altezza ci si sente come Dio quando contempla il suo creato: il lago è azzurro, le montagne scendono verso l'acqua coperte di meravigliosi boschi, ispidi come una barba incolta; solo vicino ai paesi sono rasate come la chierica di un sacerdote per permettere di coltivare. Il cielo è senza una nuvola e il sole tiepido.

Così, forse a causa dalla magia del panorama, decido di parlare dell'argomento che non ho mai voluto affrontare.

«Posso raccontarle una storia?»

Il signor Luciano mi guarda tra lo stupito e il preoccupato, ma mi fa cenno di procedere.

Mi faccio forza e per la prima volta nella mia vita racconto di mio padre, di mia madre, della stanzetta con la finestrella alta e di come lei si sia spenta come la fiamma di una candela.

Lui ascolta attento e quando ho finito: «Perché non mi hai mai detto queste cose? Ti avrei accolto come un fratello e di certo non avresti dovuto lavorare per restare in casa mia».

La reazione era prevista e la risposta esce liscia e piana, come una stoffa di seta.

«Io non sapevo come dirlo e lei non avrebbe capito: le grandi idee sono cose bellissime e sacrosante, però ci sono anche mogli e figli che restano a casa e aspettano. E se le cose non vanno come devono, anche le loro vite si spezzano e finiscono in rovina.»

Il signor Luciano rimane pensoso per qualche tempo, scrivendo strani segni con un bastoncino nel terreno.

Poi, alza la testa: non mi guarda, ma si concentra su un punto lontano, dall'altra parte del lago: «Hai ragione, hai molte ragioni; se me lo avessi detto prima delle Giornate non avrei capito. Avevo la testa piena di sogni e i sogni sono prepotenti. Ma anche adesso, dopo tante delusioni, ti chiedo: qual è l'alternativa? Accettare ogni ingiustizia, ogni cosa sbagliata per non mettere a rischio la nostra salute, la nostra vita o ancora peggio, quelle dei nostri cari? Credi che io non sappia che Carmelita, nel fondo del suo cuore, soffre della mia lontananza e rinuncerebbe a mille Italie pur di avermi vicino e sapermi sano e al sicuro? Pensi che io ignori la sua angoscia e quanto coraggio le serve per sopportare la solitudine?».

Si ferma e continua a disegnare per terra: adesso riconosco quei segni, sono quelli che si usano per scrivere la musica.

«A volte ho paura di non tornare dalla mia famiglia: un'angoscia orribile, come una mano che mi stringe il collo e toglie il respiro. Allora faccio di tutto perché la nostra avventura finisca bene. Per questo motivo vorrei che i volontari fossero addestrati come soldati regolari: non perché mi piace l'ordine o la disciplina, ma perché a combattere secondo le regole ci sono più possibilità di portare a casa la pelle.»

Si ferma ancora e continua a muovere il bastoncino e mentre scrive accenna a un motivetto: la musica è sempre al suo fianco, in qualsiasi momento.

«Poi ci sono i figli, hai ragione: a loro non si chiede se siano d'accordo con i genitori e nessun bambino dovrebbe crescere come hai fatto tu, pagando le scelte del padre. Però volere un mondo migliore è una cosa che facciamo soprattutto per loro.»

Si alza e cancella le note col piede: «Non dare la colpa a tuo padre per quello che ti è successo. La colpa è del nonno che è stato cieco e senza cuore: lui così chiuso nel passato da non saper vedere il futuro neanche avendolo davanti. Tu eri il suo futuro e lui l'ha gettato via. Ha gettato via molto, te lo assicuro».

Si alza e rimette la gerla sulle spalle: «Muoviamoci, adesso, altrimenti non arriviamo ai Tre pini prima di sera».

Sorride, vuol dire che quel discorso gli ha fatto bene.

Dita così sporche, magre e storte che sembrano legnetti

A metà luglio, il tempo decide di essere autunno, freddo e piovoso e questa è la goccia che fa traboccare il vaso: in un giorno contiamo cinquanta malati e non c'è posto dove ricoverarli, né medicine per curarli.

Anche il signor Luciano sta molto male: ha la febbre forte, tanto che si teme che abbia preso la terzana, ma ugualmente cede il suo posto in un edificio in muratura a quattro ragazzi che delirano e lui va a dormire all'aperto. Poi, siccome scoppia un temporale, si sposta sotto una specie di tettoia.

All'alba, visto che non si alza, vado a chiamarlo e mi spavento: sembra un morto, bianco come il latte, con le occhiaie e le labbra viola. Si capisce che è vivo solo per i tremiti che lo scuotono tutto.

Arriva anche Emilio con una coperta sulle spalle perché anche lui ha la febbre: si mette le mani nei capelli e corre a cercare il medico della colonna, che arriva, guarda e scuote la testa.

«Cosa posso fare? Ho finito da giorni i medicamenti, curo gli uomini con acqua calda e panni freddi. Lasciarci qui in queste condizioni vuol dire ucciderci tutti; evidentemente è quello che vogliono quelli del governo.»

«E allora? Tutto qui? Lo lasciamo morire?»

Il dottore fa per alzare le spalle, come per dire che lui è impotente, ma non fa in tempo: Emilio gli arriva addosso, fuori di sé come nessuno lo aveva mai visto. È poco più che un ragazzino, ma fa paura mentre gli grida a un palmo dalla faccia: «Se Manara muore, io uccido lei. Faccia quello che vuole, cavi il suo sangue e cavi anche il nostro se questo lo può salvare, ma faccia qualcosa».

Il dottore ha le labbra che tremano: «Se servisse dare anche un braccio, stia sicuro che lo avrei già fatto; purtroppo non servirebbe a nulla. Si può fare solo una cosa, ma è una speranza davvero al lumicino... Quasi mi vergogno a dirla».

Il giovane sta per balzargli alla gola e tirargli fuori l'idea a forza, ma non serve: «Quando sono stati male quelli su ai Tre pini, un pastorello del posto è andato a chiamare una vecchia, una mezza matta, una strega che cura mescolando erbe, magia e religione. Però i ragazzi lassù sono guariti».

Detto fatto: con due bastoni lunghi e solidi e una coperta prepariamo una barella e portiamo il signor Luciano a un gruppo di case di pietra e legno a un'ora di cammino dietro le nostre linee. Non lo abbiamo mai considerato un buon posto. È un mondo primitivo di costruzioni basse, seppellite fra mucchi di fieno e cataste di legna, dove vivono assieme uomini e bestie: non si vede anima viva, ma ci sentiamo spiati dalle fessure delle porte e dalle piccole finestre.

Non c'è un prete a cui chiedere, però da una casa appena più grande delle altre, esce una donna così grossa che sembrerebbe capace di sollevare una mucca con la sola forza delle braccia. Non è amichevole, ma ci ascolta: poi guarda il malato, riflette e infine grida qualcosa in una lingua roca come il tedesco: spunta un bambino scalzo, vestito con una tunica lurida. Un altro comando ostrogoto e il piccolo ci fa segno di seguirlo.

La nostra guida è agile, veloce e corre a piedi nudi sul sentiero, tra radi alberi, grossi sassi, fino a una casa isolata: tra le pietre della facciata spuntano mazzolini di erbe a seccare e piccole teste intagliate nel legno.

Il bambino fa una specie di richiamo che assomiglia al verso di un uccello: «Stria... Stria...».

Risponde un rantolo rauco che per il piccolo è sufficiente: senza guardarci torna di corsa verso il basso e in un attimo sparisce.

Da dietro la casa esce una vecchina piegata in due, con addosso una gonna scura che striscia per terra e una giacca da uomo risalente forse al secolo scorso. Si avvicina al signor Luciano, gli apre gli occhi con dita così sporche, magre e storte che sembrano legnetti raccolti in un pollaio e gli tasta il collo. Poi tocca l'anello d'oro al dito del malato e indica se stessa: quello è il prezzo della cura.

Emilio Dandolo si sfila il grosso anello che porta al mignolo e lo porge alla vecchina: lei lo prende, lo mette nella bocca sdentata, lo infila in una tasca e ci fa segno di portare il malato dentro la casupola e infine ci scaccia come cani molesti.

«Quando torniamo? Quando guarirà?»

La donna indica il cielo, il sole e poi con l'indice fa tre cerchi in aria: dobbiamo tornare fra tre giorni.

Ci guardiamo dubbiosi, perché non sappiamo se fidarci, ma la soluzione ce l'ho io: «Resto qui, a costo di dormire fuori dalla porta come un cane. Voi tornate perché qualcuno deve pur continuare a combattere questa guerra».

Emilio vorrebbe rimanere, ma lo convinco che è più utile all'accampamento. Prima che vada via, gli chiedo perché ha voluto dare il suo anello che è più prezioso di quello del signor Luciano.

«Quello io l'ho comprato e posso comprarmene un altro; il suo è un regalo della moglie, e il dono di una donna è unico e irripetibile.»

È pur sempre un poeta e pensa davvero queste cose.

La stria non si fa problemi per la mia presenza e si comporta esattamente come se io fossi un sasso o un cespuglio. Prima accende un focolare di argilla e prepara un minestrone di erbe, radici e cortecce, poi fa bere l'intruglio al signor Luciano a piccoli sorsi, alzandogli la testa quasi con dolcezza. Quindi lo spoglia, lo copre con un mucchio di paglia che puzza di stalla e poi esce: io sono rimasto sull'uscio e lei, con un gesto imperioso, mi ordina di restare fuori dalla porta.

«Se succede qualcosa cosa devo fare?»

Come se non avessi parlato: mi volta la schiena e sparisce nel bosco.

Torna quando il sole è così basso da toccare le cime delle montagne: mi guarda sospettosa e poi entra dal suo paziente.

Metto anch'io la testa dentro la stanza: c'è caldo come un forno e il mio padrone è sudato fradicio, come se avesse fatto un bagno. Però il viso mi sembra più disteso e, anche se sempre pallido, assomiglia meno a un morto.

Così per tre giorni rimango a sorvegliare una capanna di sassi e tronchi. La stria non mi rivolge né una parola, né uno sguardo, ma ogni sera mi lascia fuori dalla porta una ciotola di zuppa che mi sembra una delle più buone che io abbia mai mangiato. Ma probabilmente è la fame.

Per il resto non c'è molto da raccontare, se non che i corvi sono attratti dal tetto della casupola e vengono e vanno come se fossero messaggeri. Un paio di volte ho sentito gridare il signor Luciano, non come se avesse dei dolori, ma come se fosse spaventato. «Sarà un incubo» mi dico e torno sotto il mio albero.

Come preannunciato dalla stria, il terzo giorno il signor Luciano esce all'aria aperta sulle sue gambe: pallido, barcollante, ancora più smagrito, ma vivo e sfebbrato.

Sono così felice che gli corro incontro, e se non fosse che è il mio padrone, lo abbraccerei dalla contentezza, però vedo qualcosa di strano negli occhi.

Chiedo cosa c'è e lui mi risponde con un «niente» che invece vuol dire che c'è qualcosa.

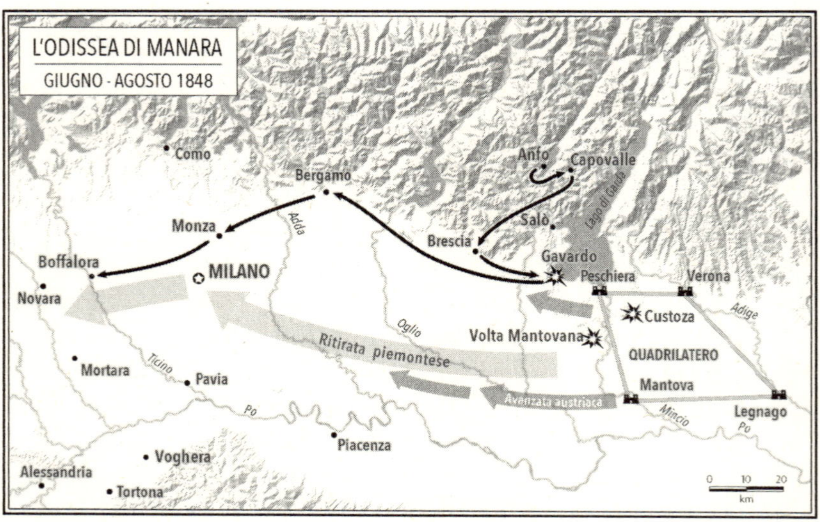

Si passa dall'entusiasmo al più profondo scoramento

Una sera verso la fine di luglio, sicuramente dopo il 20, arriva un messaggero a dorso di mulo con l'ordine del generale Durando di scendere velocemente verso Anfo.

Come sempre non sappiamo se sia una notizia buona o cattiva, ma il semplice impegno di fare i bagagli e lasciare quei luoghi inospitali è motivo di buonumore.

Per strada si incontrano altri volontari e, a sera, attorno a ogni fuoco, amici e conoscenti che erano stati divisi per questi mesi si ritrovano e si scambiano pareri, notizie e cercano di indagare cosa riservi il futuro.

Di sicuro qualcosa di grosso sta bollendo in pentola, ma non si riesce a immaginare cosa: la speranza di tutti è che finalmente verremo riuniti in un'unica armata lombarda che combatterà a fianco dei piemontesi.

Man mano che ci si avvicina al piano iniziano a circolare altre voci, a volte a mezza bocca, altre volte gridate negli accampamenti.

Disastro! Gli austriaci hanno travolto le linee piemontesi a Rivoli.

Vittoria! Il duca di Genova ha disfatto una armata nemica a Custoza.

Disastro! Gli austriaci hanno sfondato la linea del Mincio.

Vittoria! Un potente contrattacco li ha ricacciati a Volta Mantovana.

Disastro! La rotta piemontese è completa e gli austriaci sono in marcia verso Milano.

A ogni notizia si passa dall'entusiasmo al più profondo scoramento, ma l'esperienza e la sfiducia ci portano a pendere più dalla parte del pessimismo che dall'altra.

Alla fine veniamo destinati, assieme ai polacchi di Kamiensky, a presidiare il paese di Gavardo e questo non sembra un buon segno: appare più una mossa difensiva per impedire l'accesso al bresciano, che non offensiva per andare all'attacco.

I giorni che passiamo in questo paese sono i peggiori di tutta la guerra e non per le privazioni perché a confronto della montagna questo è il paese di Bengodi, ma per l'incertezza: tutti siamo tesi come cani da caccia cercando di capire cosa stia succedendo. Per tutti si intende proprio tutti: dal signor Luciano e Kamiensky a ogni soldato, dal più disciplinato alla testa più calda.

Gli uomini che non sono comandati agli avamposti, ciondolano nella piazza del paese e a ogni piè sospinto chiedono a gran voce al signor Luciano cosa stia succedendo, quasi sia il responsabile della situazione. Siccome anche lui brancola nel buio, l'unica risposta che ottengono è che il compito di un soldato è obbedire agli ordini e tenere la posizione. Il che non è precisamente il meglio per calmare le paure e rinfocolare lo spirito combattivo.

L'entusiasmo dura poco

Non è possibile tenere una truppa in quello stato di agitazione che rasenta la follia: per occuparli viene decisa una puntata verso Lonato, dove sono stati segnalati dei razziatori nemici.

Siamo più di duemila e Kamiensky, ottima persona, esperta e rispettata da tutti, viene nominato comandante.

Il primo scontro è vittorioso e a tutti sembra che la guerra in pianura sia cosa molto più facile di quella in montagna.

Arriviamo a Lonato dove i foraggiatori nemici sono scappati così precipitosamente che noi possiamo rifocillarci con il loro rancio. Ci siamo appena seduti che viene battuta la generale perché le pattuglie lasciate indietro per controllare le colline fino al lago sono sotto attacco.

Lasciamo il desinare, dimentichiamo la fatica e ripartiamo guidati dalla fucileria.

Questa marcia è un po' come un setaccio che divide i coraggiosi dai prudenti e dai timorosi.

I primi in testa, a passo affrettato, quasi di corsa per arrivare allo scontro; più indietro il grosso della forza, quelli del «Si farà quel che si deve fare».

Più indietro ancora, con passo venerabile da anziano, quelli che, anche se non lo ammetteranno mai, aspettano di vedere come si mettono le cose prima di entrare nella battaglia.

Arrivati di fronte al nemico i polacchi sono i primi a lanciarsi all'assalto con così tanto ardore che molti austriaci vengono uccisi a coltellate; dietro di loro la nostra linea si getta in avanti con un urlo che è stato covato nei mesi di noia.

Il nemico è costretto alla fuga, ma l'entusiasmo dura poco perché da destra e da sinistra spunta un gran numero di dragoni e fanti imperiali. Il combattimento che pendeva dalla nostra parte, scivola velocemente dalla parte avversa ed è una fortuna che il signor Luciano – Kamiensky è stato ferito gravemente – dia per tempo l'ordine della ritirata: un piccolo ritardo e ci avrebbero circondato.

Viviamo con questo macigno sul cuore

Si rientra a Gavardo dopo diciotto ore di continuo movimento, due combattimenti e senza esserci mai riposati né rifocillati. Però, più che la stanchezza, pesa su tutti, come uno zaino pieno di pietre, il pessimismo.

Il generale Durando ci accoglie e si congratula perché abbiamo fermato gli austriaci che hanno rinunciato a marciare su Salò e Brescia. Non dice, però, che aver incontrato tre reparti imperiali diversi che avanzano tranquillamente in Lombardia significa che la linea del Mincio è davvero crollata e l'esercito piemontese, in qualche maniera, si sta ritirando. Se questa purtroppo appare sempre più come una certezza, su tutto il resto c'è nebbia fitta.

Ormai è più di una settimana che viviamo con questo macigno sul cuore, ignorando se sia ancora lecito sperare, oppure se dobbiamo rassegnarci alla fine dei nostri sogni.

In questo clima disperante comincia a girare una voce che alle orecchie dei volontari suona come musica: i piemontesi, facendo tutt'uno con i milanesi, hanno fermato gli austriaci a Cassano sull'Adda e stanno creando una forte linea a difesa della città da cui poi ripartire al contrattacco.

Se questa è la situazione, allora sembra ovvio che si debba

correre indietro, perché il nostro primo dovere è combattere in difesa delle nostre case e famiglie. È il parere di tutti e appare una decisione facile, se non fosse che ci sono gli ordini espliciti del generale Durando di tenere Gavardo.

Cosa fare?

Perfino fra gli amici non c'è accordo: Emilio Dandolo vorrebbe rientrare a Milano perché è necessario che l'eroe di Porta Tosa, il simbolo delle Giornate, partecipi alla battaglia. Il signor Luciano è per seguire gli ordini.

Obbedire, oppure dar retta al cuore? Comportarsi da soldati disciplinati, oppure da volontari generosi?

L'incubo delle spie

Come se non fosse abbastanza dover elemosinare notizie, ci sono anche quelle che arrivano indesiderate.

Un giorno viene fermato un giovane troppo curioso: parla veneto e afferma di essere un volontario di Vicenza che vuole raggiungere la moglie a Brescia; lo accompagna un anziano conoscente, flebotomo di Desenzano.

Ci consigliano di abbandonare la posizione, perché ci sono almeno ventimila austriaci che marciano in questa direzione per puntare verso Brescia e Bergamo. Dopo la rotta dei piemontesi, gli imperiali avanzano ovunque incontrastati.

La notizia ci butta nella disperazione, che però svanisce quando qualcuno riconosce le scarpe del giovane: hanno una forma assai comune nell'esercito nemico.

Alla fine, messi al muro e minacciati di fucilazione, con tanto di confessore al fianco e fossa già scavata, si ottiene la verità: il giovane è un caporale di artiglieria in missione per riconoscere le nostre forze in questa zona. Ammette di aver provato con una bugia a sgomberare il paese da solo: non c'è nessun corpo che proceda in questa direzione.

Il vecchio è davvero il flebotomo di Desenzano, un fedele degli Asburgo, che si è offerto di fare da guida al caporale, ed è lui a pagare per tutti: viene fucilato come traditore prima che si possa dire anche solo un «beh».

Il giorno seguente, arriva una botta di tempesta: è la sera dell'8 agosto e vengono catturati due giovani che si dicono studenti bresciani di ritorno da Milano, dove hanno saputo dell'ingresso degli austriaci in città: di conseguenza, qualsiasi illusione di continuare la guerra è da abbandonare.

Nessuno vuole credere a questa enormità e l'incubo delle spie è tale che i due poveretti vengono presi e messi al muro senza troppi scrupoli: per fortuna, questa volta c'è il signor Luciano nei paraggi e ferma il plotone di esecuzione. I due vengono comunque imprigionati per essere interrogati con calma.

Io li ho visti, più morti che vivi per lo spavento e convinti di essere finiti in una tribù di selvaggi vestiti di stracci e di ricordi di abiti cittadini, con barbe lunghe e capelli incolti. Sono stati dapprima messi al muro, poi incarcerati, e adesso sono a colloquio con una specie di capobrigante giovanissimo che si fa chiamare conte Dandolo.

Proprio lui, dopo tutte le domande possibili, deve ammettere che i due sono proprio chi dicono di essere: conoscono ogni personaggio di Brescia che il conte ha citato e non hanno mai conosciuto nessuno di quelli che invece ha inventato. Allora vengono ascoltati e creduti da un pubblico che a ogni parola sente morire un pezzetto dei propri sogni.

In realtà, non possono raccontare un granché, perché non sono riusciti a entrare in città: tutto quello che sanno è che Milano si è arresa e l'esercito piemontese si sta ritirando oltre Ticino, assieme all'interminabile colonna di chi si è compromesso con la rivolta. Gli austriaci sono accampati fuori dai bastioni e attendono, secondo gli accordi, il momento di entrare.

La notizia si diffonde in un battibaleno e tutti i volontari abbandonano le loro posizioni, perfino le sentinelle e gli avamposti. Pigiandosi e spintonandosi, la colonna si raduna in piazza, in una specie di parlamento. Tutti parlano e gridano; tacciono solo quando il signor Luciano, pallido come quando era ammalato, esce per scongiurare di non prendere decisioni affrettate e che verrà mandato un messaggero al generale Durando per avere notizie fondate.

Non facciamo nemmeno in tempo a preparare il cavallo che

arriva invece una staffetta dal comando con l'ordine di muoverci in direzione di sant'Eusebio, cioè verso Brescia e poi, si immagina, verso Milano.

Finalmente ci si muove e questo solleva gli animi: se arriveremo nella nostra città, qualcosa di buono potremo fare. Comunque, sempre meglio che rovinarsi il fegato stando con le mani in mano.

In prossimità di Brescia, purtroppo, ci attende un ufficiale dello stato maggiore: in piedi sulle staffe del cavallo, legge a tutti noi che lo circondiamo, il bollettino ufficiale della capitolazione.

Piomba sulla truppa un silenzio terrificante e sembra che persino i cuori abbiano smesso di battere: adesso non è proprio più possibile sperare in un errore, in una confusione, in una esagerazione.

La guerra è persa.

Silenzio mortale.

Poi, qui e là ritornano le voci: chi non vuole credere, chi maledice ad alta voce i piemontesi, chi rimane con gli occhi fissi a terra, incapace anche solo di muovere un muscolo.

Poco distante da me c'è un signore con dei grossi favoriti grigi, se non mi sbaglio, un insegnante di liceo di Cremona. Probabilmente è una persona di gran cultura, forse il terrore dei suoi studenti: si è lasciato cadere in ginocchio e piange come un bambino.

Un altro, un gigante che è con noi sin dalle barricate, che a Milano costruiva carrozze e in montagna portava tronchi che a sollevarli servivano tre uomini: singhiozza senza ritegno e intanto mena dei gran colpi di coltello a un ceppo, immaginando che sia un austriaco o forse un piemontese.

Il signor Luciano ha ascoltato il bollettino con i muscoli della faccia così tirati che è quasi irriconoscibile, incapace di pronunciare anche solo una parola.

Poi, come una preghiera pensata più che recitata: «È una prova. Anche questa è una prova, la più terribile di tutte. Dovremo superare anche questa».

Lui è fatto così.

Una lunghissima fila di fantasmi

Continuiamo la marcia passando fuori Brescia, riunendoci con le altre colonne dei volontari e puntando in direzione di Bergamo.

Siamo una lunghissima fila di fantasmi, alcuni simili a banditi, altri a naufraghi, altri ancora a penitenti che trascinano i piedi. C'è chi non riesce a smettere di piangere, e chi corre su e giù per la colonna, cercando di inventare qualche soluzione a quella situazione disperata.

Spunta la voce che si potrebbe entrare a Bergamo dove gli austriaci sono ancora pochi e senza cannoni. Si può prendere la città, chiudersi dentro e resistere a un assedio. Quando il signor Luciano sente quest'idea, sospira: «Giusto, potremmo davvero prendere la città, e poi resistere per quanto? Quindici giorni? Venti? Magari un mese e poi dovremo arrenderci e l'unica cosa che avremo guadagnato sarà di aver portato la rovina anche a quei poveri cittadini. Vogliamo fare una Castelnuovo moltiplicata per cento?».

Caduto questo piano, arrivano gli emissari di Mazzini a cercare di convincerci a seguirli in Svizzera per riprendere la lotta clandestina contro tutti i sovrani e per la Repubblica. Sono persone serie, persino un po' tristi, così abituate a vivere nel pericolo che hanno occhi mobili come i ratti.

Emilio Dandolo: «Non vedono che abbiamo la gola piena di speranze morte e vorrebbero che ne ingoiassimo ancora!».

La sirena più seducente, il discorso più bello, quello che riesce a riscaldare un po' i cuori riguarda uno straordinario personaggio arrivato dal Sudamerica e che ha attraversato l'oceano per partecipare alla lotta per la libertà.

Si chiama Giuseppe Garibaldi e di lui si dicono meraviglie: in quelle terre esotiche ha combattuto contro potenti e tiranni, ha fatto il guerrigliero e il pirata e non è mai stato vinto. Giunto a Milano ha chiesto un comando, ma i so-tutto-io del governo provvisorio e i geni della guerra dell'esercito piemontese gli hanno risposto che a loro non serve l'aiuto di un brigante.

Adesso quell'uomo ha riunito una banda e fa *guerrilla* sulle montagne sopra il lago Maggiore dando non pochi grattacapi agli austriaci. In una sola notte una quarantina di volontari fuggono per andare a unirsi a lui e centinaia accarezzano la stessa idea.

Dov'è l'errore che ha rovinato ogni cosa?

Un altro peso che ci portiamo dietro è non sapere nulla della nostra sorte: gira voce che gli accordi riguardino solo i soldati in divisa e noi invece saremo trattati come banditi. Finora nessuno ci ha molestato e vediamo solo di tanto in tanto dei cavalleggeri austriaci che sorvegliano da lontano i nostri movimenti, nient'altro.

Finalmente arriva un bollettino di Durando con gli accordi definitivi: dovremo marciare verso il Piemonte per la strada che ci indicherà un ufficiale austriaco, senza deviare, e soprattutto senza entrare nella nostra città; quanto serve per il viaggio, comprese le provviste, sarà fornito dai magazzini imperiali.

Anche queste notizie, che finalmente fanno chiarezza sul nostro futuro, vengono accolte con sentimenti diversi: c'è chi con la tristezza nel cuore si appresta alla marcia e chi invece sostiene che siamo stati venduti agli austriaci.

Tra tutti, quelli più disperati sono i giovani studenti dei licei o dell'università: erano disposti, persino fieri e felici, a sacrificare la vita per alti ideali e sull'altare di qualcosa di bello e giusto; invece sono del tutto impreparati ad affrontare sconfitta e fallimento. I loro poeti non menzionano vite spezzate e carriere buttate via.

Dov'è l'errore che ha rovinato ogni cosa?

Li vedo vagare increduli, nella speranza che qualcuno li rassicuri che è solo uno scherzo o un brutto sogno: domani si risveglieranno nei loro letti, con i genitori, la scuola e il futuro intatto.

Il serpentone dei volontari si mette in moto tra mugugni e aperte proteste e intanto si mischiano i battaglioni, le disperazioni e le lingue: cremonese e toscano, bresciano e trentino, polacco e perfino napoletano e romano.

Fuori Bergamo succede una cosa inaspettata: una compagnia di cacciatori austriaci al nostro passaggio si mette in riga e ci presenta le armi. Sorpreso per quel riconoscimento inaspettato il signor Luciano saluta militarmente e trattiene a stento le lacrime; dietro c'è chi piange senza ritegno e chi invece grida ugualmente «morte ai tedeschi» perché non si deve mostrare debolezza, in nessun caso.

Mi piacerebbe davvero ragionare da persona assennata

In due giorni di marcia triste e rassegnata giungiamo a Monza: non più di un centinaio di volontari tra tutte le colonne ha abbandonato la marcia, forse per raggiungere Garibaldi, forse per tornare semplicemente a casa di nascosto.

Gli austriaci mantengono scrupolosamente i patti della capitolazione: ogni mattina poco dopo l'alba e a metà pomeriggio riceviamo il rancio; addirittura, alla nostra colonna vengono fornite le scarpe che ci sono mancate per tutto il tempo che eravamo agli ordini del governo provvisorio.

A Monza il signor Luciano ha la grande gioia di trovare una lettera di Carmelita che lo tranquillizza: in famiglia stanno tutti bene e si trovano al sicuro a Barzanò, protetti dall'amicizia e dalla solidarietà dei paesani.

Racconta anche cosa sia successo negli ultimi giorni a Milano.

A fine luglio è cominciata a girare per la città la voce che i piemontesi avevano subito una grave sconfitta; poi che avevano ottenuto una grande vittoria; poi ancora una sconfitta. Ogni giorno mandavo qualcuno dagli amici per avere notizie, ma soprattutto nuove tue, visto che si parlava sempre e solo dei sabaudi e mai dei milanesi.

Infine, purtroppo, abbiamo saputo del disastro di Custoza e della ritirata verso Milano. I primi piemontesi che sono entrati in città, quasi tutti ufficiali, per poco non sono stati presi a sassate. Avevano un bel dire di non aver nulla da rimproverarsi e di aver

combattuto con onore e coraggio: tutti ricordavano bene la sicumera che dimostravano nei giorni di marzo, quando sembravano tutti figli di Marte. Il morale in città era bassissimo, ma ancora ci si rifiutava di credere che gli austriaci sarebbero tornati da padroni. A dare un po' di ottimismo, girava la voce che adesso si sarebbero chiamati i francesi, invece degli inetti sabaudi. Ma era solo una cosa campata in aria.
Per fortuna un comitato di cittadini assieme ai comandanti piemontesi più aperti e coraggiosi ha elaborato un piano che sembrava potesse dare buoni risultati: trasformare in fortini le cascine fuori città, ingrossare i canali d'irrigazione per farne baluardi e dietro queste fortezze naturali attendere a piè fermo il nemico. Questo piano aveva rinvigorito tutti, milanesi e piemontesi e insieme si incominciava a lavorare alle opere difensive con fiducia, se non con entusiasmo, tanto più che il re Carlo Alberto aveva garantito che Milano sarebbe stata difesa a ogni costo.
Io non l'ho sentito, ma chi c'era ha assicurato che aveva detto chiaro e tondo, in pubblico: «Impegno la mia parola d'onore che non abbandonerò mai la città».

Invece il giorno successivo si è saputo che era stato firmato un armistizio con gli austriaci, Milano sarebbe stata abbandonata, e il re era fuggito nella notte, scortato dai bersaglieri.
Non ti descrivo le scene di disperazione, i pianti, la rabbia, l'angoscia. Ti dico solo che una colonna interminabile di cittadini, c'è chi dice più di centomila, ha lasciato la città per sfuggire alla vendetta dei tedeschi. Uomini, donne, bambini, giovani, vecchi si sono avviati a cercare salvezza in Piemonte, l'unico posto dove possono sperare di non essere perseguitati.
Piangevano strappati alle case e alle cose della loro vita e lo spettacolo è stato così straziante che ho svuotato le dispense per dare cibo a quegli esuli.
Per me tutto ciò è doloroso come se mi avessero cavato un occhio; non oso pensare cosa sia per te e quali dolori devi affrontare.

Finito di leggere, il signor Luciano tiene la lettera sul petto, stretta con tutte e due le braccia, come se fosse la sua Carmelita. Io sto alla larga per non disturbarlo, ma lui mi vede e mi fa un segno con la mano: «Ti ricordi cosa dicevamo quel giorno in montagna mentre portavamo il pane agli avamposti? Quel discorso che facciamo pagare le nostre scelte anche ai nostri cari? Ecco: se io fossi solo al mondo e responsabile solo di me stesso, accuserei i piemontesi di aver buttato via le nostre Giornate, le nostre speranze e i nostri ideali e andrei con questo Garibaldi a correre le montagne finché non mi prendesse una palla in fronte: allora mi si ricorderà come un martire ed eroe indomito. Ma io ho famiglia e ho figli e combatto perché abbiano un futuro migliore: perciò andrò in Piemonte e spero che ci sarà un modo per lavare questa onta. Mi sento morire e ormai sono convinto che non faremo l'Italia come speravamo e sognavamo, ma devo scegliere così per i miei cari.

Però vorrei che tu ti considerassi libero. Puoi andare dove vuoi e con chi vuoi: puoi andare con Garibaldi, oppure a Barzanò dalla mia famiglia che avrebbe tanto bisogno di uno come te in casa. Considerati assolutamente libero».

Mi ha preso di sprovvista e non so cosa rispondere.

Anzi, sì: «Perché non torna a casa anche lei. La signora Carmelita sarebbe felicissima e pensi ai suoi figli...» e lascio in sospeso la questione, ma lui capisce.

«Se mi dovesse accadere qualcosa, i miei bambini non faranno la tua fine: la mia famiglia e quella di Carmelita penserebbero a loro. E poi, te l'ho detto, io ho intenzione di tornare un giorno, dopo aver ripulito l'anima da questo disonore.»

Si lascia andare a un sorriso tristissimo: «Però io non posso abbandonare questi ragazzi che mi seguono sin dalle Giornate e dire: "Scusate, abbiamo scherzato, non era niente di serio e adesso ho altri impegni". Non posso: che lo voglia o non lo voglia, sono un simbolo e come tale, anche se mi fossi disamorato della causa, per rispetto verso di loro e verso chi è morto per quest'avventura, io non posso abbandonare. Tu però, te lo ripeto, sentiti libero».

Adesso devo proprio decidere, ma come era già successo al ristorante del signor Gregorio, non è il cervello a rispondere, ma la lingua, forse guidata dal cuore.

«Mi piacerebbe davvero ragionare da persona assennata, ma sento che è giusto venire con lei. E poi ho la sensazione che mio padre si rivolterebbe nella tomba, anche se non so dove essa sia.»

Ci penso su un attimo: «E non mi sentirei a posto nemmeno con me stesso. A dire il vero non capisco perché: io non sono colto, non ho letto tutti i vostri libri, non ho i vostri ideali...».

«Però sei buono e pensi agli altri. È tutto lì: chi pensa a un futuro migliore, non lo fa solo per sé, ma inevitabilmente anche per il suo prossimo. È chi teme il cambiamento che non vuole alzare la testa dal suo orticello e gli importa solo di tenersi stretto il poco che ha.»

Il signor Luciano mi dà una pacca sull'omero, aggiunge: «Sono felice di averti vicino» e poi se ne va, perché c'è qualcun altro che ha bisogno di lui.

In fondo, è fatto così.

Ci chiamano traditori e infami

Il giorno 19 agosto arriviamo al ponte di Boffalora sul fiume Ticino: al di là c'è il Piemonte.

Qui facciamo l'ultima sosta notturna sotto la tutela degli austriaci e qui succede una di quelle vicende che poi si passa un sacco di tempo a ripensarle.

Come era successo a Bergamo, il maggiore austriaco che ci ha condotto fin qui e che, bisogna ammetterlo, si è comportato da gran signore non facendoci mancare nulla e avendo un occhio di riguardo per i malati e feriti, ordina alla compagnia di scorta di presentarci le armi mentre ci avviamo verso il ponte. Ancora una volta si prova una certa commozione a vedere quel segno di stima da parte del nemico e si marcia davanti ai vincitori recuperando un poco di dignità e di schiena dritta.

«Metà dei piemontesi ci sparerebbe volentieri e i nemici ci presentano le armi. Strano mondo...» dice Emilio Dandolo con un sorriso amaro.

In compenso parecchi dei nostri, le teste più calde, non appena sciolta la colonna, si mettono a gridare che loro, mai e poi mai, si sottometteranno ai piemontesi: «Meglio i croati che la carità dei neri di Torino».

Così, dopo gli onori austriaci, sfiliamo tra gli insulti dei nostri compagni che ci chiamano traditori e infami.

Il sorriso amaro del giovane Dandolo diventa una smorfia: «Ho sbagliato: metà dei piemontesi ci sparerebbe volentieri, i nemici ci presentano le armi e i nostri compagni ci disprezzano».

Fra chi ci grida dietro rivedo quel Carlo toscano che a Brescia aveva raccontato delle battaglie di Curtatone e Montanara: per lui e per quelli come lui i sabaudi e chi va con i sabaudi sono tutti traditori degli ideali. Con la fantasia poetica che hanno i toscani nell'inventare insulti e infamare l'onore della gente, ha gridato di tutto al nostro indirizzo, compreso il fatto di essere convinto che il tanto lodato Manara sia al soldo del re Tentenna. Dice anche che le persone così infide e bugiarde si riconoscono perché gli cresce il naso a dismisura.

«Guardate se il naso di Manara non cresce! Arriva già a Torino che i piedi sono ancora qui sul ponte!»

Noi marciamo senza voltarci, ma quelle parole e i tanti insulti ci graffiano l'anima.

Quando siamo fuori dalla vista, il signor Luciano lascia andare un sospiro.

«Come sta il mio naso?»

Poi a bassa voce, che lo senta solo chi gli vuole bene: «Anche questa è fatta e solo Dio sa quanto è costata. Oggi, su quel ponte, un altro pezzo di me è morto».

6
Intermezzo invernale

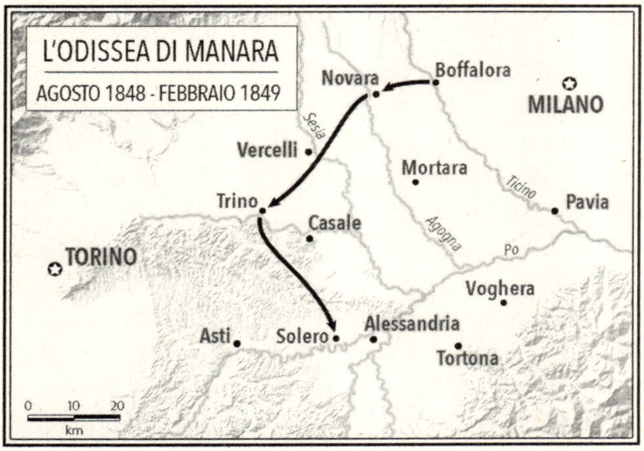

Ogni colonna di volontari viene indirizzata verso una località diversa perché tutte le terre sulle rive del Ticino sono invase dai resti dell'armata sarda e dagli sfollati da Milano. I primi vinti, umiliati, rabbiosi, sfiniti; i secondi demoralizzati, spaventati, storditi. Insieme formano un popolo di decine di migliaia di anime stracciate.

La nostra meta è una città di nome Novara. Durante la marcia nessuno dei nostri pronuncia una parola: più che un trasferimento sembra un funerale.

Tutto il mondo è paese

Arrivati in città veniamo accolti abbastanza bene dalle autorità che ci conducono in un convento dove possiamo finalmente deporre i nostri stracci.

Novara non è grande: avrà, a quanto si dice, più o meno diecimila abitanti, ma ospita altrettanti militari e a dir poco cinquemila milanesi. Ogni casa, ogni cortile e perfino i portici del duomo antico che ricorda il nostro Sant'Ambrogio, sono pieni di gente accampata alla bell'e meglio.

Mettendo fuori il naso sembra di essere per le vie di Milano: ogni due passi qualcuno chiama, riconosce e chiede notizie del marito, figlio, fratello, amico. Altri, infine, ci considerano alla pari dei militari e quindi pensano che siamo informati di cose altrimenti riservate; perciò chiedono con speranza: «Dove andremo? Che sarà di noi? Cosa succederà adesso?».

E poi, sempre, la domanda più dolorosa di tutte: «Quando potremo tornare a casa?».

Si vengono a sapere anche storie tristi, come quella che riguarda i «topi», cioè quelli che durante le Giornate se ne erano rimasti rintanati senza partecipare alla lotta sulle barricate. Allora erano i poveretti, i codardi; adesso sbandierano la loro mancanza di sogni, coraggio e ideali come virtù degne di ricompensa. A Porta Romana gridavano alle truppe imperiali che rientravano in città: «*Heil Radetzky! Semm minga staa nun. Hin staa i sciur!*».

I novaresi da parte loro fanno quello che possono, ma non i miracoli, perché il cibo e lo spazio sono quelli che sono.

A fianco di chi si fa in quattro per aiutarci, da fratello italiano a fratello italiano, ci sono le anime belle che invece ci guardano con una sorta di muto rimprovero. Sembrano dire: «Ecco il risultato delle idee liberali e delle ribellioni: per colpa vostra adesso ci troviamo tutti nei guai».

Tutto il mondo è paese: c'è chi aiuta il prossimo e chi lo scruta un po' sdegnato, preoccupato che sciupi l'erbetta del giardino.

Emigranti, cioè estranei

Ad aspettarci in città troviamo anche quel tenente Govone, ora capitano, che va tanto d'accordo con il signor Luciano: rimangono a parlare per più di un'ora lontano da orecchie indiscrete. La cosa non passa inosservata e tornano alla mente certi via vai di biglietti e lettere avvenuti negli ultimi giorni.

L'incertezza riguardo al futuro non fa certo bene al morale, ma si aggiunge a un altro tarlo: da quando abbiamo attraversato il Ticino è come se si fosse girata la bussola nella testa di ognuno. Fino a pochi giorni prima e a onta delle sconfitte e dei malumori, eravamo pur sempre «quelli delle Giornate, quelli delle barricate», combattenti per la libertà.

Adesso chi siamo? Profughi? Soldati? Esuli? Volontari?

In una terra che non è la nostra, che non ha conosciuto né l'oppressione straniera, né le insurrezioni, le idee e i sogni che ci hanno sostenuto sembrano non contare più niente e valgono come moneta falsa.

La propaganda nera invece pare conoscerci benissimo: ci chiama con disprezzo *emigranti*, cioè estranei portatori di idee maligne e tossiche che infettano la serena vita piemontese.

Come se non bastasse ci sono in giro un gran numero di soldati senza più reparto né comandante, relitti del naufragio dell'armata piemontese, che si comportano come banditi: difficile per i tranquilli novaresi distinguere un lombardo emigrato da un piemontese sbandato. Così cresce l'ansia che poi diventa preoccupazione e in qualche caso ostilità.

Non passerà molto tempo prima che ci invitino, gentilmente o meno, a togliere le tende.

Un po' di pianura ci fa bene

È chiaro che non possiamo restare in eterno a macerarci nella nostra disperazione e per di più a spese dei novaresi. Girando come mio solito tra i capannelli degli uomini, una parola qui, una parola là, sento tante di quelle lamentele che sembra impossibile che la colonna Manara non si sia già sfasciata come una sedia tarlata.

C'è chi vorrebbe essere da qualsiasi altra parte e chi cede alla potente nostalgia di casa; è sempre stata compagna in questa avventura, ma adesso, che a tornare indietro si rischia il carcere o addirittura la forca, è diventata un'ossessione.

Finalmente arriva l'ordine di muovere verso il paese di Trino e la notizia viene accolta da un mare di domande e dubbi da parte di quelli che vedono congiure dappertutto: «A Torino? A far che? Vogliono sciogliercі? Vogliono arrestarci?».

Per fortuna qualcuno fa notare che non andiamo a Torino, ma a Trino, un paese a metà strada tra Vercelli e Casale, e gli animi si placano.

Muoverci ci fa bene: dà l'idea di fare qualcosa. Lungo la strada veniamo accolti con gentilezza in piccoli paesi o in grandi cascine circondate dalle capanne dei braccianti, come oche attorniate dalla nidiata di paperelle. I fattori ci fanno trovare acqua e cibo senza farci entrare nell'abitato: un gesto di cortesia, ma anche di prudenza.

Dormiamo con il cielo come tetto, stretti attorno a una chiesuola in mezzo alla campagna. Però la notte è calda, la stellata magnifica e i grandi alberi, i boschetti e i filari sembrano giganti nel sogno.

Emilio Dandolo fuma la sua pipa lunga ai bordi dell'accampamento e guarda il cielo. Gli vado vicino, perché in questi momenti ha sempre qualcosa di bello da dire.

«Dopo tanta montagna, un po' di pianura ci fa bene.»

Si mette comodo e mi guarda: tutto è buio, tranne il riflesso lontano di un fuoco e la brace del tabacco.

«La montagna è imponente ed eterna. Ti schiaccia e ti fa sentire piccolo e indifeso; ti ricordi la tempesta? Sembrava che la montagna volesse spazzarci via. La pianura è differente; è enorme, ma non lo fa pesare. È pace: ti avvolge come un manto senza che te ne accorgi e nei suoi spazi la mente si perde.»

Sorrido nel buio: così ragionano i poeti.

C'è una speranza per la quale io lotto

Trino è un paese largo e pacifico come sono i paesi di pianura, ma oggi rigurgita volontari di tutti i tipi, di tutte le nazioni, di tutte le idee. Si incontrano facce da biblioteca e altre a cui consegneresti la borsa ancor prima che aprano bocca; ci sono professori universitari toscani con la testa fra le nuvole e nobili napoletani con lo sguardo smarrito nei ricordi; gente del porto di Genova e preti con una pistola nella tasca della tonaca.

Gli abitanti del paese hanno allontanato donne e bambini: è un gesto per noi umiliante, ma posso capirli.

Veniamo ospitati in un convento di domenicani: non è una residenza per principi, ma in montagna siamo stati molto peggio e poi adesso è estate, c'è paglia per dormire e abbiamo il rancio assicurato.

Quando tutti hanno trovato un cantuccio dove mettere la propria roba, il signor Luciano convoca l'adunata nel cortile e sale su una piccola catasta di legname, che va benissimo come tribuna. È la prima volta che lo vedo fare un vero discorso, ma la cosa stupisce un po' tutti, e infatti cala un gran silenzio, anche da parte di quelli più abituati a discutere che a obbedire.

«Amici, compagni. Con molti di voi ho fatto la scuola di guerra durante le Giornate e a Porta Tosa. Dopo quei giorni, tutti, in cuor nostro, abbiamo pensato che il più era fatto; invece, le cose non sono andate come ci aspettavamo, come speravamo e, forse, come sarebbe stato giusto che andassero. Abbiamo conosciuto il sapore amaro della delusione e dell'ingiustizia e alla fine siamo stati travolti da una disfatta di cui non portiamo colpa.»

Parla serio, con le mani in tasca, guardando la terra davanti alla catasta; solo di rado alza gli occhi per cercare quelli dell'uditorio. Le parole risuonano di rabbia e di stanchezza, di dubbi e di scoramento.

Però hanno effetto: nessuno fiata o muove un muscolo.

Tira fuori le mani dalle tasche e le guarda, come se si stupisse di vederle vuote.

«Non vi nascondo che bisogna prendere decisioni anche dolorose. Forse l'anno prossimo la guerra riprenderà e io farò tutto il poco che è in mio potere affinché ciò avvenga e si possa ritornare a Milano da uomini liberi. È il mio augurio, ma non posso certo vendervelo come certezza.

La mia intenzione, mia personale, è di farmi trovare pronto se si riprenderanno le armi. C'è una speranza per la quale io lotto ed è che si formi una divisione di volontari, armata e regolata dall'esercito piemontese: il mio voto è che se un giorno torneranno a suonare le trombe di guerra, ci siano dei lombardi e dei liberali di tutt'Italia che sappiano portare il loro contributo alla vittoria.»

Se in quel momento fosse arrivata una cannonata, avrebbe fatto meno rumore: c'è chi si alza, chi si mette le mani nei capelli, chi parla all'amico vicino e chi invece tenta di rivolgersi a tutto un pubblico.

Il signor Luciano però non ha finito: chiama vicino Emilio Dandolo con la bandiera della colonna; vedere quel simbolo amato è sufficiente per chetare gli animi.

«Molti di voi non apprezzano e nemmeno condividono questa mia scelta: sono stato chiamato venduto e traditore abbastanza volte in questi mesi per sapere perfettamente il pensiero di ciascuno di voi.

Avete tre possibilità. La prima è raggiungere la Repubblica di Venezia che ancora tiene testa agli austriaci: per molti di voi quello è il campo giusto in cui combattere.

La seconda è che vi consideriate liberi dal servizio: avete fatto molto, certamente più di quello che ci si poteva aspettare. Lasciare adesso, magari se intravedete un modo di tornare a casa, non è un'ignominia.

La terza possibilità è che rimaniate al mio fianco per costituire un battaglione di bersaglieri che dimostri, seppure con le divise di un altro Stato, di che tempra sono fatti gli uomini delle barricate.»

I bersaglieri, lo sappiamo tutti, sono il meglio della fanteria piemontese: truppe scelte, meglio armate, più addestrate e più libere di agire sul campo di battaglia.

Per interminabili istanti in quel cortile abituato alle litanie dei preti regna un silenzio di morte e così il signor Luciano ne approfitta per un ultimo gesto, al quale deve aver pensato a lungo.

«Questa bandiera, che ho voluto al mio fianco, è quella che ci ha guidato a Porta Tosa e per la quale tutti noi saremmo morti col sorriso sulle labbra. Se qui deve finire la colonna Manara, allora qui finisce anche questa bandiera. Purtroppo sin dal giorno infausto di Castelnuovo non abbiamo più una tromba, ma do l'ultimo ordine come comandante della colonna. Tamburo, suona la ritirata.»

Così, mentre le bacchette battono lentamente sulla pelle tesa dello strumento, il giovane Dandolo abbassa l'asta della bandiera e il signor Luciano libera la stoffa tricolore: la ripiega con amore e poi la mostra, come farebbe un padre con un bambino appena nato.

Mi guardo in giro e non c'è un solo paio d'occhi asciutto: piangono i milanesi e piangono quelli che si sono aggiunti dopo. Piangono i mazziniani e gli albertini e anche chi vorrebbe solo tornare a Milano, non importa come e con chi.

Tra le lacrime tutti ci abbracciamo e giuriamo che ci rivedremo alla Scala, o in un caffè, o all'osteria: ma in un modo o nell'altro ci rivedremo.

A sera di quella giornata straordinaria, stanco come se avesse combattuto dieci battaglie, il signor Luciano trova comunque la forza di scrivere le solite righe alla moglie.

> *... finalmente ho fatto quel discorso che mi porto dentro da quando è nata l'idea di una divisione lombarda.*
> *Da domani si comincia la nuova lotta: il capitano Govone mi assicura che abbiamo l'appoggio del generale Lamarmora e dei comandanti più aperti. Abbiamo contro il partito dei neri e dei gesuiti che vorrebbero cancellare ogni cosa dell'ultimo anno, a cominciare dalle Giornate milanesi e poi la guerra in Lombardia.*
> *Costoro, vedendoci qui, vedono la prosecuzione della guerra e fanno voti perché la terra si apra e ci inghiotta.*

Poi, non ancora contento, scrive anche all'amica Fanny, forse perché in una giornata così importante, sente il bisogno di dire tutto, chiarire tutto, spiegare tutto.

> *Finché ho la speranza di poter mantenere viva questa solennissima protesta vivente, questa emigrazione armata che si chiama esercito lombardo, io sono deciso a tutto soffrire piuttosto che abbandonare il mio posto.*
> *Quando poi mi vedessi tradito in tutte le mie speranze andrò sulla montagna a fare anche io il brigante, o non so cosa mai farò.*

Abbiamo buttato via tutto per niente?

Nel giro di una settimana tutti quelli che devono partire ci lasciano e ogni volta è una scena straziante di lacrime e abbracci. Quello che ne soffre di più è il giovane Emilio; più volte l'ho sentito ragionare tra sé e sé che mai avrebbe pensato di veder finire così quel gruppo di gente speciale.

Una sera, su una panca in pietra fuori da un'osteria sono rimasto con lui, con una mezza di rosso fra di noi. Il vino piemontese è più forte di quelli lombardi e scioglie facilmente la lingua, soprattutto a un ragazzo.

«Quando siamo usciti da Milano, avrei scommesso qualsiasi cifra che la nostra sarebbe stata una pagina splendida di storia. Avevamo tutto: eravamo amici, avevamo grandi ideali ed eravamo pronti a morire l'uno per l'altro.»

Non si dà pace, ha quasi le lacrime agli occhi: «Adesso guardaci: ognuno per la sua strada. Io mi chiedo: c'è mai stato un momento in cui avremmo potuto invertire il destino? Scegliere un'altra via?».

Picchia il pugno così forte che ha una smorfia di dolore: «A Milano dicevamo che quelli contro cui combattevamo erano vecchi, con le teste del secolo scorso, a partire da Radetzky. Forse siamo stati superbi: pensavamo fosse facile cambiare tutto e invece la realtà ci ha schiacciato. I vecchi, i retrogradi, quelli che vivono con la testa voltata indietro, non corrono questo rischio perché sono radicati dentro al mondo. Diverso è se si vola o si striscia: solo chi vola rischia di cadere».

Alza gli occhi di uomo di diciott'anni: «Guardami, tu che sai come va il mondo. Vuoi dire che abbiamo buttato via tutto per niente?».

Mette l'indice sul petto: «Che ho buttato via tutto per niente?».

Sarebbe un dramma, se non fosse che, una volta tanto, c'è un bel colpo di scena. Alzo gli occhi, vedo fermarsi una carrozza e scendere due sagome conosciute. Aspetto un attimo per essere ben sicuro e poi, indicando col bicchiere: «Guarda un po' chi ci è venuto a trovare!».

Si volta e manda un urlo, buttandosi tra le braccia del fratello Enrico e del Conte. Si siedono, ordinano ancora vino, cominciano a raccontarsi cose e piano piano il mondo sparisce intorno a loro.

Io ne approfitto e vado a chiamare il signor Luciano, perché sarà contento di rivedere i Trazi al completo. Infatti corre anche lui a prendersi la sua razione di abbracci.

Alla seconda caraffa di vino arriva la domanda fatidica del giovane Dandolo: «Siete solo di passaggio?».

Sorriso complice tra i due nuovi arrivati: «Il generale Perrone è al corrente che qui si briga per costituire una divisione lombarda e ci ha dato un congedo fintanto che non prenderemo servizio nel battaglione Manara di bersaglieri e così avremo la continuità di servizio. Siamo venuti per restare e per renderci utili».

La serata continua ancora lunga finché non prendiamo una bottiglia e ce la portiamo con noi al convento, per bagnare come si deve anche gli ultimi discorsi.

Il panorama della situazione storica

Per due amici che sono tornati, tanti altri se ne vanno perché proprio non riescono a vedersi con addosso la divisa dei Savoia e preferiscono Venezia o la Toscana dove ancora ci si può chiamare italiani, volontari e democratici senza essere guardati storti.

L'ultimo dei nostri vecchi commilitoni non è ancora partito che il signor Luciano, con il sottoscritto a ruota e gli amici al seguito, si sta già dedicando a inseguire il sogno della divisione lombarda e per farlo bisogna andare a Torino.

La capitale piemontese non vale certo Milano: è grigia e dimessa dove la nostra città esibisce ricchezza a ogni angolo. Milano è tutto un fiorire di palazzi, botteghe operose, mercati e uffici; a prima vista, Torino possiede solo un gran numero di edifici tetri: chiese, conventi e caserme.

C'è qualcosa, però, che fa cambiare di molto il giudizio sulla città: a ogni passo si incontra gente diversa e tutta l'Italia che lotta per la libertà si ritrova a passeggio sotto i suoi portici.

«È come guardare dentro alla fucina del nostro nuovo Rinascimento, o Risorgimento come lo chiama qualcuno» commenta il giovane Dandolo. «Non è una città: è il panorama della situazione storica.»

Si incontra la chioma ribelle e il colletto morbido di un repubblicano a pochi passi dalla parrucca fuori moda e il collo duro di un *codino*, come si chiamano qui i neri; si ascolta la parlata musicale di un napoletano a cui un toscano risponde con uno spartito di altra armonia. Questa è una cosa strana, straordinaria e bellissima per noi milanesi abituati a sentire solo la nostra lingua, oppure l'austriaco, il croato, il boemo, l'ungherese degli imperiali.

Però non siamo venuti a Torino per osservare il mondo, ma per capire cosa ci aspetta nel nostro futuro. Così lo descrive il Conte, mentre ci concediamo un vino aromatico che si chiama *vermouth*: «Mi sembra di sentire i signori col parrucchino indignarsi attorno a una cioccolata per far colpo su signore incipriate. Sento il loro pigolio: "Armare dei rivoluzionari! Addestrarli e dargli perfino dei cannoni? Ma siamo mica matti! E poi cosa vorranno? La Repubblica in Piemonte? Che comandi il popolino? Che si cammini a testa in giù?"».

Ridiamo perché ci eravamo dimenticati come sappia essere buffo quel ragazzo, ma è un ridere preoccupato.

L'ultimo incontro della giornata è in casa Lamarmora e alla fine, mentre stiamo uscendo, un giovane attendente, mi sussurra che ci sarebbe uno che racconta di essere un eroe milanese e non se la passa bene. Forse noi potremmo...

Seguiamo le indicazioni e troviamo un ometto seduto per terra sotto un portico, con un deschetto davanti e la testa ciondolante.

Ci fermiamo a venti passi: «Quello non è il nostro Pasquale Sottocorno?».

Un momento di imbarazzo e poi una mano gelata stringe il cuore: è davvero lui, a meno che non abbia un fratello gemello torinese, pure con la gamba sciancata.

Raccogliamo tutti i soldi che abbiamo nelle tasche e mandano me a portarglieli, perché gli altri non saprebbero cosa dire e cosa fare; è come la vergogna, ma più dolorosa.

L'uomo mi guarda con occhi persi nel vino, ringrazia e mi chiede se per caso ci conosciamo. Faccio cenno di no, perché altrimenti verrebbe fuori una storia troppo triste perfino per me.

Sulla carrozzella il Conte Rasoio, mormora: «Le nostre gloriose Giornate chiedono l'elemosina nelle strade di Torino. Un'immagine perfetta».

Nessuno commenta.

Il sangue della Storia scorre incessante

È inutile e noioso raccontare per filo e per segno i due mesi di trattative, le discussioni e le riunioni per ottenere la benedetta divisione degli emigranti lombardi e degli altri Stati, superando i timori di armare dei banditi, oppure dei facinorosi o, Dio non voglia, dei rivoluzionari.

Frequentare assiduamente Torino, però, significa anche trovarsi al centro del mondo.

I siciliani e i napoletani ci informano degli avvenimenti nel regno meridionale, così tremendi da essere difficili da credere. C'è stata a Messina una battaglia durissima, uno scontro di una crudeltà tale da fare invidia alle orde barbariche: i resoconti parlano di prigionieri sgozzati, persone torturate e, addirittura mangiate; ma a questo non so se credere. Invece è vero che la città con tutti gli abitanti è stata bombardata per giorni dalle navi borboniche e dai cannoni della fortezza. Il re di Napoli, Ferdinando II, adesso per tutti è il re Bomba, l'esponente più ottuso e crudele del campo conservatore. E pensare che ci eravamo illusi di averlo al nostro fianco nella lotta per l'Italia: come si riesce a essere stupidi quando si hanno gli occhi foderati di illusioni.

Altre brutte notizie: l'imperatore d'Austria è rientrato in Vienna sottomessa dopo le rivolte.

Se tutto crolla, se ovunque i neri stravincono e il passato travolge il futuro, a che pro inseguire un sogno che si fa sempre più lontano?

Però Torino è cuore pulsante, il sangue della Storia scorre incessante: altre voci giungono a incoraggiarci.

L'Ungheria resiste agli austriaci guidata dal capo della rivolta, Lajos Kossuth.

Francoforte è insorta.

Parigi è sempre una Repubblica e molte speranze vengono riposte su un lontano discendente del grande Napoleone, Luigi Bonaparte. Di lui si dice che abbia simpatie per l'Italia e i suoi patrioti.

A Roma il governo liberale fa sentire alta la sua voce nei confronti di un papa che invece si dimostra sempre più conservatore.

Se queste sono le novità, allora bisogna lavorare perché col ritorno della bella stagione si riprenderà la guerra e bisogna essere pronti.

Abbandonare i sogni e uscire di scena

Verso la fine di ottobre arriva il bollettino ufficiale che istituisce la divisione lombarda, compreso il battaglione Manara di bersaglieri. Il signor Luciano ottiene le spalline di maggiore, ma se le deve guadagnare: deve prima costituire il reparto, poi addestrarlo e poi comandarlo. A metà novembre i ranghi sono completi e per i quattro mesi seguenti il nostro comandante non risparmia né un fiato, né una goccia di sudore affinché il suo sia il battaglione più bello, più ordinato, più rispettato dell'intera armata sabauda.

L'unico rammarico è che ci sono pochi milanesi: sì e no una decina di quelli che erano stati con noi sulle barricate. Per molti sono state irresistibili le sirene che chiamavano a casa, anche se li attendevano vere odissee. Tra di noi non se ne parla perché ogni volta è un pezzetto di cuore e di ideale che se ne va. Lo sentiamo come un tradimento, sicuramente giustificabile, ma sempre un tradimento.

Solo una sera, complice il vino d'osteria, ne discutiamo.

«Ricordi lo studente del nostro liceo? È rientrato in casa come un ladro e fa vita di recluso in un sottotetto per paura dei gendarmi austriaci. Addirittura è la madre a portargli il cibo, perché teme che ci siano spie nella servitù.»

«Il figlio del nostro vicino di casa a Milano? Il padre lo ha fatto assumere in una cascina di loro proprietà, ma con un nome falso e il fattore ha l'ordine di trattarlo come gli altri dipendenti, per non dare nell'occhio.»

«L'avvocatone, invece, non ha ripreso in casa il figlio e grazie a Dio che ha trovato lavoro come operaio in una cereria. Però la madre paga di nascosto il padrone dell'opificio per un trattamento di riguardo.»

Finiscono le storie e cala il silenzio: non sappiamo se sorridere o piangere. C'è tanta tristezza in questo modo clandestino di abbandonare i sogni e uscire di scena.

Gli uomini che invece compongono il battaglione in gran parte sono stati con noi in montagna e molti provengono dall'esercito austriaco da cui hanno disertato perché si sentivano italiani. Sanno cosa sia la disciplina, cosa significhi essere buona truppa e sono anche un po' più disperati degli altri: non hanno più un posto dove tornare. Se dovessero essere catturati e riconosciuti, li aspetta tanto carcere se non la forca.

Quando ogni casella del battaglione è riempita, da Trino veniamo trasferiti più a sud, nei paesi di Solero, Quargnento e Felizzano, nei pressi di una città chiamata Alessandria.

Il signor Luciano ci tiene moltissimo ad avere buoni rapporti con gli abitanti dei paesi e fa ogni sforzo possibile perché la disciplina sia assoluta. Ha avuto successo: in quasi quattro mesi che siamo rimasti in quei luoghi, non c'è stata né una rissa né un furto.

Qui abbiamo dovuto abituarci a un modo di vivere quieto, senza scosse e senza salti: in questi paesi ogni gesto appena fuori dalla norma o comportamento fuori dalle righe diventano in un attimo enormità, se non tragedie.

All'inizio non è stato facile: noi emigranti eravamo visti come quelli che avevano causato la guerra, e perciò la gente ci guardava male. Sin da subito il signor Luciano ha predisposto severissimi castighi per chi infastidiva la popolazione. In seguito ci è stata data la consegna di fare anche da gendarmi in queste terre poverissime: così ci ritroviamo un giorno a difendere due mucche o un gregge, un altro a pattugliare le strade, un altro ancora a combattere contro i banditi che minacciano qualche casale isolato.

Tutto questo ci serve come addestramento, mentre per gli abitanti del posto avere dei gendarmi che non chiedono nulla in cambio della loro protezione è una piacevole novità.

Un giorno, sul muro di una casa, è apparsa la scritta VIVA I LOMBARDI e allora abbiamo capito che le cose vanno bene.

I giorni si succedono uguali

Per il resto i giorni si succedono uguali: sveglia al sorgere del sole, quattro ore di addestramento e di manovra, pausa per il pranzo, altre due ore di istruzione all'ordine chiuso e in catena e poi libera uscita; per ufficiali e sottufficiali, altre due ore di istruzione teorica. Per fare questo Manara ha trovato un anziano capitano di buona volontà che dà lezioni di tattica militare e i due Dandolo e il Conte fanno quello che dovrebbero fare data la loro età: passano le ore serali sui libri, studiando opere di scienza militare e a turno presentano gli estratti agli altri ufficiali. Li sento parlare di un autore che si chiama Decker e di altri che non ricordo.

Sarei curioso di sapere chi tra gli ufficiali piemontesi si prepara più di noi.

In tre occasioni è stata riunita la divisione ad Alessandria e sono venuti ad assistere alle manovre le alte sfere: anche il re Carlo Alberto ha fatto fermare la sua carrozza ed è sceso per vederci da vicino. Altre volte abbiamo notato fra gli spettatori i suoi figli, Vittorio Emanuele e Ferdinando e poi il ministro della Guerra, molti generali e tutti si sono complimentati. Se c'erano dei residui dubbi sulla disciplina dei volontari diventati soldati, credo siano stati cancellati.

Riguardo al re Carlo Alberto, devo dire che, anche se ero prevenuto dal tanto male che ho sentito dire su di lui, mi ha fatto un'impressione strana, ma non malvagia. Per prima cosa è altissimo, forse una delle persone più alte che abbia mai visto e a causa dell'altezza si muove impacciato; il viso è lungo e incredibilmente pallido. La cosa che però più colpisce sono gli occhi: pacati e un poco tristi. Non occhi di sovrano che comanda, ma di persona timida e solitaria.

Queste colline così libere e grandiose

Nei rari momenti liberi, accompagno il signor Luciano a girovagare per i dintorni di questi paesi, a piedi, più raramente a cavallo. In queste occasioni il tacito accordo è di non parlare né dei problemi del battaglione, né della situazione politica, né delle incertezze del futuro. Si deve solo ammirare il panorama e lasciarsi andare alla pace e alla bellezza del momento.

«Vedi queste colline così libere e grandiose, sembrano i fondali dei quadri sacri del Rinascimento, di Leonardo o di Raffaello. Quelli sono gli Appennini e al di là c'è il mare che un giorno vedrai anche tu e sarà un grande giorno, te lo assicuro. Quelle sono le Alpi e nelle giornate di bel tempo come questa, al tramonto si colorano di rosa. Di là invece c'è la pianura e c'è Alessandria, bruna e guerresca con la sua cittadella potentissima.

Ancora più in là, in quella direzione, c'è la Lombardia e Milano. Non la vediamo, ma il nostro cuore sa che è là e ci aspetta.»

Rientriamo e si torna alle beghe quotidiane, ma giungono notizie dall'estero che ci spingono all'ottimismo: a Vienna è scoppiata una rivolta e nuovamente l'imperatore è dovuto fuggire; poi la città è stata ripresa dall'esercito, ma la situazione è tutt'altro che tranquilla.

L'Ungheria resiste e ha sconfitto le armate che le sono state mandate contro; in Toscana è stato instaurato un governo democratico.

A Roma il papa è fuggito dopo l'assassinio di un suo ministro e si è rifugiato dal re di Napoli, mostrandosi per quello che è: non un capo spirituale, ma un sovrano a cui interessa solo tenersi stretto il suo trono molto terrestre. Nella Città Eterna non hanno pianto ed è stata proclamata la Repubblica.

In questi mesi non si può dire che siamo stati felici; fiduciosi sì.

Due personalità inconciliabili

L'armata piemontese lavora per rinnovarsi in vista della ripresa della guerra e tra i cambiamenti c'è anche la scelta del comandante: si cerca in Francia, ma il parlamento di Parigi non vuole dare l'autorizzazione, per non compromettersi troppo con l'Austria. La voce comune è che adesso ci sia un candidato polacco.

Scendendo i gradini della scala gerarchica, c'è anche il problema di chi comanderà la nostra divisione. Il signor Luciano ne ha scritto alla moglie, anche se lei preferirebbe sentir parlare della salute del marito, piuttosto che di generali o di posti di comando.

Cara Lita,
Al peggio non c'è mai fine.
C'è la divisione lombarda che lavora come una bestia da soma per vendicare l'onta del disastro dell'anno scorso?

Chi mettono a guidarla? Perrone, intelligente, abile e di fede democratica a tutta prova? No di certo: mettono un tale Gerolamo Ramorino che è noto per essere, nella migliore delle ipotesi, un soldataccio di mestiere che se ne ride degli ideali e non pensa che a giuocare, bevere e godersi in pace la paga. Non puoi immaginarti in che mani ladre è il potere in questa armata. I buoni sono meno ciarlatani, non sono conosciuti, non sanno fare l'intrigante. Così gli altri dominano e ridono e io divento tisico dalla rabbia.

Mi ha convocato a Vercelli e pensavo di parlare del mio battaglione e invece ho scoperto che era stato organizzato un gran ricevimento in teatro spendendo sei o settemila lire per la banda, il bordeaux e lo champagne, quando qua in giro gli esuli lombardi fanno la fame. Io me ne sono venuto via, lasciando il mio posto al tavolo vuoto, ma ho fatto in tempo a vedere che i comandi della divisione sono tutti occupati da gente come lui, che ha imparato in Spagna o in Africa che la guerra è un mestiere e come tale importa solo che dia soldi e posizione. Festeggiano di notte e dormono di giorno e noi ci spacchiamo la schiena a addestrarci per farci trovare pronti...

Se esistono due personalità inconciliabili, queste sono proprio il signor Luciano e Ramorino. Il generale ha persino tentato di eliminare due o tre dei capitani del nostro battaglione per far posto a dei nobili che vorrebbero indossare il cappello dei bersaglieri e in cambio promettono gratitudine.

Il mio padrone ha dato fuori di matto e ha mosso ogni sua conoscenza, riuscendo a evitare la mutilazione del reparto, ma guadagnando quindici giorni di cella di rigore perché è andato a Torino senza permesso. Li ha sopportati eroicamente, guidando l'addestramento dalla finestra della stanza dove stava rinchiuso.

Per fortuna «Marmorino», come è soprannominato Ramorino per la sua voglia di lavorare, se ne sta a Vercelli, sufficientemente lontano e non può intralciare la preparazione del nostro reparto.

Una specie di pugno che stringe il cuore

L'addestramento permette di non pensare, perché se ci si ferma sale una specie di nausea di testa che trabocca in nostalgia, disillusione e pessimismo.

C'è un episodio che spiega bene questa malinconia malata.

Eravamo ad Alessandria per le manovre e, come sempre, questo attrae tutti i milanesi profughi che ci sono in zona: per loro, ma anche per noi, significa respirare aria di casa.

Dopo il rompete le righe ci fermiamo con i nostri concittadini per parlare e ricordare: qualcuno lo conosciamo, con gli altri cerchiamo qualche legame comune, fosse anche solo la conoscenza di un bottegaio, un oste o un cocchiere.

Si avvicina una signora con un abito troppo leggero per la stagione e indossato troppe volte: chiede se abbiamo notizie della guerra a Venezia, perché suo figlio è tra quelli che combattono sulla laguna. Noi non sappiamo nulla, ma il signor Luciano usa molta diplomazia e il fascino del suo sorriso per non rendere troppo deludenti le risposte.

La cosa non finisce lì: la signora tira fuori una lettera di suo fratello, impiegato alla censura e austriacante convinto. Scrive che a Milano si sta benissimo, la Scala ha riaperto e i passeggi e i corsi sono pieni di bella gente; anzi che, senza le teste calde che rendevano invivibile la città, si sta perfin meglio di prima delle Giornate.

«Perciò lascia nel suo brodo chi è contento di far guerre e rivoluzioni e torna a Milano, che per tuo figlio troveremo il modo di rimediare.»

Per finire la avvisa che rischia salatissime multe e corre voce che verranno messe in vendita le case degli emigranti: c'è già chi è venuto a vedere quella di lei.

«È vero quello che dice? Cosa si può fare?» chiede con l'espressione di chi sta assistendo al crollo del proprio mondo.

Il signor Luciano le risponde che la guerra riprenderà, si vincerà, ritorneremo a Milano e allora sì, che la città rinascerà. Lo dice facendo mostra di sicurezza e la signora ricambia mostrando fiducia; entrambi fingono e il risultato è una specie di pugno che stringe il cuore e rende doloroso ogni respiro.

Mi torna in mente la donna grassa, cattiva, col vestito a fiori, moglie dell'austriacante che era stato preso a fare i segnali al nemico, a cui il signor Luciano aveva salvato la vita. Adesso sarà libera e felice di tormentare le sue servette, a passare con la lente i conti dei fornitori e a raccontare che a lei non la fa nessuno: non ci sono riusciti neanche quegli scalzacani dei rivoluzionari.

Forse era meglio se la lasciavamo impiccare.

Per me, democrazia è sempre stata una parola astratta

Però non tutto è brutto e tetro.

In Piemonte, grazie allo Statuto, si tengono le elezioni e nei nostri paesi il sindaco ci chiede di fare da guardia d'onore; così noi, che non abbiamo mai votato in vita nostra, possiamo partecipare, anche se da spettatori.

Per me, democrazia è sempre stata una parola astratta, sentita tante volte, ma mai compresa fino in fondo.

Quel giorno invece la vedo, reale e concreta: gli elettori si presentano nella piazza della chiesa accolti dalla banda e da noi schierati sull'attenti. Indossano il vestito della festa, sono emozionati, ma ostentano tranquillità; si salutano e scambiano qualche frase mentre bevono un bicchiere offerto dal sindaco.

Quindi, in colonna per due o per tre, si avviano con serietà e compostezza verso il municipio. Qui entrano, votano ed escono con il sorriso leggero di chi ha compiuto con diligenza il proprio dovere e si dirigono a un tavolo con le bottiglie e i bicchieri per un altro brindisi. Intanto i bravi suonatori intonano un paio di arie, gli elettori si salutano, noi presentiamo di nuovo le armi e poi ciascuno torna a casa.

Così anch'io ho capito cos'è la libertà della democrazia: non un'illusione, una parola vuota, ma gente compita e attenta che decide chi dovrà rappresentarla e comandarla. Tutta un'altra cosa, ma proprio tanto differente, dall'aspettare che un re o un imperatore mandi qualcuno a prendere decisioni in casa nostra.

7
La terza morte del signor Luciano

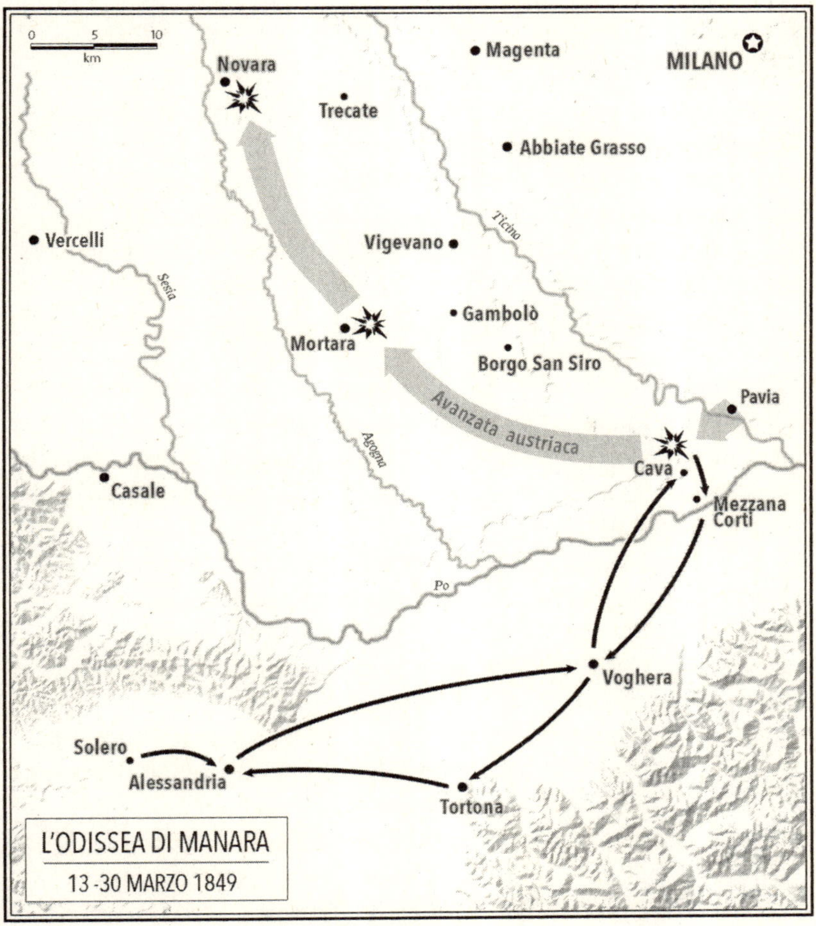

Anche il mese di febbraio del 1849 passa tra esercizi, istruzioni e la cura di ogni dettaglio. Sono arrivati gli abiti uniformi da bersagliere e questo ci ha rincuorato: vestire la divisa significa affermare chi si è, a testa alta. Come emigranti eravamo naufraghi in balia dei capricci del destino, ora siamo bersaglieri.

Se un anno fa, a Milano, ci avessero detto che ci saremmo sentiti onorati di vestire i colori dei Savoia avremmo riso, credo, tutti. Adesso è praticamente tutto quello che abbiamo.

Una sensazione che assomiglia agli innamoramenti primaverili

Finalmente il giorno 13 marzo giunge la notizia tanto attesa: l'armistizio è stato rotto, la guerra riprende.

È come svegliarsi da un lungo sonno: ognuno si prepara con la leggerezza con cui si affronta una giornata di quasi primavera. A dire il vero il tempo non sembra annunciare la bella stagione: fa freddo, pioviggina e il cielo è così triste e basso che è meglio non guardarlo, altrimenti si pensa a un cattivo presagio.

Un altro dettaglio che fa bene al morale: gli abitanti dei paesi vengono a salutarci. Noi ci schieriamo nella piazza sull'attenti e la popolazione risponde con applausi e qualche «evviva». In nostro onore, la banda intona *La bella Gigogin*, accompagnata dai battimani.

Il signor Luciano, orgoglioso sul cavallo che è riuscito a ottenere in quanto ufficiale, sfila lentamente, salutando con la mano al cappello i paesani.

Dopo di che ci si mette in marcia cantando, con lo zaino pesante e l'animo leggero.

A sera siamo ad Alessandria e il mattino dopo di nuovo per strada: Tortona, Voghera e il giorno 17 siamo a San Martino, vicino al Ticino, in una terra punteggiata da poche cascine. Al di là del fiume ci sono Pavia e la Lombardia.

Il morale è ancora alto, anche se gira un poco di scontento.

Si dice che l'armata sabauda varcherà il Ticino a nord, proprio su quel ponte di Boffalora che ci aveva visti abbandonare sconfitti la nostra terra; da lì punterà direttamente su Milano.

Ogni uomo della divisione lombarda vorrebbe essere in testa all'avanzata, fra i primi a rientrare nella nostra città. Però degli emigranti, anche se in divisa, non hanno molto peso nelle decisioni e così non solo non siamo l'avanguardia, ma l'ultima ruota del carro, relegata a sud, a sorvegliare un tratto marginale del fiume Ticino.

Poco importa e viviamo una sensazione che assomiglia agli innamoramenti primaverili: tra poco si rientrerà a Milano e rivedremo case, famiglie e luoghi cari. Per qualcun altro la meta è Como o Varese o Bergamo o qualche posto ancora più lontano, ma il succo non cambia.

Siamo isolati su questo tratto di fronte secondario: il grosso della nostra divisione si trova a sud del Po, verso Stradella e l'armata piemontese è radunata a nord, attorno a Novara. Ciò nonostante il signor Luciano non trascura nulla: ha disposto una catena di avamposti di prima linea e tiene più indietro, a Cava, le riserve; lui, a cavallo, continua a sorvegliare la zona che gli è affidata. A destra e a sinistra dei nostri uomini ci sono il migliaio di soldati del generale Giannotti, un piemontese che non ha grande simpatia né stima per i volontari: uno che, e rubo una frase usata sovente dal nostro comandante, è militare come altri sono impiegati, con lo stesso scarso entusiasmo e la stessa tiepida dedizione.

Qualcuno fa notare quanto sia esigua la nostra linea: «Siamo in pochi, troppo pochi».

Il signor Luciano risponde senza scendere da cavallo: «Voi sapete che non stimo il generale Ramorino per come si comporta e per la sua morale: però voglio sperare che come militare di esperienza sappia quello che sta facendo. Comunque siamo soldati e i soldati obbediscono e si fidano dei superiori».

Questo è quello che dice, però è nervoso come una cagna che sta per fare i cuccioli: fa avanti e indietro fra tutte le nostre posizioni e ficca il naso perfino in quelle degli uomini di Giannotti.

A sera scrive brevemente alla moglie:

Sono inquieto e non so bene perché. Abbiamo fatto tutto quello che era umanamente possibile per prepararci a questo momento e adesso che siamo così vicini alla prova, sento che il cuore perde colpi e non ne capisco la ragione. È come se ci fosse una minaccia enorme che pende sul nostro capo e non so cosa sia, dove sia e come sconfiggerla.

L'armistizio scade a mezzogiorno del 20 marzo

Il giorno 18 marzo abbiamo festeggiato l'anniversario dell'inizio delle Giornate milanesi e abbiamo ricordato i sogni, le speranze, ma soprattutto l'orgoglio e la felicità di quei giorni. Abbiamo evitato di parlare dei mesi successivi: sono ancora ferite sanguinanti.

Però siamo d'accordo che la coincidenza delle date sia un buon segno: un secondo inizio, una seconda possibilità. Un anno fa abbiamo peccato di inesperienza, questa volta sappiamo cosa ci attende e ci siamo ben preparati.

Per l'occasione il giovane Dandolo ha riservato una sorpresa: chiede silenzio e si porta in mezzo al battaglione schierato. Apre lo zaino, ne estrae un involto piegato con cura, lo disfa amorevolmente e alza di fronte al viso quel tricolore che era stato ammainato allo scioglimento della colonna.

«Non potevo lasciarlo ammuffire. È stato più forte di me e i compagni che se ne sono andati mi perdoneranno. Questa è la nostra bandiera e dovrà ricordarci in ogni momento perché siamo qui e per cosa combattiamo. Italia e libertà.»

È poco più che un ragazzino timido e educato, ma in quel momento è tornato a bruciare di furia. Un «evviva» si alza potente; il signor Luciano tace, ma si coccola con lo sguardo la sua bandiera.

Il giorno successivo, il 19, gli avamposti rilevano movimenti sulla sponda austriaca: un nostro tenente, che si è portato da casa un bel cannocchiale d'ottone, ha visto distintamente un drappello di cavalieri austriaci, fra cui alcuni alti ufficiali che, a loro volta, osservano la nostra sponda.

Subito i comandi sono stati avvisati e Giannotti ha mandato un messaggero a Ramorino per spiegargli che le nostre forze potrebbero offrire ben poca resistenza in caso di attacco massiccio.

In risposta Ramorino si degna di spiegare al messaggero che i movimenti rilevati fanno parte del gioco della guerra: si finge interesse in un luogo per colpire in un altro.

L'armistizio scade a mezzogiorno del 20 marzo. A quell'ora esatta si sente fucileria dalla parte del fiume e il signor Luciano con me al seguito, Emilio Dandolo con la bandiera e i venti uomini che tiene sottomano per ogni emergenza, muove verso gli avamposti.

Veniamo accolti con gioia perché, dicono, ci sono movimenti nemici sia di fronte, che sui fianchi. L'impressione è che ci sia stato combattimento verso il ponte che porta a Pavia, ma non c'è nulla di certo.

Passiamo un'ora lunga come una vita a scrutare i boschetti e i canneti nel timore di veder spuntare il nemico e intanto il nostro comandante si cautela allargando due piccole pattuglie una a sinistra e una a destra per intercettare eventuali tentativi di aggiramento.

Poi, tutto d'un tratto, gli austriaci appaiono e vengono all'attacco: noi pensavamo di avere davanti al massimo cento uomini, invece sono almeno il doppio, se non tre volte. Però la nostra posizione è buona e il primo assalto viene ricacciato con un fuoco ragionato e mirato.

«Temo che non sia finita qui» dice il signor Luciano.

Rientrano le pattuglie che erano state mandate sulle ali e ognuna annuncia di essere stata investita da almeno cento uomini, il che porta il numero degli attaccanti a cinquecento e schierati su un fronte largo che inevitabilmente li porterà a circondarci.

L'unica cosa da fare è ripiegare su Cava dove ci aspetta il resto del battaglione e la posizione è più favorevole alla difesa.

La ritirata avviene con ordine, tenendo a distanza i nemici, e riusciamo a raggiungere il paese proprio mentre gli ultimi abitanti, con le masserizie sui carretti e il bestiame al seguito, lasciano le loro abitazioni e fuggono.

Per un'altra ora non succede niente: siamo ben appostati nelle prime case del paese, con uomini in osservazione sia sul campanile, sia sugli alberi più alti, anche se la mancanza di foglie rende questi osservatori oltremodo pericolosi.

La domanda che gira di bocca in bocca è sempre una: «Quando arriva la divisione?».

«Presto» si risponde. «Avranno sentito la fucileria e staranno arrivando.»

Il cielo è sempre bigio, pioviggina, fa freddo.

Torna un messaggero: la divisione non arriverà perché il generale Ramorino è sempre convinto che se ci sarà azione, questa si svilupperà a sud del Po. Quindi quella che noi affrontiamo è solo una finta.

Trascorrono i minuti, sembrerebbe che per la giornata sia tutto e ci si possa rilassare: «Sta a vedere che Marmorino l'ha imbroccata».

Invece l'attacco si scatena inaspettato e il nostro villaggio viene investito da un gran numero di forze, come non ne avevo mai viste in tutti i mesi precedenti: gli austriaci vengono fuori da ogni boschetto e da ogni riparo e sono centinaia e centinaia e ne arrivano sempre di nuovi.

Le difese, però, sono buone e gli uomini sanno stare al loro posto, non si spaventano e non si scompongono: l'avanzata viene dapprima fermata e poi costretta a retrocedere.

Intanto si sente sparare anche dalla parte di Giannotti: la nostra speranza è che resistano, altrimenti ci ritroveremo accerchiati.

Non c'è tempo, però, per pensare perché comincia una seconda ondata di assalto, molto più massiccia della prima: anche questa volta il battaglione si dimostra all'altezza del suo addestramento e riesce a respingere il nemico, tutto sommato con poche perdite.

È a questo punto, mentre il giorno sta per lasciare il passo alla notte, che arriva un messaggero dal generale Giannotti a ordinare di ripiegare, perché si calcola di avere di fronte, su tutta la linea, almeno diecimila uomini con cannoni e cavalleria. Come da ordini del comando di divisione, bisogna ritirarsi su Mezzana Corti, passare il ponte di barche sul Po e quindi romperlo.

La sensazione è di un disastro

La manovra viene eseguita egregiamente e il nemico non si accorge nemmeno che abbiamo lasciato la posizione. Marciamo in silenzio e, senza incidenti, arriviamo a Mezzana e proseguiamo verso le rive del fiume che è tanto largo e buio da sembrare un lago.

Il ponte di barche risuona sotto le nostre scarpe e quello è l'unico rumore; giunti a metà, gli zappatori si danno da fare con le accette e tagliano le corde. In mezz'ora il lavoro è fatto e al centro del ponte si apre un vuoto di trenta passi.

Quella notte e per tutta la notte vediamo passare sull'altra sponda del fiume migliaia di piccole luci, come una processione infinita di anime; il rumore lontano è come un lieve rotolare di ghiaia o il brusio di una folla distante. Il fiume è nero e silenzioso come inchiostro e la fiochissima luce della luna che spunta fra le nuvole mostra solo ghiaioni grigiastri e ombre di alberi spogli come scheletri.

Siamo tutti tristi: non abbiamo capito cosa sia successo, non abbiamo capito se e dove abbiamo sbagliato, ma la sensazione è di un disastro.

La notte è gelida, nessuno di noi ha di che coprirsi, non c'è un riparo tutt'attorno per miglia e miglia e abbiamo da mangiare solo del pane trovato su un carretto a Mezzana assieme a una botticella di acquavite.

Quella processione di luci lontane mi fa tornare alla mente una storia che ho ascoltato tanto tempo fa da don Bragone: per distrarre chi mi sta vicino, comincio a raccontarla.

«Una donna sta tornando a casa che è tardi, quasi mezzanotte. La sua abitazione si trova fuori dal paese e lungo la strada incrocia una processione che avanza a passo lento verso di lei:

ogni figura ha il capo coperto da un cappuccio e reca un lume. La donna si mette sul ciglio della strada per farli passare, spaventata dal senso di gelo che d'un tratto sente nelle ossa.

Una delle figure, passandole davanti, le offre una candela.

Tornata a casa, alla luce del fuoco, la donna si accorge che il dono non è altro che il braccio di un uomo con una fiammella sull'indice ritto. Spaventata corre dal prete il quale le spiega che lei ha incontrato una processione di morti e se non vuole che questi vadano a trovarla ogni notte, la sera successiva deve tornare nello stesso posto e restituire il braccio a chi gliel'ha dato, ma deve portare con sé un gattino bianco: quelli neri sono usati dalle streghe, invece quelli bianchi sono dedicati alla Madonna. La donna obbedisce, si fa trovare nello stesso posto, incontra nuovamente la processione e quando scorge un pellegrino senza lume, gli consegna il braccio. Questi lo accetta con un inchino, e con voce roca le dice di ringraziare il gatto, perché le ha evitato una maledizione.»

Finisco la storia e mi accorgo che, nel buio, tutti gli occhi sono spalancati e mi fissano: d'un tratto mi vergogno e mi chiedo come mi sia venuto in mente di raccontare una cosa simile; non avrei dovuto bere acquavite, ma con quel freddo e quell'umido mi era sembrata una cosa sensata.

Nel silenzio Emilio mi viene vicino: «Italo, tu hai l'anima del vero poeta. Solo così puoi vedere una favola in questo disastro»; mi batte la mano sulla spalla e torna a sedersi.

Però la mia storia a qualcosa è servita, perché almeno rompe il silenzio e si ricomincia a parlare: per qualcuno è preoccupante non sentire una reazione da parte dell'esercito piemontese, eppure la divisione Durando dovrebbe essere da qualche parte, verso Mortara.

Per altri la cosa sbagliata è che siamo soli: non c'è segno delle truppe di Giannotti; però, forse, hanno preso un'altra strada per la ritirata.

Enrico Dandolo dice che il peggio è non avere notizie del resto della divisione; teme che Ramorino stia facendo qualche movimento e si sia dimenticato di noi.

Conclude indicando l'altra riva del fiume, dove continua incessante il procedere di lumi e lanterne: «Forse ha ragione Italo: quella processione sono i nostri sogni che vanno dritti dritti all'inferno».

Il signor Luciano, che si è fatto prestare ancora il cannocchiale, dice che secondo lui quello che sta passando dall'altra parte del fiume è almeno metà esercito austriaco, il che significa che ogni previsione dei comandi è sbagliata. L'armata imperiale non si trova dove si credeva, a proteggere Milano, ma è entrata in Piemonte da sud e di questo si dovrebbe avvisare subito lo stato maggiore a Novara.

Però siamo dietro un grande fiume, il ponte è interrotto, non abbiamo una mappa, ci troviamo in un territorio che non conosciamo e, se la nostra ipotesi è giusta, fra noi e il comando generale c'è l'esercito austriaco.

L'unica cosa sensata che viene in mente è mandare qualcuno con il cavallo del signor Luciano, a cercare Ramorino per sapere cosa fare e avere una idea di cosa succede.

La scelta cade su Enrico Dandolo che è il miglior cavaliere. Detto fatto: lascia lo zaino al fratello, salta in sella, saluta e sprona.

Si sta in silenzio, guardandosi le scarpe o pulendo l'inutile fucile

Le prime luci dell'alba illuminano un contingente di austriaci che presidia l'altro capo del ponte tagliato; come saluto ci inviano una salva di racchette,[4] ma la più vicina cade a cinquanta passi. Qualcuno risponde con una risata, altri con una fucilata, ma la distanza è tale che sarebbe uguale se avesse fatto pum con la bocca.

Ci si guarda in giro e non troviamo una soluzione a questa desolazione, eppure gli ordini di Ramorino erano chiari: ritirarsi oltre il Po, addirittura, eventualmente, senza sparare, e tagliare il ponte. Noi abbiamo fatto di meglio perché abbiamo tenu-

[4] Le racchette erano una sorta di razzi grossolani.

to le posizioni per l'intero pomeriggio: a qualcosa dovrebbe essere servito, no?

E adesso?

Piove, fa un freddo cane e in giro non c'è un'anima viva.

Mangiamo pane, beviamo acquavite e ci stringiamo, come un gregge sorpreso da un temporale: una zattera di umanità in una landa desolata e triste. Vengono messe delle sentinelle, due a due, a circa duecento passi dal grosso; lo si fa perché si deve, ma non si scorge nulla di vivo a perdita d'occhio.

Si sta in silenzio, guardandosi le scarpe o pulendo l'inutile fucile; solo il signor Luciano non riesce a darsi pace e va verso il fiume, torna da noi, va dalle sentinelle di destra, da quelle di sinistra, chiede se è una sua impressione che ci sia fucileria oltre il fiume e quando gli dicono di no, ritorna a guardare col cannocchiale che ormai è diventato suo.

Torna al fiume, visita le sentinelle, corre da noi, richiede nuovamente se si sente il cannone a nord e allora qualcuno dice di sì, che se non è un tuono, e non può essere perché è marzo, allora è cannone.

A queste parole il gregge di uomini delusi si sposta tutto in riva al fiume per sentire meglio e gli austriaci ci inviano un'altra salva di racchette che si spengono nell'acqua gelida.

Poco dopo il tramonto torna Enrico Dandolo, così sfinito che ciondola dalla sella, lui che è un cavaliere impeccabile. Racconta di aver vagato tutto il giorno incontrando distaccamenti della divisione gettati nella pianura come dadi: un battaglione qui, due compagnie là. Non appena si avvicinava veniva subito circondato e invece di ricevere informazioni, era lui a essere interrogato su cosa fosse successo. In tanti avevano sentito la fucileria, ma gli ordini erano di non muoversi. C'era stata battaglia: come è andata? Si avanza finalmente?

Lui, con la morte nel cuore, doveva deluderli raccontando il poco che sapeva: gli austriaci li hanno investiti con una colonna molto forte, loro hanno resistito finché hanno potuto e poi si sono ritirati al di qua del Po. Adesso cerca lo stato maggiore per avere ordini, qualcuno sa dove sia?

Nessuno lo sa, nessuno ha ordini, ma ancora gli tengono il cavallo per le briglie e chiedono a lui cosa fare e se si va a Milano.

Ripete di non sapere nulla di più di quanto detto, libera il cavallo e va avanti alla cieca, fino al nuovo reparto di sventurati e la scena si ripete esattamente uguale.

Alla fine riesce a raggiungere quello che sembra lo stato maggiore della divisione, ma il generale Ramorino non c'è. Se ne è andato: qualcuno dice a cercare il comando generale, oppure che è stato richiamato e verrà sostituito. Gira persino la voce che si sia reso conto di aver commesso un errore gigantesco e sia scappato. Il comando lo ha preso provvisoriamente Manfredo Fanti, un emiliano reduce dalla Spagna, che però non ha ordini né da dare, né da eseguire.

Tutto il battaglione Manara è riunito attorno a Enrico, ascolta le parole, ma nessuno osa commentare: non c'è nemmeno la forza o la voglia di protestare e dare la colpa a qualcuno di quanto successo.

Ma poi, cosa è successo? Nessuno si raccapezza.

Di tanto in tanto si sente ancora un brontolio lontano, ma non si capisce se è in cielo, in terra o nelle nostre teste.

Il signor Luciano ordina di andare a cercare legna da ardere: però trovare combustibile asciutto è un'impresa impossibile.

«È più facile che troviamo l'oro nel Po» dice il giovane Emilio, che anche nella disperazione ha il tocco del poeta.

Scende ancora il sole ed è una nuova notte da passare al freddo e sotto la pioggia. Neanche due giorni abbandonati su questa riva e del battaglione addestrato e orgoglioso che si era messo in marcia cantando *La bella Gigogin* resta solo un ricordo.

Come se non bastasse, a qualcuno viene in mente che giusto un anno fa si festeggiava la vittoria nelle nostre Giornate. Se mi avessero detto che sono avvenute sulla Luna ci avrei creduto e come me anche gli altri.

Torna il pensiero angoscioso che ci è stato fratello in questi mesi: in quelle giornate ogni cosa sembrava facile e stavamo per creare un nuovo mondo bello e giusto.

Poi cosa è successo?

Il signor Luciano si è appartato e non vuole lasciare passare nemmeno una notte senza scrivere alla moglie e anche sotto la pioggia, riparandosi alla bell'e meglio, mette una riga su un foglietto con un lapis.

Cara Lita,
Sono stanco e disperato come mai avrei creduto si possa essere.
Tuo Ciano

Quella sera, parlando con gli amici, ho compreso nitidamente una cosa importante.

Quando abbiamo avuto successo, come dopo la rivolta di Milano, la vittoria era di tutti: saltavamo, ridevamo, ci si abbracciava e si ballava. Tutti avevamo vinto e sarebbe stato da poveri di spirito pesare i meriti, dire che uno ha vinto più dell'altro.

La sconfitta, invece, è individuale.

Se hai perso significa che tu non sei riuscito, non hai fatto, non sei stato abbastanza.

Chi non accetta questo e dà la colpa all'altro per evitarsi il dolore e la vergogna è il peggio dell'umanità, il più gretto, il più povero. Il signor Luciano quel rischio non lo corre: il peso e il dolore sono tutti suoi e, anzi ci aggiunge qualcosa in più, per non avere dubbi di soffrire per la sconfitta. Lui è fatto così.

Nessuno lo dice, perché è troppo doloroso

Non si riesce a dormire e già prima dell'alba siamo nuovamente tutti in piedi in riva al fiume.

La novità è che gli austriaci che presidiavano l'altro moncone del ponte se ne sono andati: è un fatto concreto, ma al solito non si sa come interpretarlo. L'incertezza è una delle maledizioni della guerra.

«Si sono ritirati? È una buona notizia.»

«Radunano le forze per la battaglia decisiva? Noi siamo tagliati fuori.»

Siccome non arriva nessun ordine né dal vecchio generale, né dal nuovo comandante, il signor Luciano organizza una puntata sull'altra riva del fiume: fa staccare un paio delle barche che reggono l'assito del ponte e con quelle manda una pattuglia di una quindicina di uomini e con loro va anche Morosini. L'ordine è di esplorare fino a Mezzana Corti e tornare con qualsiasi notizia che possa far luce sugli avvenimenti.

Guardiamo i nostri compagni superare il tratto di ponte che è stato rotto, sbarcare dall'altra parte e procedere guardinghi, sparendo nei canneti: un quarto d'ora dopo il Conte torna a mostrarsi e con larghi gesti delle braccia annuncia che non ci sono nemici, quindi procedono con la missione.

Per noi comincia la lunga attesa, però avere qualcosa da aspettare è meglio del niente assoluto dei giorni precedenti: inoltre, ed è grazia di Dio, ha smesso di piovere, anche se fa sempre un freddo del diavolo.

Gli occhi sono fissi sull'altra sponda per vedere sbucare i nostri amici dal canneto o dai boschetti, però lo sguardo non può impedirsi di andare un poco oltre, dietro le cime spoglie degli alberi, perché tutti sappiamo che a meno di mezza giornata di marcia c'è la tanto agognata Lombardia e, procedendo oltre in quella direzione, c'è casa.

Tutti lo sanno, ma nessuno lo dice, perché è troppo doloroso.

A metà pomeriggio la pattuglia rientra e porta grossi sacchi, così ingombranti che bisogna fare parecchi giri con le barche per traghettare uomini e merci.

Raccontano che si sono inoltrati fino a Mezzana Corti e hanno trovato sì e no una decina di abitanti perché gli altri aspettano di essere sicuri che la guerra sia passata prima di tornare alle proprie abitazioni. Interrogati non hanno saputo dire altro che c'è stata battaglia a Mortara e deve essere andata bene agli imperiali, altrimenti li si sarebbero visti in ritirata; di più non sanno.

Nella disgrazia, un piccolo colpo di fortuna: mentre erano in paese, sono arrivate tre carrette della sussistenza austriaca che hanno sbagliato strada, cariche di pane, lardo e fagioli secchi. C'è voluto niente a impadronirsi del cibo che è come una manna di Dio: pane e lardo vengono divorati, mentre non abbiamo nemmeno un fuocherello per bollire i fagioli che non si possono certo mangiare così secchi.

Una nuova notte al freddo e il mattino seguente ricomincia a piovere.

A metà giornata arriva un tenente dal comando di Fanti che ci rimprovera perché è da due giorni che ci cercano. Il signor Luciano, a metà tra il rabbioso e il divertito, risponde che loro da lì non si sono mossi perché si trovano benissimo ed è come essere in villeggiatura. Terminate le schermaglie, l'ordine è di riunirsi al resto della divisione perché il giorno dopo ci si muove.

«Per andare dove?» chiede qualcuno.

«Si hanno notizie?» chiede un altro.

«Sono arrivati a Milano?»

«C'è stata battaglia?»

«Si va in Lombardia?»

Le domande sarebbero un milione, ma il messaggero non sa nulla di nulla, anzi sa perfino meno di noi, visto che non ha nessuna notizia di uno scontro presso Mortara.

La divisione è un lunghissimo serpente ferito

La marcia verso Voghera dove si raduna la divisione porta se non l'allegria, almeno l'emozione di andare verso un destino, qualunque esso sia. Quando saremo tutti uniti, saremo una forza non trascurabile di seimila uomini ben armati, addestrati e motivati: non più un puntolino insignificante sulla mappa della guerra.

Invece, quando siamo tutti uniti, siamo semplicemente un insieme di puntolini insignificanti, angosciati e disperati, delusi e demoralizzati. La mancanza di notizie è il male peggiore, peggio della pioggia, del freddo e del poco cibo: fortuna che almeno qui dormiamo in un cascinale e riusciamo ad accendere dei fuochi per asciugarci le ossa.

Il signor Luciano partecipa a una riunione tra gli ufficiali e quando esce ha un'espressione tetra: nessuno fra i comandanti ha idea di cosa stia succedendo e nessuno riesce nemmeno a immaginare cosa fare. Qualcuno ha proposto di avanzare in Lombardia, costi quel che costi, altri di ripassare il Po e risalire verso Novara, cercando un ponte che non sia stato distrutto.

Come si fa a decidere in queste condizioni? Alla fine l'unica certezza è proprio la mancanza di notizie. Se le cose andassero bene, qualche bollettino dal comando supremo lo avremmo ricevuto; quel silenzio fa pensare che le cose vadano male e quindi il partito migliore sia la prudenza.

Così si torna verso Alessandria: prima tappa, Tortona.

Durante la marcia la divisione è un lunghissimo serpente ferito che si trascina a fatica. Come se non bastasse, comincia a nevicare.

All'andata la marcia risuonava di voci e canti, adesso si sente un gran battere di denti, lamenti soffocati, bestemmie a mezza voce.

Il 26 marzo entriamo in Alessandria e troviamo pochi ad accoglierci: lungo le vie ci raggiunge qualche grido di «Viva i lombardi», ma anche parecchi «Andatevene». Noi marciamo a testa bassa, senza guardarci in giro, come se avessimo colpe di cui vergognarci.

Veniamo acquartierati nella cittadella: non c'è da essere felici, ma almeno siamo al sicuro in vere caserme e al riparo di possenti bastioni.

Invece non abbiamo nemmeno deposto gli zaini che comincia a girare la notizia peggiore di tutte: tre giorni prima, il 23, l'esercito piemontese è andato incontro a una tremenda disfatta nei pressi della città di Novara. Nella notte dopo la battaglia, in un inferno da fine del mondo, mentre la soldataglia saccheggiava la città, tra urla, cannonate, fucileria e incendi, il re Carlo Alberto, quello altissimo e con lo sguardo timido, ha rinunciato al trono a favore del figlio Vittorio Emanuele. Poi se ne è andato in esilio, solo come un cane.

Il nuovo re ha incontrato Radetzky per ottenere un armistizio visto che non ha più un esercito per continuare la guerra: fra le prime condizioni poste dal maresciallo austriaco c'è che la divisione lombarda venga sciolta.

La notizia ovviamente si diffonde in un baleno e d'un tratto, invece che in un luogo militare, sembra di essere in un ospedale dei pazzi. Alcuni soldati si lasciano travolgere dalla malinconia e rimangono seduti, incapaci di muovere anche solo un dito; qualcuno piange e si tiene la testa; altri urlano, digrignano i denti, sfasciano tutto quello che gli capita sotto le mani.

I più pietosi, anime perse, biascicano litanie guardando il vuoto.

Poi il colpo di grazia per noi poveri accattoni dell'ideale: un giovane, dicono poco più che uno studente, ha salutato i compagni, è uscito fra le palazzine della cittadella, ha trovato un albero, si è seduto sulle radici, ha tirato fuori una pistola e si è sparato alla testa.

C'è chi dice «Poveretto»; chi dice «Almeno ha salvato l'onore» e chi sussurra: «Cosa gli rimaneva da fare?».

Passano di bocca in bocca le voci più disparate, tutte destinate a scaldare gli animi.

Arriva, non si sa da dove, la notizia che a Novara gli ufficiali neri hanno tradito e dopo la battaglia sono tornati ai loro palazzi, sulle loro carrozze, ridendo come matti, felici che i liberali e i democratici abbiano preso una batosta da cui difficilmente potranno rialzarsi.

Altra voce: tutta la colpa del disastro è da attribuire alla divisione lombarda che ha lasciato passare l'esercito austriaco nel tratto di fiume che le competeva, mandando a catafascio i piani dei comandi.

Altra voce, suadente come una sirena: l'armata sabauda è completamente sfasciata e l'unica unità ancora in ordine è proprio la nostra divisione. Questo è il momento di marciare su Torino e fare la Repubblica.

Le voci delle sirene, si sa, sono irresistibili e molti uomini prendono il fucile e decidono di marciare sulla capitale e fare giustizia di tutti i traditori. Gli ufficiali cercano di trattenerli e alcuni vengono pure ascoltati, come il nostro signor Luciano che ha un'autorità riconosciuta da tutti. Altri invece sono piemontesi ben poco amati e rispettati: uno di questi è il generale Giannotti, il nostro vicino di schieramento a Cava, e ci manca poco che i suoi uomini lo mettano al muro quando tenta di imporre la sua volontà. Per fortuna il nostro comandante e il Conte sono nelle vicinanze e gli salvano la vita.

Quello che portano via è un cencio d'uomo, pallido e balbettante, che farnetica che bisogna fucilare tutti i rivoluzionari che hanno osato alzare le mani su un ufficiale di Sua Maestà. Prima che qualcuno lo senta, il signor Luciano mi guarda e io capisco cosa devo fare, visto che a detta di tutti so come va il mondo.

Mi avvicino e misuro un pugno al generale proprio sotto il mento. Un bel pugno, secco e preciso che lo fa crollare come un sacco vuoto; almeno per un po' non darà più fastidio.

Seimila disperati che non avevano paura di affrontare le baionette austriache

Con il signor Luciano corriamo a cercare il generale Fanti per conoscere le sue intenzioni, ma è difficile trovarlo: qualcuno dice che è scappato, qualcuno che è stato arrestato. Invece lo incrociamo mentre, alla guida di un pattuglione, tenta di mantenere l'ordine; non è un compito facile perché a ogni passo qualcuno gli grida dietro che è un traditore. Il dialogo è breve, interrotto da un tenente senza fiato per la corsa: la municipalità di Alessandria, su consiglio di qualche geniale conservatore, ha mandato le guardie civiche scortate dai soldati del presidio per arrestare i rivoluzionari.

Rivoluzionari chi?

Un attimo per capire l'enormità della notizia: se costoro si fanno solo vedere, nella cittadella scoppia davvero la rivoluzione.

Tocca al signor Luciano precipitarsi prima che varchino il portone: «Siete impazziti? Volete farvi fare a pezzi? Dentro ci sono seimila disperati che non avevano paura di affrontare le baionette austriache, hanno appena saputo di aver perso tutto e voi vorreste venire qui con un centinaio di anziani, pancioni e riformati a far che? Arrestarci tutti?».

L'aspetto da invasato funziona e la brigata di anziani, pancioni e riformati fa dietrofront e così è scongiurato il pericolo della guerra civile.

Non è finita: nel primo pomeriggio inizia in ogni reparto una specie di parlamento per decidere cosa fare e le idee che circolano sono le più varie e, spesso, anche le più disperate.

C'è chi vorrebbe sciogliere la divisione e che ognuno segua il proprio destino, magari verso Venezia, Roma o la Toscana. C'è chi invece sostiene l'ipotesi esattamente opposta: tenerla unita più che mai, attorno a essa raccogliere tutte le forze democratiche e marciare su Torino.

Qualcuno propone di andare verso Novara, dove si trovano i resti dell'esercito sabaudo e fare propaganda democratica per costituire una nuova armata; qualcun altro suggerisce di barricarci nella cittadella di Alessandria, considerata imprendibile, e qui formare un governo lombardo in esilio.

Il signor Luciano e i suoi amici non si risparmiano e passano da un reparto all'altro per far sì che vinca il partito dell'unità. Il ragionamento che ripetono a ogni assemblea è molto semplice: se l'esercito sabaudo si è sfasciato, allora la divisione lombarda, integra e ordinata, può contrattare il suo futuro. Invece se ci dividiamo oggi, saremo solo profughi in balia di chiunque.

Questo discorso fa presa, al netto dei soliti mugugni e proteste e a sera diventa la posizione generale; così si va a dormire un po' rasserenati, tanto più che la cittadella è ben guardata dalle nostre sentinelle.

Notte tranquilla e al mattino si organizza una deputazione che vada a Torino a trattare il nostro futuro: viene scelto un colonnello dello stato maggiore, persona estremamente compita di nome Spini; l'altro non può essere che il signor Luciano, il simbolo delle rivolte democratiche. Il giovane Dandolo e il sottoscritto veniamo aggregati uno come segretario e l'altro come servitore tuttofare.

In un battibaleno siamo pronti a partire e i soldati si accalcano per salutarci e augurarci buona fortuna: per tutti incarniamo la speranza di un destino dignitoso.

Saliamo sulla vettura della posta con quattro cavalli, due cocchieri e scortati dai regi carabinieri a cavallo che il generale Fanti ha ottenuto per facilitarci il viaggio.

Una volta partiti, finalmente ci possiamo rilassare e ci si accorge che gli ultimi giorni hanno rappresentato una fatica immane, come neanche i mesi in montagna.

Con la voce roca per l'amarezza, Emilio commenta: «Non lo avrei mai detto: essere sconfitti è un mestiere decisamente faticoso».

Il colonnello Spini tenta di fare conversazione, anche se appare intimidito dalla presenza del signor Luciano.

«Non pensavo che saremmo riusciti a tenere calmi gli uomini ed evitare rivolte. Mi congratulo: è stato un capolavoro di diplomazia.»

Il mio padrone non risponde subito: guarda fuori del finestrino e solo dopo aver ben ponderato la risposta apre bocca: «Per me invece è stato un capolavoro di tristezza. Vedere uomini che fino a ieri erano forti e decisi, così umiliati e sconfitti da accettare qualsiasi cosa pur di vedere un lumicino nel proprio futuro è stato come ricevere coltellate. Quei generosi sono nel giusto, eppure ora sono disperati; i figli più coraggiosi d'Italia sono costretti ad attendere l'elemosina da parte di chi non li ama e non li stima. Questo è stato un giorno nero».

Il signor Luciano è fatto così, quando non sorride fa paura e il colonnello Spini non apre più bocca per il resto del viaggio.

Ottenere il massimo per non essere umiliati

La Torino che ritroviamo è una madre che ha perso un figlio; una città piegata e sconfitta, esattamente come il suo esercito. Cupa, silenziosa, dimessa, ma anche rabbiosa con l'intero mondo.

Di quello che è accaduto al ministero della Guerra e negli altri colloqui io non posso testimoniare perché il signor Luciano mi ha mandato in cerca di Pasquale Sottocorno, l'eroe delle Giornate: dovevo consegnargli il piccolo gruzzolo raccolto tra gli ufficiali della divisione.

«Digli che Milano non lo dimentica e che verrà il giorno della rivincita per tutti.»

L'ha detto, ma lui per primo non ci crede più; però così quel misero avrà una piccola soddisfazione. Almeno lui.

Lo trovo sotto lo stesso portico dell'altra volta, con sgabello e deschetto, parecchio ubriaco, con un vecchio pastrano addosso e la medaglia ricevuta al collo.

Io so come va il mondo: se gli do tutte le centottanta lire, le spenderà per una sonora sbronza alla fine della quale quelle avanzate gli verranno rubate. Siccome non sono molto lontano dalla casa del generale Lamarmora, vado dal maggiordomo, mi faccio riconoscere e gli consegno i soldi, pregandolo di passare ogni giorno dal ciabattino zoppo, lasciargli un paio di lire e ogni volta dirgli di tirarsi su, che la sua città non lo dimentica.

«Forse a vederlo così potrà non crederci, ma quell'uomo è un eroe.»

Sono certo che le lire verranno consegnate puntualmente, ma non credo di averlo convinto riguardo all'eroe: il maggiordomo di un generale piemontese crede all'eroismo solo se porta spalline dorate, galloni, croci e medaglie.

Esaurita la commissione, trascorro il resto della giornata a fare anticamera fuori dalle stanze dove il signor Luciano e il colonnello Spini trattano il futuro della divisione lombarda. Così, dopo giorni in cui mi sono stancato, spaventato, arrabbiato e ho discusso, lottato, corso e ho perfino dato un pugno a un generale, adesso mi concedo un pomeriggio ad annoiarmi. L'unica cosa divertente è vedere il mio padrone quando entra o quando esce da quelle stanze, accolto con tutti i salamelecchi possibili, neanche fosse un principe in visita ufficiale.

I colloqui finiscono a sera tardi e si decide di dormire a Torino, ospiti dei Lamarmora; c'è una stanzetta perfino per il sottoscritto, con un letto con le lenzuola, una candela nuova sul comodino, un tavolino con la bacinella per lavarsi e uno specchio. È la prima volta nella mia vita che dormo in una stanza tutta per me e mi sembra una cosa straordinaria; se non fosse che va tutto male, sarei felice.

Ovviamente siamo invitati a cena e non mi dispiacerebbe, in sovrappiù, mangiare come Dio comanda: non ricordo quand'è stato l'ultimo pasto seduto a un tavolo e non per terra, con la gamella fra le mani. Invece il mio padrone dice che gli dispiace, ma non se la sente: è buio in volto e mi sembra in uno di quei momenti in cui il suo nocciolo di malinconia diventa grosso e pesante come un masso.

Ci portano in camera del brodo buono come non l'ho mai assaggiato, pane ancora caldo e uno stufato che potrebbe resuscitare un morto. Divoro tutto, anche se il vino è un po' troppo forte per le mie abitudini, ma dico che mi aiuterà a gustare la notte in un letto vero.

Gli altri invece mangiano perché bisogna tenersi in forze, ma non assaporano quello che mettono in bocca; mi aspettavo che si sarebbero ritrovati a discutere e commentare dei colloqui della giornata, invece tacciono.

Prima di andare a letto, il signor Luciano ovviamente scrive alla moglie ed è una lettera lunga, perché deve raccontare cose importanti.

Cara Litiza,
Ho trascorso la giornata fuori e dentro dalle stanze di ministri, generali ed eminenti politici a contrattare il futuro della nostra divisione. Sarebbe meglio dire a fare mercato dei buoi con il destino di persone degne e onorevoli che hanno sacrificato tutto per il bene dell'Italia e adesso si ritrovano come mercanzia in avanzo.
Tutto quello che ho potuto fare è stato ottenere il massimo per non essere umiliati con lo scioglimento, come piacerebbe a Radetzky.
Verremo avviati ai porti della Liguria come unità armata e autonoma, con le nostre bandiere e i nostri ufficiali. Da lì ci imbarcheremo per quegli Stati in cui ancora c'è un lume di lotta per il progresso: Roma, Venezia, oppure la Toscana. Una divisione intera, addestrata e con ventiquattro cannoni verrà accolta dovunque a braccia aperte.

Per completare l'opera ho litigato come un sensale su quante scarpe dare a ogni soldato, di quanta paga ha diritto e ho perfino strappato due quindicine come premio di congedo.
Cosa dirti? Queste sono le vittorie che riesco a ottenere. Se ripenso al Luciano di un anno fa, quello di Porta Tosa, ai sogni e all'entusiasmo, mi sento impazzire e sarei capace di non so quali spropositi. Quindi non devo pensare a nulla, ma proprio a nulla, se non a te.

Una scelta da far tremare i polsi

Così si torna ad Alessandria, con poche soddisfazioni, ma con in tasca delle concessioni che sono meglio di niente: la divisione non verrà sciolta, non si darà questa soddisfazione agli austriaci e in cambio il Piemonte si libera di noi, ospiti indigesti e pericolosi.

Ci muoveremo su Bobbio e da lì, formalmente sfuggendo al controllo sabaudo, arriveremo a Chiavari dove troveremo navi che ci porteranno alle nostre destinazioni. L'unico dubbio è sulla qualità della strada, ma abbiamo la parola del generale Dabormida che da Voghera a Chiavari è comoda tanto da poterla fare in carrozza.

Il colonnello Spini, da parte sua, porta una lettera del ministro della Guerra indirizzata agli ufficiali piemontesi della divisione di adeguarsi a quanto stabilito, assicurando che questo servizio non andrà a detrimento delle carriere. Evidentemente per un ufficiale che ambisca a farsi una posizione, avere a che fare con noi emigranti è come toccare i lebbrosi: si rischia l'infezione.

Giudicato a mente fredda è probabilmente il miglior accordo che si poteva ottenere, ma di menti fredde da queste parti non ce ne sono tante; la divisione mantiene in superficie un contegno accettabile, ma sotto sotto ribolle di una rabbia che da qualche parte dovrà sfogarsi.

È in questo calderone che arrivano del tutto inaspettati gli emissari della città di Genova con un messaggio che è miele per le orecchie di patrioti esasperati.

La Superba si è ribellata all'armistizio, ha cacciato la guarnigione piemontese e, al sicuro fra le sue mura e i forti, chiede a tutti i patrioti di unirsi alla lotta, in modo che la fiamma della libertà torni a splendere.

La delegazione è formata da una decina di persone: brava gente come era quella delle barricate di Milano. Non hanno l'aspetto dei fanatici, né dei rivoluzionari di professione: sono cittadini che rischiano del loro, convinti di fare la cosa giusta. E chi meglio di noi può capire il prezzo di questo sacrificio?

«Questa è una grana grossa» commenta il Conte.

«In tanti vorrebbero andare: la maggioranza perché pensano che sia sacrosanto e qualcuno anche perché i genovesi promettono una paga» aggiunge il signor Enrico.

«È naturale che le sirene arrivino dal mare» è la conclusione di Emilio, il poeta.

Il signor Luciano non parla, ma è pallido e con le mascelle così contratte che si sentono scricchiolare i denti.

Il momento di silenzio dura troppo ed è il Conte a richiamarci ai nostri doveri: «Non possiamo nasconderci dietro un dito: il nome di Manara è il più rispettato nella divisione e tutti guarderanno quale decisione prenderai».

Su un tavolino c'è un libretto e il signor Luciano lo afferra e lo getta con tutta la forza contro il muro: il povero volume si sfascia e i fogli finalmente liberi, almeno loro, si sparpagliano per terra. È la prima volta che vedo il mio padrone lasciarsi andare alla rabbia in questo modo; quasi non lo riconosco.

«Vorrei sapere chi ha scritto che io debba decidere la guerra civile, perché se la divisione va a Genova questo succederà. Voglio condurre questa brava gente... dove?»

Starebbe per lanciare un secondo libro, ma si ferma in tempo, per rispetto della carta stampata.

«Vorrei anche sapere se quei signori di Torino fossero già informati di quello che succedeva a Genova. Non è che il loro scopo fosse proprio evitare che noi andassimo a dar man forte agli insorti? Se così è stato, mi hanno bellamente preso per il naso.»

Il Conte: «È inutile recriminare: quello che è fatto è fatto. E poi, cosa avresti potuto ottenere di diverso?».

Enrico Dandolo, quello che di solito parla meno di tutti: «Io credo che dovremo discuterne con i nostri uomini e decidere tutti insieme. Se vogliamo la democrazia, forse è il momento di usarla».

È la soluzione più ovvia, nessuno ha da ridire, però il signor Luciano rimane scuro in volto.

Il battaglione viene riunito in quattro e quattr'otto, anche perché, caso raro in quel tramonto delle speranze e alba di delusioni e rimpianti, è rimasto unito e disciplinato.

Il signor Luciano parla in piedi su un tavolo ed è teso, quasi brutale.

«Abbiamo di fronte due strade. Possiamo andare a Genova, unirci al popolo di quella città che si è ribellato e magari proclamare una Repubblica genovese. Come hanno detto questi bravi uomini, la città è munita di forti e di mura e quando tornerà la flotta che si trova ancora nell'Adriatico, si unirà sicuramente alla lotta perché la gran parte degli ufficiali e dei marinai sono liguri.

Questo, in parole povere, significa guerra civile, perché il governo di Torino di sicuro non accetterà una rivolta. Magari chiederà aiuto all'Austria, per recuperare quello che sente suo.

L'altra via è seguire quanto abbiamo concordato con il ministero: arrivare al mare, imbarcarci e portare il nostro braccio alle repubbliche che già ci sono in Toscana o a Roma. Questa è la scelta che abbiamo di fronte e non vi nascondo che è una scelta da far tremare i polsi. Però abbiamo la libertà di decidere del nostro futuro e questo è, allo stesso tempo, poco e moltissimo.»

Le parole cadono nel silenzio più completo: non si muove un muscolo e tutti gli occhi sono puntati sul nostro comandante. Ai bordi dell'uditorio ci sono i genovesi e tanti soldati degli altri reparti, a conferma che quello che verrà stabilito qui verrà ripetuto ovunque.

Si alza un tenente, quel Narciso Bronzetti che conosciamo da Brescia: «Maggiore Manara, parlando liberamente, ne abbiamo passate tante insieme. Se lasciati soli, noi dovremo orientarci in base alle simpatie personali, oppure tirando una moneta. Per prendere decisioni così importanti bisogna conoscere le cose: lei sa più di noi e ha la nostra fiducia».

Questo discorso viene accolto con un mormorio di favore e in molti annuiscono con la testa. Sarei pronto a scommettere che il signor Luciano se lo aspettava e anzi temeva qualcosa di simile.

Però non sia mai detto che si tiri indietro di fronte a un ostacolo, o che eviti un dovere.

«Ebbene, vi dico io cosa farò. La cosa migliore che ho vissuto in questo ultimo anno è stato il giorno delle elezioni a Solero: vedere la gente scegliere liberamente i propri rappresentanti con ponderatezza, attenzione e intelligenza. Questo è ciò che voglio per i lombardi, per gli italiani e per tutto il mondo: la libertà di sapere e la libertà di decidere.

Con una guerra civile, sicuramente la prima vittima sarebbe lo Statuto piemontese perché il partito nero, contrario a ogni progresso, si troverà dalla parte dell'esercito e del re, mentre i liberali avranno le mani legate. Forse nascerà una Repubblica genovese, sicuramente morirà un Piemonte in cui si può votare liberamente.

Per evitare questo terrò fede agli accordi che io stesso ho firmato e andrò a Bobbio e poi da lì in Toscana, oppure a Roma a continuare la lotta per ciò in cui credo. Questi sono i miei divisamenti e Dio solo sa quanto mi costano, ma vorrei che ciascuno di voi si sentisse libero di scegliere e non per questo perderebbe la mia stima o lo considererei anche solo di poco meno onorato.»

Il tenente Bronzetti è ancora in piedi, guarda i suoi fratelli e poi annuncia che rimarrà con il maggiore Manara e chi è d'accordo può alzare la mano. Lentamente, una a una a testimoniare la difficoltà della scelta, tutte le mani si alzano, tranne tre.

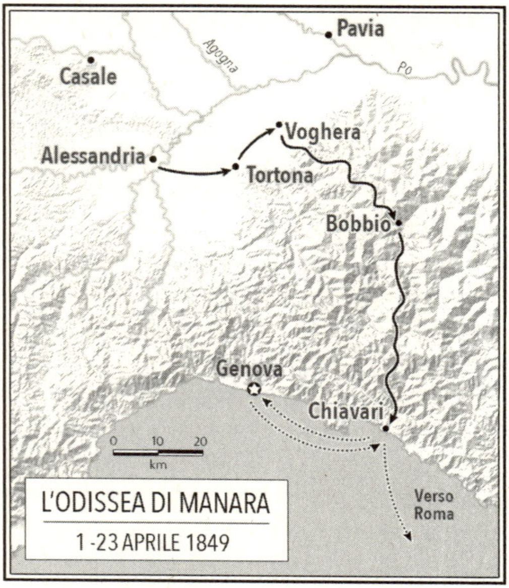

La delusione sul volto dei genovesi è palese, mentre gli uomini degli altri reparti tornano dai compagni a riferire cosa hanno sentito. Entro sera appare chiaro che la grandissima maggioranza della divisione lombarda seguirà gli accordi presi con il ministero e i signori genovesi torneranno indietro con un ben magro bottino, forse qualche centinaio di vaghe promesse di essere raggiunti una volta sciolta la divisione.

Gelati, affamati, poveri, traditi

Ci si mette in marcia in direzione degli Appennini e di Bobbio con lo spirito di un trasferimento di forzati.

Il primo scoppio d'ira avviene quando ci si rende conto che siamo rimasti quasi tutti fanti, qualche cavalleggero e una sola batteria: le altre erano state inviate nei giorni precedenti sul lago Maggiore e a Moncalieri. Si inizia a parlare di congiura: tutti sanno che il maggior timore dei conservatori è che eventuali insorti abbiano i cannoni.

Poi si scopre che la strada che il ministro in persona aveva assicurato essere facilmente percorribile, «si può farla comodamente in carrozza», è invece così ostica che i cannoni superstiti non possono inerpicarsi oltre Varzi e devono essere abbandonati e lo stesso è per le carrette che portano le salmerie. Due cavalleggeri muoiono precipitando assieme alle loro cavalcature quando il tratto di sentiero su cui stavano arrancando frana a valle. I feriti e gli ammalati non si contano, ma sono rimasti solo due medici con pochissime medicine.

Siccome anche Dio ci ha abbandonato, per tutto il percorso o piove o nevica e per evitare problemi alla popolazione civile passiamo sempre fuori dai centri abitati; questo significa dormire sul terreno molle d'acqua, se non sulla neve.

Nonostante le rassicurazioni ministeriali, molti ufficiali sabaudi, impauriti dai loro uomini e temendo di danneggiare la carriera, abbandonano la colonna; i commissari di guerra li seguono con la cassa e, con loro, le paghe promesse. Uno viene raggiunto mentre cerca di fuggire e impiccato senza tanti riguardi; in un altro paio di casi noi riusciamo a intervenire in tempo e salvare la salute di qualche malcapitato.

Come quella volta che veniamo chiamati perché un capitano – magro magro, con baffetti pretenziosi e capelli radi benché sia ancora giovane – è a malpartito contro uno dei suoi uomini, che gli sta puntando la baionetta alla gola. Uno degli spettatori, per altro assai divertito, ci aggiorna che i due si sono sfidati a duello per via di certi insulti all'onore degli ufficiali piemontesi, retrogradi e bigotti. Ridendo spiega che il superiore aveva la sciabola e il sottoposto solo la baionetta e, ciò nonostante, il capitano è stato disarmato in un batter d'occhio. Non abbiamo potuto evitare che il capitano subisse una salutare lezione pratica di politica e morale a suon di schiaffoni, ma gli abbiamo evitato il peggio.

Seguendo l'esempio dei capi, succede che anche i soldati disertino: abbandonano la colonna, vendono il fucile e la divisa di buon panno in cambio di abiti da contadino, qualcosa da mangiare, qualche lira e con quel misero bottino cercano di mettersi in salvo; meglio va ai cavalleggeri perché il solo cavallo vale quindici o venti lire.

Gelati, affamati, poveri, traditi, senza capi, con la sensazione di essere considerati banditi, o scarti di cui liberarsi al più presto, la truppa che arriva a Bobbio non è più l'avanguardia dell'Italia unita, ma individui che hanno sceso tutti i gradini della dignità umana.

Mal contati siamo rimasti poco più di tre o quattromila, ma in tutto ci si può fidare di un solo battaglione, oltre al nostro, e due o tre compagnie: non più di milleduecento uomini che devono fare da gendarmi per tutti i commilitoni, e questo è il compito più sgradevole che si possa imporre a dei patrioti.

È il primo aprile e viviamo il più brutto scherzo della nostra vita.

C'è solo un momento che voglio ricordare

È inutile raccontare la permanenza a Bobbio, in un paese terrorizzato da un'orda di barbari. Per tutto il tempo il generale Fanti, il signor Luciano e qualche altro ufficiale non hanno fatto altro che correre dal sindaco e dai maggiorenti del paese affinché non fossero avari con il cibo e la legna. Poi passavano dalla nostra truppa per reprimere un furto, una violenza, un saccheggio.

Sono convinto che quando abbiamo lasciato il paese, in chiesa si sia celebrato il *Te Deum* per il sollievo.

Nemmeno la marcia fino a Chiavari va raccontata, perché è solo un ripetersi di sofferenze sempre uguali: un serpente di straccioni che si trascina per strade infami, spesso poco più che sentieri dove si passa solo in fila per uno. Ha smesso di piovere, ma ugualmente la terra è fradicia e fangosa; i torrenti sono pieni d'acqua tumultuosa ed è un'avventura attraversarli. A quello che so io, almeno due uomini sono morti travolti dalla corrente e un altro paio cadendo nei burroni.

Non essere più un'unità militare in marcia, ma un pellegrinaggio di disperati significa anche che la testa non sa cosa faccia la coda: noi del battaglione Manara apriamo la strada e dietro potrebbe anche essere scoppiata la rivoluzione e non ne sapremmo niente.

Quei giorni sono vissuti da tutti come l'ennesimo incubo.

Emilio non è riuscito a trovare nessuna cosa, nemmeno minima, da raccontare con il suo bello stile poetico.

Il fratello Enrico, già normalmente silenzioso, non ha pronunciato una parola lungo tutta la strada.

Il Conte, abituato alle escursioni nei boschi sui monti svizzeri, ha fatto da guida e da esploratore per tutto il tempo: se un milanese lo avesse incontrato adesso, non avrebbe certo riconosciuto l'elegante e raffinato studente di una volta, ma sarebbe fuggito, convinto di aver incontrato l'Omo Selvatico.

Il signor Luciano più di tutti è irriconoscibile: taciturno, triste, solitario ha quasi abdicato al ruolo di comandante; ovviamente non si lamenta della fame o della fatica, ma nemmeno, come avrebbe fatto di solito, tenta di rincuorare chi gli sta vicino. È come se tutte le responsabilità e qualche altro peso sull'anima lo stiano schiacciando.

A Milano diceva che la gioventù è poter sollevare il mondo e poi ci pensa il peso della vita a tirarlo giù: a vederlo adesso non si direbbe capace di alzare un ciottolo.

C'è solo un momento che voglio ricordare.

Stavamo avanzando per un sentiero in mezzo ai boschi e se non fosse stato per il solito carico di fame, rabbia, stanchezza, tristezza e chi più ne ha più ne metta, sarebbe anche stata una passeggiata piacevole, perché il clima si è addolcito e sembra che la primavera si sia decisa ad arrivare.

In cima a una salita troviamo un piccolo pianoro senza alberi: da lì per la prima volta vedo il mare.

È difficile spiegare cosa ho provato. Quando eravamo a Solero, durante una passeggiata, il signor Luciano mi aveva assicurato che la prima volta sarebbe stata un momento indimenticabile. Io non so che dire: la linea della costa è bellissima, un pizzo di insenature e promontori, ma il mare è…

È il nulla.

È qualcosa che non ha fine, non ha corpo. Forse, quando saremo scesi da queste montagne, a vederlo da vicino, cambierò idea: visto da qui sembra solo un immenso vuoto azzurro.

Vado a cercare il signor Luciano e lo trovo appoggiato a un tronco che guarda nella direzione opposta. Seguo il suo sguardo per capire cosa stia osservando, ma vedo solo montagne e, al là di queste, altre montagne sempre più lontane e in fondo, forse, la pianura: grigia e così esile che quasi è immaginata.

Dico: «Da quella parte si vede il mare».

«Però di là c'è la mia Lombardia e chissà quando mai la rivedrò.»

Ho scoperto che l'acqua del mare è salata

Il giorno 4 aprile entriamo a Chiavari e di quella cittadina di mare io ricorderò sempre due cose.

La prima è l'odore.

L'odore di mare esiste solo in riva al mare, non si può confondere con un altro, nemmeno con quello del lago. Quello annusato a Salò era profumo di foglie bagnate e legna marcia; questo invece è forte e penetrante come pochi altri e invade ogni cosa, anzi la penetra: i sassi della riva, i vicoli, le case, il pane, il vino, la gente, i cani e i gatti.

Tutto sa di mare.

Poi ho scoperto che l'acqua del mare è salata, come se ci avessero rovesciato dentro carri e carri di sale: così salsa che non si può bere e se ti lavi la faccia poi brucia.

Tanta acqua così, all'infinito, e tutta così inutile.

Anche il pesce è molto diverso da quello dei laghi: quello delle nostre parti al confronto è dolce, mentre qui ha sapore fortissimo. Poi, se ci si fa l'abitudine, si mangia anche quello, come si mangia ogni cosa quando si ha fame.

La seconda cosa sarebbe quasi buffa, se non fosse tremendamente tragica.

Scendiamo dalle montagne e non ci sembra vero che quel

viaggio infernale sia finito: ci accoglie il cielo azzurro e un sole caldo che asciuga l'umido accumulato nei giorni passati.

Quando siamo abbastanza vicini al paese da distinguerne con precisione i tetti e le finestre, vediamo arrivare dei ragazzi del posto che ci chiedono se siamo la divisione lombarda: rispondiamo di sì, anche se non lo sembriamo, e loro ci fanno da guida e sembrano felici di averci trovato. Da troppo tempo siamo abituati al timore dei civili, alle porte chiuse e alle deputazioni che vengono a chiedere cosa vogliamo per risparmiare le loro case e le loro cose. Incontrare qualcuno felice di vederci è piacevole e ci fa sperare di esserci lasciati il peggio alle spalle. Ci ritroviamo tutti imbaldanziti, il passo si fa più leggero, le schiene si drizzano e spunta perfino qualche sorriso.

Fra di noi, mentre scendiamo, ci si interroga sulla gradita novità.

Dice il Conte: «Qui la guerra non è arrivata, non hanno visto marciare eserciti e le sconfitte sono solo racconti. Per loro noi siamo semplicemente soldati amici».

Enrico Dandolo: «Il popolo della Liguria è sempre stato rosso e sapranno che noi siamo i volontari delle insurrezioni».

Emilio Dandolo: «La gente di mare è abituata a chi va e chi viene, non come in pianura dove lo straniero, anche se abita solo due paesi più in là, è guardato sempre con diffidenza».

Il signor Luciano tace, ma anche lui sembra più disteso, come se avesse lasciato sui monti qualcuno dei sassi che si porta dentro.

Accogliamo come fratelli i patrioti della divisione lombarda

Entriamo nella cittadina, che non è nemmeno tanto piccola, ma è diversa da tutte quelle che ho visto finora, con case colorate e reti stese a ogni uscio, come da noi in campagna si vede il fieno ammucchiato. Ci sono tante persone ad accoglierci e paiono felici di vederci: ragazze sorridenti e uomini che applaudono.

Sfiliamo noi del battaglione Manara, ancora ordinati nonostante le disavventure, dietro a Emilio con il tricolore sulla spalla. Arrivano gli altri, più cenciosi e disordinati, ma ci sono battimani anche per loro.

In una bella piazza circondata da portici bassi in fondo ai quali ci sono botteghe quasi buie, ci attendono le personalità del luogo guidate da un signore anziano con i tratti parecchio curiosi: viso tondo e paffuto, pelle cotta dal sole di color moro, barbetta e capelli ricci e bianchi che sembrano cotone incollato.

È il sindaco e avanza per abbracciare il signor Luciano e poi, rivolgendosi con voce stentorea alla folla lì intorno: «Accogliamo come fratelli i patrioti della divisione lombarda che vengono a portare aiuto agli eroi genovesi che hanno alzato la fiaccola della libertà sulle tenebre. Tutto quello che è nostro è vostro, fratelli nell'ideale».

Dobbiamo aver fatto una faccia così stralunata e imbarazzata che il signore si sente in dovere di spiegarsi meglio.

«Noi condividiamo con voi questa lotta: i nostri fratelli, figli e mariti sono partiti per Genova per contribuire alla causa italiana, ma non sono gente di guerra. Voi, usciti dalle officine di Marte, armati di tutto punto, sarete il martello che percuoterà ogni tentativo di soffocare le libertà.»

Il signor Luciano a Milano era famoso perché non si scomponeva mai: di fronte a ogni scherzo, a ogni situazione imprevista riusciva sempre ad apparire imperturbato. In quest'occasione invece rimane di paglia: sguardo spento e bocca aperta, e i suoi amici non sono meglio.

E cosa può dire? Che deve esserci un errore e la divisione lombarda ha votato di non andare a Genova per evitare una guerra civile?

La guerra civile invece deve esserci in quel momento nella sua testa tra l'ufficiale razionale che è e il patriota sognatore che è stato. Ne esce una risposta impacciata: siamo vicini col cuore ai patrioti di Genova, ma dobbiamo imbarcarci per la Toscana oppure per Roma, perché questo abbiamo pattuito con il sovrano e i ministri.

Di quel discorso confuso e contorto, l'unica cosa che si capisce è la delusione dei chiavaresi, a partire dal sindaco. Più che delusione, stupore: sono o non sono patrioti che hanno combattuto nelle Giornate milanesi e poi contro gli austriaci? Perché non devono aiutare quelli come loro di Genova?

Pian piano la disillusione si diffonde nella piazza, i sorrisi si spengono e fanno posto a un silenzio pieno di imbarazzo. Anzi, fra la folla comincia a circolare un brusio ostile, di fiducia ingannata: molti se ne vanno e chi resta ha faccia dura e occhi pieni di rimprovero.

La situazione è insostenibile, anche perché gli uomini della divisione continuano ad arrivare con l'espressione speranzosa di chi è venuto a conoscenza della buona accoglienza; vedere invece volti bui significa, ancora una volta, delusione.

In questo momento delicato sarebbe molto facile che scoppi un tumulto: basterebbe una parola sbagliata detta da una delle due parti.

Poi, vedendo arrivare in lontananza il generale Fanti, più attento alla carriera e quindi sicuramente più rigido nel far rispettare gli accordi, il signor Luciano riprende la parola e rassicura frettolosamente il sindaco che sarà fatto tutto quanto possibile per aiutare Genova, pur rimanendo nei confini degli accordi con il ministero. In ogni caso promette che al più presto una delegazione della divisione si recherà nella capitale ligure per capire il da fare.

Questo non ristabilisce l'entusiasmo iniziale, ma almeno allenta la tensione: il signor Luciano, il generale Fanti e i pochi altri ufficiali superstiti vanno a cena dal sindaco, per studiare i dettagli della permanenza di così tanti soldati nella cittadina e pianificare l'invio della delegazione.

Non so cosa sia successo a quella tavola: io, i fratelli Dandolo e il Conte siamo ospitati in casa di un pescatore che deve essere tra i benestanti del paese, poiché ci fa vedere i ritratti dei pescherecci di sua proprietà. Famiglia di brava gente che si fa in quattro per metterci a nostro agio: però non si accorgono, essendoci nati, dell'odore di mare e di pesce così forte che sembra seduto a tavola con noi.

Anche la cena è sicuramente il meglio di cui dispongono, ma è tutta a base di pesce con sapori così marcati che dobbiamo farci forza per onorare le portate, nonostante la fame. Quando torniamo in stanza, Emilio riassume bene questa esperienza: è come mangiare e dormire in un carro che trasporta baccalà.

Non vediamo il signor Luciano al quale è stata riservata una stanza tutta per lui, onore che condivide solo con il generale Fanti. Conosco però quello che ha scritto alla moglie, quella sera.

Cara Lita,
Oggi è stata giornata pessima. Il popolo di Chiavari ci ha accolto fraternamente e con entusiasmo credendo che fossimo giunti a portare soccorso a Genova insorta. Non puoi immaginare il vero dolore che ho provato quando ho dovuto dire che avevamo altri progetti e destinazioni.
Mi chiedo se il Luciano delle Giornate si sarebbe comportato nella stessa maniera o piuttosto si sarebbe gettato senza pensieri anche in quella battaglia. Per consolarmi, mi dico che quel giovane sognatore adesso è cresciuto e deve fare i conti con le regole del mondo reale.
La triste verità è che i sogni appartengono alla gioventù e oggi io sono un vecchio, con l'anima piena di rughe, una per ogni sconfitta ed umiliazione.

La guerra non rende migliori

Di notte, ben prima dell'alba, vengono a svegliarci gli uomini del municipio perché i soldati della divisione continuano ad arrivare e gli ultimi reclamano a gran voce cibo e una sistemazione, impazienti di fronte a qualsiasi ritardo. Inutile far notare che le cose andrebbero notificate al generale Fanti, tanto saremmo noi del battaglione Manara a dover intervenire.

Così, invece di dormire, si va a fare i gendarmi fino a mezzogiorno, quando tutta la divisione è più o meno sistemata. Non si placano le proteste sia dei cittadini, sia dei soldati, ma a noi rimane la piccola soddisfazione che non sia successo niente di grave.

Siccome sembra che abbiamo la capacità di attrarre le rogne, a ogni passo arriva qualche ligure con le lacrime agli occhi a ripetere se davvero non possiamo aiutare Genova: noi cerchiamo di spiegare e giustificare, ma è tremendamente difficile. Come se non bastasse un gruppo di soldati si riunisce in piazza, e chiede a gran voce di andare a combattere sotto la Lanterna. Hanno evidentemente dimenticato le decisioni prese tutti insieme e adesso, dovendo guardare in faccia chi chiede un aiuto, ritornano più ribelli che soldati.

La situazione potrebbe farsi grave, ma proprio in quel momento approda un battello proveniente dal capoluogo con le ultime notizie che non sono per nulla buone.

Il giorno prima i forti e le mura dalla parte della Val Polcevera sono caduti in mano ai piemontesi e in maniera inspiegabile: non c'è stata quasi battaglia e le guarnigioni si sono arrese a un piccolo manipolo di bersaglieri. Però, anche se la difesa risulta compromessa e forse, addirittura, senza speranza, i genovesi hanno alzato le barricate per fare resistenza.

Questa notizia è paglia sul fuoco e si sente gridare: «A Genova! Alle barricate!».

Il giovane Dandolo spiega bene il nostro animo lacerato: «Qui come a Milano il popolo è in lotta e la parola stessa *barricata* è una chiamata alle armi. Però noi combattevamo contro gli austriaci, mentre i genovesi contro i piemontesi che, guarda l'ironia del destino, vestono proprio il nostro stesso abito uniforme».

Suo fratello Enrico, quando ha saputo che a comandare le operazioni dalla parte sabauda c'è quell'Alfonso Lamarmora che abbiamo incontrato più volte, sorridendo dice: «Potremmo tirare le palline bianche e nere per decidere chi di noi va con i genovesi e chi con i piemontesi».

Il signor Luciano non ride e ha gli occhi tristi e duri.

A metà pomeriggio giunge un altro battello che riporta a casa buona parte del contingente chiavarese, con la notizia che i piemontesi hanno sfondato le linee più esterne e ormai si sta trattando per la resa. Tutti gli abitanti della cittadina si sono riversati sulla riva e ci sono sentinelle sui tetti e sugli alberi per segnalare l'arrivo di altre barche.

A sera arrivano altre notizie brutte: nonostante le trattative per la resa, il generale Lamarmora ha fatto ugualmente bombardare la città, dicono per punirla per l'insurrezione.

Per noi questa notizia è l'ennesima coltellata; ne stiamo discutendo quando si avvicina il sindaco con lo sguardo smarrito.

«Ci sono tre nostri concittadini a Genova che sono ancora prigionieri…»

Continua un altro signore distinto, con la faccia secca come un'aringa, asciugata dal sole e dal sale: «… Perché catturati con le armi in pugno».

Continua il sindaco con la voce che trema: «Se poteste andare voi a Genova a intermediare per la liberazione di quei giovani, sono sicuro che vi daranno ascolto. Non possono certo avere altre colpe se non quella di aver ingenuamente lottato per i loro ideali».

Il signor Luciano lo tranquillizza, ma servirà una barca che li conduca nel capoluogo: l'uomo garantisce che alle prime luci del giorno sarà pronto il più veloce naviglio di Chiavari e se ne va con passo stanco; non assomiglia più al personaggio curioso e roboante che ci aveva accolto il giorno prima.

A bassa voce, l'altro signore: «Uno dei prigionieri è suo figlio: i piemontesi dicono che tutti quelli presi con le armi in mano saranno fucilati».

Noi tutti ci affrettiamo a rassicurarlo che non può essere così e che in guerra è normale girino voci esagerate.

Il signor Luciano invece tace e guarda lontano, come se non volesse pensare di aver trattato e di essere stato dalla stessa parte di chi ha fatto bombardare una città. Emilio riassume, sottovoce, i nostri sentimenti: «La guerra non rende migliori, questo è certo».

Siete peggio degli austriaci

Il giorno seguente, alle prime luci dell'alba, veniamo imbarcati su un bel battello con due alberi. È un naviglio più grosso di quelli della traversata del lago di Garda, ma a confronto dell'immensità del mare, sembra una barchetta.

Per uscire dal porto, la nave punta verso l'orizzonte che è dritto come una linea fatta con il righello e completamente vuoto, in una maniera che non è naturale che sia. Io credo che l'orizzonte per essere bello deve avere il profilo seghettato dei monti o gli sbuffi fantasiosi delle cime degli alberi: non capisco chi si lascia affascinare da una riga dritta.

Preferisco guardare dall'altra parte, verso la costa verde, così distante che una montagna sta tranquillamente in una mano: si può pensare che i dolori siano rimasti là, sulla terraferma, e non possano raggiungerci in mezzo a tutta questa acqua.

Bellissimo è il silenzio profondo che ci circonda, composto da piccoli rumori che non disturbano l'orecchio: il vento fra le vele, lo schiocco di una corda, lo sciabordio dell'onda.

Poi si arriva a Genova ed è uno spettacolo che lascia a bocca aperta.

Ci portiamo tutti a prua per godere di questo momento, tranne il signor Luciano che è di così cattivo umore che sembra avere una nube di temporale sulla testa.

Il porto ci accoglie con l'altissima lanterna, che poi è un faro, e un brusio che assomiglia a un alveare quando si disturbano le api. Noi, in quell'alveare, ci entriamo infilandoci fra navi di tutte le forme e dimensioni: la selva degli alberi è così fitta che nemmeno in un bosco ce ne sono tanti; le barche sono così vicine le une alle altre che si potrebbe saltare da ponte a ponte senza bagnarsi i piedi.

Ci sono un'infinità di battelli grandi come il nostro, qualcuno più piccolo e altri enormi da sembrare palazzi: per guardare dove finiscono, bisogna piegare indietro la testa come a Milano davanti al Duomo.

In qualche modo deve esistere un ordine in quel caos di imbarcazioni, tant'è vero che arriviamo senza incidenti a un piccolo molo. Scopriamo che, quando si scende da un'imbarcazione, la terraferma non è tanto ferma e per qualche minuto sembra che ondeggi e si alzi ora a destra e ora a sinistra. Se non fosse che è un gran brutto momento, verrebbe da ridere.

Il signor Luciano ci fa strada, perché lui è già stato a Genova, come ha già viaggiato in nave in mare e come ha già visto tanti posti stranieri in tutta Europa.

Pochi passi e capiamo che l'abito da bersagliere non è un buon biglietto da visita in quella città: la gente si scansa e ci guarda se non con odio, sicuramente con antipatia e rimprovero; qualcuno con la coccarda rossa, oppure tricolore sul cappello, ci urta volontariamente, oppure sputa dopo il nostro passaggio.

«Siete peggio degli austriaci» è la frase meno volgare che ci sentiamo rivolgere; per fortuna non comprendiamo gli insulti detti in lingua genovese. In ogni caso, vestire i panni dell'oppressore fa uno strano effetto su chi ha sempre pensato di combattere per la libertà.

Troviamo il generale Lamarmora affaccendato a governare una città sconfitta. Con noi si dimostra assolutamente gentile e disponibile e concede la liberazione dei tre prigionieri di Chiavari senza nemmeno chiedere il motivo, come si trattasse di una monetina di elemosina.

Inseguire un sogno di libertà e di unità nazionale

Il Conte viene mandato alle carceri per liberare i tre chiavaresi ed Enrico Dandolo deve andare con Alessandro Lamarmora, fratello di Alfonso, a prendere accordi per le navi che dovranno portarci via dalla Liguria.

Quando ci ritroviamo tutti insieme facciamo il punto della situazione che, è inutile nasconderlo, non è rosea.

Non è ancora arrivata la notifica ufficiale dello scioglimento della nostra divisione, ma prima o poi arriverà e allora dove potranno andare quelle migliaia di uomini colpevoli solo di aver voluto inseguire un sogno di libertà e di unità nazionale?

La vicina Toscana sarebbe la scelta più ovvia, ma versa in cattive acque spezzata com'è tra il partito fiorentino moderato e quello livornese intransigente.

Altrimenti restano solo due luoghi in cui sopravvivono gli ideali liberali.

La Repubblica di Venezia, lontana e oramai ridotta alla sola laguna, aggrappata a un barlume di speranza perché in molti, in tutto il mondo, hanno simpatia per la millenaria Serenissima.

Infine c'è Roma, dove si è diretta la maggioranza dei combattenti per la causa italiana. Qui la situazione è più complicata perché il papa, protetto da quel Borbone universalmente conosciuto come re Bomba, non accetta di sentire ragioni che non siano un intervento armato che spazzi via la Repubblica, punisca i ribelli e lo rimetta sul trono nel pieno del suo potere assoluto; ogni tentativo diplomatico e ogni mediazione non vengono nemmeno ascoltati.

A quanto si sa, la Città Eterna verrà assaltata dall'esercito napoletano, da quello austriaco, perfino da quello lontano di Spagna; non si capisce invece cosa intenda fare la Francia, repubblicana come Roma. La sinistra di Parigi vorrebbe accorrere in aiuto della consorella; la destra cattolica vorrebbe invece schierarsi al fianco del pontefice. In mezzo, il presidente Luigi Napoleone è una sfinge che valuta tutti i pro e i contro e sembra considerare innanzitutto il proprio tornaconto.

Fate bene a scappare

Problemi a Genova, problemi in Italia, problemi ovunque. Siccome non si può vivere di soli problemi decidiamo di andare al caffè, cosa che è sempre stata una passione del signor Luciano; da quando lo conosco non perde mai l'occasione di stare al tavolino e curiosare in giro, come se fosse su un balconcino da cui osservare il mondo.

Purtroppo quel giorno, a Genova, non c'è niente di bello da ammirare: tutti gli avventori si sono allontanati, lasciando una sorta di anello vuoto attorno a noi e ci fissano con un misto di rabbia e disgusto. Fossimo stati stallieri puzzolenti avremmo creato meno scompiglio.

Non ci vuole molto a capire che non siamo graditi e così ci

alziamo senza aver ordinato e ci avviamo verso l'uscita. Non succederebbe nulla se non fosse che un giovane genovese, uno studente dell'età di Emilio e del Conte, vestito elegante, panciotto violetto e cappello molle con coccarda rossa, non decide che sia suo diritto rincarare la dose.

«Ecco, fate bene a scappare come avete fatto con gli austriaci e invece fate la voce grossa contro un popolo che vuole solo salvare le libertà» e si piazza a gambe larghe davanti al bancone, in modo da farsi ammirare dai suoi concittadini.

Il giovane Dandolo si volta e fa un passo per andare a dirgli le sue, ma il signor Luciano lo afferra per un braccio e lo trascina a forza verso l'uscita. Ci ritroviamo all'aria aperta inseguiti dalla voce del bel tomo: «Ecco, scappate e poi cosa farete? Bombarderete anche questo caffè?».

Queste parole pesano come macigni, al punto che, svoltati due angoli, chiedo al mio padrone perché non abbia voluto dire il suo nome e che cosa ha fatto. La mia richiesta ha perlomeno l'effetto di strappargli un accenno di sorriso amaro: «Quel ragazzino non sa che noi siamo stati patrioti prima di essere bersaglieri. Per lui e per tutti i genovesi chi veste questa divisa è un piemontese, quindi oppressore. Oppure devo spiegargli che sono stato io a spendermi affinché la nostra divisione non venisse in soccorso di questa città? E prima ancora ho fatto di tutto affinché i patrioti vestissero la stessa uniforme di quelli che hanno bombardato queste case?».

Detto questo riprende la strada, con la faccia dura per non lasciar uscire nessun'altra parola.

Quelle idiozie dell'Italia libera e democratica

Come se non fosse stata abbastanza umiliante la scena al caffè, Genova ci riserva un'altra pillola amara da inghiottire.

Stiamo tornando verso il porto quando incrociamo una pattuglia di fanti che scortano cinque o sei ragazzotti in catene e per farlo usano le brutte maniere: colpi col calcio del fucile, punzecchiamenti con le baionette e calci a chi cade per terra.

Un capitano raccomanda ai suoi uomini di essere poco gentili e rivolto alla piccola folla che assiste impotente: «Insegniamo a questi balilla un po' di educazione».

Il signor Luciano, che sulla divisa ha le spalline da maggiore, si avvicina e chiede ragione di quel comportamento. La risposta è annoiata, appena appena mitigata dalla differenza di grado: «Li abbiamo trovati che scrivevano sui muri frasi contro il nostro re e per quelle idiozie dell'Italia libera e democratica».

In quel momento tutti noi riconosciamo il capitano coi baffetti e pochi capelli a cui abbiamo salvato la vita nella marcia dopo Bobbio: quello che in un duello, lui con la sciabola, l'altro con la baionetta, aveva avuto la peggio.

È un momento e assisto all'unica volta, a mia memoria, in cui vedo il signor Luciano perdere completamente le staffe.

Prende l'ufficiale per un braccio: «Come vi permettete di trattare così dei civili e dei compatrioti? Siete in tutto e per tutto uguali ai croati che facevano i gradassi contro gli eroi di Milano, prima delle Giornate. I modi sono esattamente gli stessi e uguali le ragioni: una scritta sul muro, una pernacchia oppure una battuta irriverente. Lei è indegno dell'uniforme che porta e aveva ragione quel vero patriota che a Bobbio le stava impartendo una sonora lezione a schiaffoni. Ma capisco che sia più facile maltrattare dei ragazzini che non avere a che fare con persone abituate alla guerra».

Quindi, rivolto ai soldati che lo fissano impauriti: «Lasciate andare questi ragazzi e la vostra voglia di mostrarvi forti tenetela per la prima volta che vi troverete davanti a un nemico vero».

Stiamo per andarcene, quando con un filo di voce, il capitano cerca di rammendare la sua autorità: «Non finisce qui, signor maggiore. Io so che lei è quel Manara rivoluzionario milanese, quello che con le sue bravate ci ha cacciati in questi guai. Non credo che terrà per molto tempo quei gradi sulle spalle, perché in Piemonte non sappiamo cosa farcene delle teste calde come lei».

Il signor Luciano si volta, con due passi è nuovamente addosso all'ufficiale che sbianca e alza una mano come temendo uno schiaffo. Invece riceve solo un biglietto da visita: «Sono di stanza a Chiavari, ma sono a disposizione anche per tornare a Genova. Questi signori mi faranno da secondi e di certo non andranno a rifischiare delle nostre intenzioni ai superiori. Quando vuole, sono a sua disposizione: a lei anche la scelta dell'arma».

Starebbe per allontanarsi, ma ci ripensa e torna indietro con gli occhi che mandano lampi: «E prima di insultare il nome di Balilla, provi a studiare chi sia stato e cosa abbia fatto».

Anticipo come è andata a finire: il capitano non ha più dato sue notizie.

Sulla nave che ci riporta indietro, i tre chiavaresi liberati raccontano di tante botte e insulti però gli è andata meglio di quei poveretti che sono stati portati all'alba nel cortile e poi fucilati per finta, con uno spavento tale che uno di essi, un bottegaio di una certa età, ha avuto un attacco di cuore.

Il signor Luciano non ascolta, intento a fissare il mare.

Solo a un certo punto, quando stiamo oltrepassando il promontorio che divide Chiavari da Genova, si stacca dalla murata e chiede a Enrico Dandolo come siano gli accordi presi con Alessandro Lamarmora.

«È stato gentilissimo, ma è chiaro che non vede l'ora di saperci da qualche altra parte. Anche così malconci diamo fastidio. Comunque noi del battaglione Manara partiremo per primi: avremo due navi e mi ha consegnato una lettera in cui si richiede a nome del governo piemontese di lasciarci prendere terra in qualsiasi porto noi vogliamo.»

«Bene così. Anch'io non vedo l'ora di andarmene. Ogni giorno che rimango in questa situazione è un giorno in più in cui mi sento morire.»

8

La seconda vita del signor Luciano

Restituire i tre giovani liberati alle loro famiglie è una piccola soddisfazione: dapprima ci sono gli uomini di Chiavari, sindaco in testa, ad attenderli, e sono abbracci, strette di mano e pacche amichevoli, le stesse cose che probabilmente la gente di mare riserva a chi è scampato a una tempesta. Poi escono le donne, le madri e le sorelle, e sono baci fino a soffocare e pianti e carezze.

È bellissimo da vedere, riempie il cuore, ma non è sufficiente a rimarginare le ferite delle nostre anime. Il signor Luciano è sempre d'umore nero, sta da solo e va a guardare il mare: una infinita distesa d'inchiostro che in una sera come questa, con la luna coperta dalle nuvole, muove solo serpentelli grigi di spuma. Poi scoppia la tempesta e allora si capisce che quel mare che io credevo un vuoto inutile, invece è un mostro inarrestabile con una forza superiore a ogni cosa al mondo. Mi chiedo se Dio possa frenare questa potenza, oppure si ritiri in un cantuccio, spaventato pure lui.

Anche fra le onde che si rompono con un boato di cascata, le mitragliate di pioggia e il vento rabbioso, il signor Luciano se ne sta solo sotto un portico in compagnia dei suoi pensieri, altrettanto burrascosi.

Di barboni in questa maniera ne hanno tantissimi anche loro

Se non si guarda il cielo e il mare, la situazione è tutto sommato tranquilla: tutti, soldati e cittadini, anche se per ragioni diverse, aspettano solo il momento della partenza.

Riguardo alla destinazione, ogni porta è ancora aperta: sono arrivati i livornesi per prendere eventuali accordi e siccome sono i toscani più arrabbiati e intransigenti, la delegazione non poteva essere composta che da operai, portuali e un avvocato con chioma ribelle. Pochi giorni dopo è toccato ai fiorentini di parte moderata: tre signori compiti ed eleganti, che parlano in tono pacato.

Tutti sono rimasti egualmente delusi a vederci: si aspettavano una divisione pronta per una parata, bella, ordinata e inquadrata, con bandiere, cannoni e cavalleria; si sono ritrovati a contemplare una colonna di cenciosi. Uno dei livornesi, pensando di non essere sentito, ha detto a un suo compare che di barboni in questa maniera ne hanno tantissimi anche loro, senza farli emigrare dagli altri Stati.

Noi del battaglione Manara dovremmo essere i primi a partire, ma ogni giorno avviene qualche imprevisto e tutto quello che appariva semplice e sicuro, diventa incerto e complicatissimo.

Tra tempeste e incagli, notizie e smentite, speranze e immancabili delusioni passano la bellezza di quindici giorni e io credo che qualche santo abbia messo una buona parola per non far succedere nulla tra gli uomini della divisione e i chiavaresi.

Non sarebbe meglio tornare a casa insieme?

Una sera, mentre aiuto il signor Luciano a mettere a posto la sua divisa, ritorniamo su un argomento che avevamo già affrontato.

«Italo, non so proprio come questa avventura potrà finire. Una volta avevo detto di essere ottimista, non speranzoso, che le nostre idee avrebbero vinto. Adesso l'ottimismo non c'è più e la speranza è ridotta a un lumicino. Vorrei che tu tornassi a casa nostra: Carmelita sarebbe felicissima di averti al suo fianco e anch'io sarei più tranquillo con una persona fidata e di valore vicina ai miei cari.»

Sapevo che prima o poi ne avremmo riparlato: «Non sarebbe meglio tornare a casa insieme? Così potrà rivedere sua moglie e i suoi figli cresceranno con un padre; magari tra un anno o dieci o venti si presenterà un'altra occasione per lottare per gli ideali e allora si ricomincerà il grande ballo».

Il signor Luciano non risponde subito: lucida i bottoni della giubba mentre io spazzolo il cappello piumato.

Poi appoggia la giacca con cura su una sedia e va alla finestra a guardare il mare. Da quella posizione ricomincia a parlare.

«A te posso confessarlo: sapessi quante volte ho sognato di essere nel salotto di casa mia e suonare e cantare, con Carmelita che fa il controcanto. Però non posso: devo pensare a questi uomini che mi hanno seguito: ho un obbligo verso di loro perché comandare significa chiedere fiducia, ma soprattutto essere degni di quella fiducia.»

Un sospiro di riflessione: «Poi mi sento in obbligo con me stesso: andarmene significherebbe accettare che sia giusto che gran parte dell'Italia rimanga sotto il dominio straniero, che ci siano signori che possono fare e disfare qualsiasi cosa convinti che il loro potere gli giunga direttamente da Dio. Io invece voglio credere a un futuro diverso, in cui ogni singolo uomo abbia diritto alla sua parte di felicità, in base ai propri meriti, alla propria educazione e alla propria bontà. Credo nei popoli che scelgono governi con le elezioni e ai diritti scritti ben chiari nelle Costituzioni. Se abbandonassi, sarebbe come ammettere che questi ideali sono sbagliati».

Sorride come se questo ragionare lo avesse alleggerito di un peso: «Comunque sei il solito furbastro: sei riuscito a farmi parlare, per non dirmi tu cosa farai».

Tocca a me, non c'è scampo: «Io sono un ignorante e come tutti gli ignoranti sono pessimista perché misuro chiunque sul metro dei miei difetti; tutti voi che avete studiato, invece, vedete il bene nell'umanità. Allora vengo anch'io: non vi libererete tanto facilmente del sottoscritto».

Vorrei anche aggiungere che lui e un poco anche i fratelli Dandolo e il Conte sono diventati la mia famiglia e non mi sono ancora goduto abbastanza questa ricchezza per abbandonarla così presto. Poi penso che forse è un discorso troppo ardito e ci sarà tempo per riprenderlo eventualmente un'altra volta.

Un signore di Londra che legge delle barricate di Milano

Chiusa la parentesi sul futuro, l'unica cosa che abbiamo da fare, per ingannare l'attesa, è leggere i giornali che il sindaco si premura di far arrivare ogni giorno da Genova. Il signor Luciano li divora avidamente, seduto al caffè della piazza e ne discute con gli amici e le personalità della cittadina.

Così, a due passi dal mare, in mezzo alla puzza di alghe e di pesce a cui non mi sono ancora abituato, ascolto vicende di Budapest e di Berlino, le decisioni prese a Torino oppure a Madrid.

L'argomento che richiede più attenzione è la spedizione francese su Roma: un corpo di quasi dodicimila uomini è partito dal porto di Marsiglia per andare nel Lazio, ma non è chiaro se si sia mosso per aiutare la Repubblica, oppure sopprimerla per far tornare il papa.

Mentre gli altri discutono, io lascio vagare la mente: penso che questa cosa dei giornali sia una meraviglia e la libertà di stampa sia veramente straordinaria. È bello sapere cosa succede e discuterne.

Un pensiero mi fa sorridere: anche tutta la nostra vicenda, dalle Giornate milanesi in poi, deve essere finita sul tavolino di altre persone, magari molto lontane.

Me lo vedo un signore di Londra che legge delle barricate di Milano e commenta se siano giuste e se i milanesi si siano comportati bene; il tutto senza sapere chi siamo, cosa abbiamo passato e cosa c'è nei nostri cuori.

Forse, proprio in questo momento, c'è qualcuno a un tavolino di Bruxelles o di Atene che si incuriosisce per una piccola notizia, due righe: «La divisione lombarda non conosce ancora il suo destino». E quel signore dice: «Buttatela in mare» oppure «Sono degli eroi, bisogna dargli una medaglia», poi finisce la sua tazza di caffè, si alza, se ne va e si dimentica di noi, delle nostre speranze e delle nostre sofferenze.

Comunque noi si sta qui senza sapere cosa ci riservi il destino e leggere i giornali aiuta a illuderci di capire.

Ogni cosa, anche la più brutta, ha una fine

Alla fine, decisa Roma come destinazione, il nostro battaglione riesce a partire. Siccome siamo i primi a lasciare la Liguria, tutta la divisione è sulla riva per salutare e imparare come si fa a salire sulle navi.

Bisogna entrare in acqua e arrampicarsi su una barca che porta fino alla murata, qui si deve afferrare una scaletta di corda e tirarsi su badando a non perdere il cappello, il fucile e dimenticandosi del peso dello zaino e delle buffetterie.

Tutto questo è già molto difficile per gente che ha visto il mare per la prima volta venti giorni prima, diventa difficilissimo con le onde alte che scuotono barca e nave come se fossero gusci di noci.

Giunti sul ponte dico a Emilio che per la seconda volta stiamo per mollare gli ormeggi, dopo la triste avventura di Castelnuovo.

«Hai ragione, speriamo vada meglio. Questa volta li molliamo davvero verso l'ignoto; è una buona cosa, vuol dire che siamo vivi.»

I poeti la pensano così, ma la realtà è meno romantica.

Dal ponte si scende sotto coperta attraverso aperture quadrate con una scaletta ripida, bagnata e scivolosa. Lì sotto è buio e scomodo e bisogna stare tutti seduti uno a fianco dell'altro. Non racconto di più perché quello che è successo in quella nave è peggio di qualsiasi galera (tranne forse quelle borboniche): basta dire che al confronto il viaggio sul lago di Garda, durante il quale in tanti erano stati male, sembra una scampagnata.

Sulla prima nave siamo in quattrocento tutti chiusi nella stiva, compreso il signor Luciano che, in quanto comandante, avrebbe avuto diritto a una cuccetta al piano di sopra; lui invece è voluto restare con i suoi uomini; nella cabina ha mandato quelli che stavano così male da sembrare che morissero. Lo sappiamo che è fatto così.

L'altra nave, più piccola, ospita duecento persone nelle stesse condizioni.

Il cibo è scarso e cattivo: pesce e un pane secco che sa di muffa e va ammollato per poterlo addentare; l'acqua è torbida, non c'è vino né altro conforto.

In teoria, si ha diritto a tre ore di passeggiata sul ponte per sgranchirci le gambe e fuggire dall'aria puzzolente della stiva. Però il tempo è sempre tempestoso e così in quattro giorni di navigazione abbiamo respirato liberamente sì e no per un paio d'ore.

Sempre a causa del tempo pessimo abbiamo dovuto fare due tappe, una in una cittadina piccola di nome Porto Venere, ma la nave si è semplicemente rifugiata in porto e nessuno è potuto scendere; la seconda a Porto Longone su un'isola chiamata Elba e anche lì non c'è stato modo di muovere un passo sulla terraferma, neanche pagando oro.

In molti pensano che sarebbero morti tutti così, in quella scatola buia, accatastati uno sull'altro, tra la puzza insopportabile.

Alla fine, perché ogni cosa, anche la più brutta ha una fine, arriviamo a Civitavecchia; la voce si sparge in un baleno e tutti ci lanciamo verso le scalette che portano al ponte, quasi arrampicandoci sulle schiene dei compagni, incuranti degli ordini e delle urla di stare attenti.

Davanti allo spettacolo della potenza francese restiamo muti

Il porto di Civitavecchia è dominato da una bella fortezza, però nessuno di noi ammira il panorama, perché c'è ben altro spettacolo ad attenderci.

All'ancora c'è una flotta francese che solo a guardarla si rimane a bocca aperta. Sono grandi navi con le fiancate bianche, interrotte dagli sportelli per i cannoni, gli ottoni splendenti e i legni tinteggiati di scuro: sono belle, eleganti, minacciose e sventolano orgogliose la bandiera bianca, rossa e blu.

Io ne conto una decina, qualcuno dice undici, qualcuno ancora di più; al confronto i nostri piccoli navigli, vecchi, grigi, lenti fanno ben magra figura. Anche noi, che siamo il meglio dei volontari del Quarantotto, non reggiamo il confronto delle truppe ordinate che stanno sbarcando sui moli, con le uniformi perfette, i cannoni, le carrette delle munizioni e delle salmerie.

Davanti allo spettacolo della potenza francese restiamo muti; si sapeva che sarebbero venuti nel Lazio, ma vederli con i propri occhi è un'altra cosa.

E poi c'è la domanda sempre ripetuta negli ultimi giorni: cosa sono venuti a fare? A sopprimere la Repubblica romana e rimettere sul trono il papa? Ma se sono repubblicani, allora dovrebbero essere a favore dei democratici e contro i poteri assoluti...

Sono forse venuti per difendere la Repubblica? Sarebbe bello, allora perché nessuno ci crede?

La prima delegazione mandata a terra torna con le pive nel sacco: il comandante francese, generale Oudinot, ha rifiutato il permesso di sbarcare e ci manda indietro in Toscana.

Alla notizia segue un silenzio tombale, poi un'esplosione di proteste. Gli uomini non ne possono più di stare su quel relitto di nave: minacciano di buttarsi in mare e raggiungere a nuoto la costa pur di non dover affrontare una nuova navigazione.

A stento il signor Luciano riesce a farsi sentire: «Abbiate un po' di pazienza e lasciatemi tentare di convincere questo generale. Abbiamo una lettera in cui si ordina di farci sbarcare firmata da un generale del regno di Sardegna che impegna la sua nazione».

Scende nella scialuppa che è ancora alla fiancata della nave e si avvia ad affrontare l'esercito francese; intanto osserviamo che lentamente, ma con invidiabile ordine, centinaia, se non migliaia di soldati francesi procedono nello sbarco.

La missione questa volta dura qualcosa in più e non appena il signor Luciano mette piede sul ponte della nave è subito circondato con tanta foga che per poco non ricade sulla barca.

«Non ho ottenuto di sbarcare qui perché tutto il porto è occupato dai francesi, però possiamo prendere terra a Porto d'Anzio. Sono poche ore di navigazione: domani mattina saremo sicuramente all'asciutto.»

Così scricchiolando e gemendo i nostri navigli riprendono il mare, lasciando indietro la splendida flotta francese. Visti il bel tempo e la brevità del viaggio, gli uomini hanno il permesso di rimanere sul ponte e questo rasserena non poco gli animi; il signor Luciano, invece, riunisce a poppa amici e ufficiali.

«Il generale Oudinot ha imposto la condizione che ci asterremo da qualsiasi lotta per una settimana. Io ho risposto che avrei obbedito agli ordini dei miei superiori romani, ma che, per quanto era in mio potere e sul mio onore, avrei rispettato l'impegno.»

Nessuno parla, perché è chiaro che c'è dell'altro: «Non ho una buona sensazione. Il preside della guarnigione mi ha raccontato che le prime mosse di questi nostri nuovi avversari erano state benevole e avevano perfino eretto un albero della libertà nella piazza. Evidentemente non volevano iniziare lo sbarco sotto il fuoco dei cannoni della fortezza e così, da lupi che sono, si sono mascherati da pecore. Però il fatto stesso che ci chiedono di non combattere per sette giorni significa che sono convinti di prendere Roma entro quella data».

Uno dei capitani, un tal Soldo: «E quindi cosa faremo?».

«Sbarcheremo dove ci hanno detto, raggiungeremo Roma, ci metteremo a disposizione del governo, faremo presente la condizione che ci è stata imposta e obbediremo agli ordini che ci daranno.»

Tutto semplice: lui è fatto così.

La piccola assemblea si scioglie, mentre le navi ansimano verso sud, senza allontanarsi troppo dalla costa: con la terraferma a portata di mano, gli uomini non si lamentano per tutto il viaggio. Anche quando fa buio, sapere che il terreno solido è lì vicino permette di dormire tranquilli.

Io mi avvicino al signor Luciano che è rimasto da solo a guardare Civitavecchia che si allontana, assediata dalla selva degli alberi delle navi francesi.

«Che belle truppe e che belle navi sarebbero per combattere per la libertà.»

Riflette ad alta voce: «Secondo il generale Oudinot il popolo di Roma si trova in balia di un manipolo di stranieri che hanno imposto la Repubblica; è convinto che i romani, se fossero liberi, rivorrebbero il papa. Tra poco vedremo con i nostri occhi».

Poi mi lascia e va a scrivere la solita lettera alla moglie.

Cara Lita,
Ho visto i francesi, quegli stessi francesi da cui attendevamo aiuto l'anno scorso. Vorrei sbagliarmi, ma ho tutta l'impressione che siano qui per soffocare le libertà e rimettere il papa sul trono. Si dice che il presidente francese, lontano nipote di Napoleone, abbia partecipato ai moti in Italia, ma adesso sia più attento agli interessi suoi che a parteggiare per gli ideali. Vedremo come andrà a finire, perché morire per una pallottola francese e repubblicana, magari sparata dal nipote di un rivoluzionario della Bastiglia sarebbe proprio una beffa.

Non abbiate timore, non avete sbagliato

Come promesso, prima che il sole sia completamente sorto arriviamo a Porto d'Anzio, sbarchiamo rapidamente fra la curiosità dei pescatori e dei popolani e solo il fatto di avere i piedi sulla terraferma porta se non vera allegria, per lo meno buonumore.

È il 27 aprile e io tocco terra nel quarto Stato della mia vita dopo la Lombardia, purtroppo ancora impero austriaco, la Toscana ai tempi del *Macbeth* di Verdi e il regno di Sardegna: non avrei mai pensato di poter viaggiare così tanto conoscendo lingue, usi e costumi differenti.

Il direttore del porto non ci aspettava, ma fa il possibile per rendere facile il nostro primo giorno in terra laziale e riesce a procurare anche un pasto sostanzioso di carne di pecora. Non è un cibo a cui siamo abituati, ma rappresenta una piacevole novità dopo tante settimane di pesce di mare.

Ristorati, ci mettiamo in marcia in fila per quattro. Il cielo azzurro e la sensazione di essere finalmente arrivati a un punto fermo delle nostre peregrinazioni fanno sì che si proceda con animo leggero.

Verso le dieci di mattina il sole comincia a picchiare come da noi a luglio e ben presto i canti si smorzano e poi anche le voci tacciono: la navigazione ci ha indebolito e il caldo soffocante ci asciuga via le forze.

Trascinando i piedi riusciamo ad arrivare al paese di Albano dove ci aspetta una piccola folla che applaude e ci sorride, ma soprattutto cortili dove riposare, cibo in abbondanza e anche il buon vino di queste parti, bianco, profumato e perfino dolce al palato. Gli ufficiali hanno un bel da fare a passare a controllare che nessuno esageri e sorgano problemi con la gente del posto. In realtà, l'unica cosa che succede è che ci rendiamo conto di non capire quasi nulla del romano, una lingua cantilenante, che saltella nelle bocche: in quelle degli uomini suona come un brontolio, in quelle delle donne somiglia a un sorriso a labbra strette.

La notte passa tranquilla e io dormo di fianco al giovane Dandolo all'angolo di un portico, tenendo la bandiera fra di noi.

Il mattino successivo ci si mette in cammino alle prime luci dell'alba e poco prima di mezzogiorno entriamo in Roma, dove ci aspetta una vera folla che batte le mani, grida «evviva» e «viva l'Italia»; a memoria, nemmeno quando siamo usciti dalla nostra città dopo le Giornate c'era tanta gente a salutarci.

Il signor Luciano, in prima fila, guida il battaglione con la sciabola sguainata puntata a terra, a indicare il passo successivo: è tornato quello di Milano, fiero e sorridente; al suo fianco il giovane Dandolo regge il tricolore ben dritto davanti al volto.

Dietro di loro anche Enrico e il Conte sorridono felici e salutano abbassando il capo a destra e sinistra, perché tutta quella gente che applaude è come se dicesse: «Non abbiate timore, non avete sbagliato. Avete fatto la scelta giusta e noi siamo con voi».

Roma assomiglia a un grandissimo paese di campagna

Attraversiamo la città guardandoci in giro con la curiosità ansiosa di chi, per la prima volta, entra in una nuova casa.

Il primo impatto, se non fosse per gli applausi e gli incitamenti, non è come immaginavamo. Anche uno ignorante come me, ma che ha ascoltato tanti racconti sugli eroi e la grandezza di Roma, si aspettava chissà quali splendori: invece a parte alcuni palazzi grandiosi, ma piuttosto malridotti, la città assomiglia a un grandissimo paese di campagna a cui si giunge dopo aver varcato le mura e attraversato pascoli, vigne, campi, giardini e orti. Le case sono più grandi di quelle dei villaggi, ma scrostate, addirittura cadenti e con paglia e stoffe stese ad asciugare.

Incontriamo dovunque combattenti, ma non ci fanno buona impressione: ricordano purtroppo quello che eravamo noi all'indomani delle Giornate. Molti ufficiali e pochi sottoposti; tanti cappelli contadini con piume e coccarde e pochi seri berretti da soldato. Noi abbiamo imparato a nostre spese che per la vittoria non bastano le buone intenzioni e nemmeno la giustezza delle idee, ma servono preparazione, organizzazione, cura dei particolari e disponibilità al sacrificio. Di tutto questo, a prima vista, sembra essercene poco.

Per accamparci ci è stato assegnato un posto famoso: la piazza davanti alla chiesa di San Pietro, la chiesa più importante di tutta la cristianità. Sarà sempre per il fatto che sono ignorante, ma io trovo più bello il duomo di Milano, anche se non è ancora finito: di San Pietro mi piace tantissimo invece il sagrato immenso, così grande che a Milano non abbiamo una piazza simile, con colonne gigantesche – non abbiamo nemmeno colonne così da noi – che formano portici curvi come braccia aperte per accogliere la gente.

È un luogo ottimo per riposare, anche se siamo all'aperto: le sere romane sono già tiepide. Dividiamo la piazza con molti soldati di tutti i tipi e provenienze: è così grande che potrebbe ospitare una divisione intera.

Troviamo ad aspettarci l'attore Gustavo Modena, il caro amico milanese. Anche lui ha fatto il suo dovere durante la guerra in Lombardia e poi ha continuato a fare tutto quello che poteva per tenere vivi gli ideali. È stato a Torino, a Firenze e adesso è a Roma assieme alla moglie.

Vedere di nuovo riunito il gruppo milanese fa bene al cuore e pare di essere tornati ai tempi allegri degli scherzi, oppure dei cori attorno al pianoforte. A guardar meglio, però, non si direbbe che sia passato poco più di un anno da quei giorni felici: tutti appaiono più vecchi di almeno vent'anni. Smagriti, induriti, la pelle tenera è diventata cuoio battuto dalle battaglie.

Però, per una sera torna l'allegria e la spensieratezza che credevamo dimenticate e non può finire in altro modo che con *La bella Gigogin*. Iniziano gli amici, si aggiungono i soldati e alla fine è tutto il battaglione a fare il coro. Allora succede una cosa speciale: i romani e gli altri uomini accampati nella piazza di San Pietro e che arrivano da tutte le parti d'Italia, si avvicinano a noi, soldati nordici; sembrano dire: «Guarda un po'! Apparivano così seri e composti e invece senti che canzoncine allegre cantano. Fanno venire voglia di ballare».

E ballano sul serio, battono le mani anche se in maggioranza capiscono poco o niente, ma non se ne fanno un problema. Forse sarà così l'Italia unita: non pretendere di comprendere proprio tutto degli altri, ma fare del proprio meglio per stare bene insieme.

Tocca poi ai romani farci sentire le loro canzoni e si va avanti così fino a notte fonda e dopo il signor Modena si ferma ancora a parlare con gli amici ritrovati e a raccontare come a Roma sia arrivato il meglio delle lotte democratiche da tutta Italia.

«Queste sono le Termopili della libertà.»

Deve essere una cosa importante perché la dice con un tono che la fa sembrare una legge dell'imperatore.

Quella sera a Roma mi sono addormentato serenamente e con una ferma convinzione: quello che dice il generale francese, cioè che il buon popolo di Roma subisce la tirannia di una minoranza di fanatici ed emigranti, è un grandissimo errore perché la maggioranza sta benissimo così come sta. Se dovesse fare la guerra per quella ragione, sarebbe proprio un'ingiustizia.

L'ultima immagine che ricordo è il signor Luciano che, appoggiato a una delle gigantesche colonne, scrive la solita lettera alla moglie.

Cara Lita,
Oggi siamo finalmente arrivati a Roma, accolti benissimo dalla popolazione. Mi sembra meno buona, invece, la parte militare: ho visto tante milizie indisciplinate, fra le quali il nostro battaglione farà certamente la sua figura, essendo tra le poche truppe addestrate come soldati veri.
Mi piacerebbe che tu fossi qui a vedere questa città magnifica e questo popolo straordinario, ma mi accontenterei anche di una tua lettera: non ne ricevo da tempo immemore.

«Daje *romani.*» «Daje *italiani.*»

La mattina successiva, dopo il primo rancio, la generale chiama a raccolta gli uomini alla difesa della città. Infatti i francesi, abbandonata ogni maschera di amicizia, stanno avvicinandosi per dare battaglia.

Noi siamo con le riserve in piazza San Pietro, permettendoci così di mantenere il patto fatto con Oudinot e, allo stesso tempo, essere pronti alla eventuale chiamata dei nostri nuovi comandanti.

Non passa molto tempo che comincia una nutrita fucileria e si ode anche la voce del cannone; nessuno di noi ha mai sentito così tanti spari in tutti gli scontri che abbiamo sostenuto. All'inizio, circola un certo pessimismo pensando alla soldataglia romana che deve affrontare le ordinatissime truppe che abbiamo visto a Civitavecchia. Però forse ci siamo ingannati: oggi per le vie si incontrano solo uomini seri e silenziosi, senza bravate né atteggiamenti da spaccone. Emilio Dandolo, riassume da par suo questa impressione: «Qui ogni coccarda ha un fucile per difenderla».

La gente che passa ci guarda e ci stuzzica: «Gli aristocratici lombardi si riposano; se si vuole che combattano bisogna cominciare le battaglie a mezzogiorno». Ci scherzano, ma non sanno che patimento sia per noi arrivare a Roma dopo mille peripezie, essere accolti come fratelli e, adesso che c'è da dimostrare valore e coraggio, stare seduti con le mani in mano.

Il signor Luciano, più di tutti, è sui carboni ardenti e pagherebbe non si sa cosa per essere là dove si combatte, fosse anche solo per mettersi a posto con la sua anima.

Cammina avanti, rimprovera un soldato per il colletto e un altro per come ha appoggiato il fucile: a me ordina di seguire il fiume di popolani che ci passa vicino per capire dove sia diretto.

Obbedisco e arrivo su una sorta di collina in mezzo alla città che si chiama Pincio, già pieno di gente assiepata, come il pubblico a teatro.

I combattimenti sono lontanissimi, dall'altra parte della città, ma lo spettacolo è grandioso: una distesa di tetti con un numero straordinario di campanili di tutte le fogge e dimensioni e di cupole. Si direbbe che Roma sia abitata più da santi e madonne che da uomini in carne e ossa.

Al di là si intravede il fumo della fucileria e dei cannoni e si sentono i boati lontani, che dicono che la battaglia è seria.

La gente guarda attenta e grida il suo incitamento per i soldati di Roma e così imparo una parola che scoprirò essere fondamentale per vivere e combattere in questa città: *daje*.

«*Daje* Calandrelli» all'indirizzo del comandante dell'antiquata artiglieria romana.

O meglio: «*Daje Calandré*».

«*Daje* romani.»

«*Daje* italiani.»

Di fianco a me ci sono due ragazzini che, potrei scommetterci, vivono rubando frutta nei mercati, come facevo io da piccolo: chiedo loro se c'è un posto da dove si può vedere meglio e allungo le due o tre monete che mi ballano in tasca.

Con entusiasmo mi fanno cenno di seguirli e di corsa mi conducono prima attraverso la folla e poi per un dedalo di strade strette, vicoli, baracche e case di povera gente, brecce e pertugi che solo chi è nato a Roma può conoscere. Man mano che ci avviciniamo al luogo della battaglia, vedo che le vie sono bloccate da barricate in tutto e per tutto uguali alle milanesi, caso mai i francesi riuscissero a superare le mura ed entrare in città.

Arrivo senza fiato e con le gambe pesanti su uno spiazzo in un vigneto a mezza costa di una collina parecchio ripida che si chiama Gianicolo. Da qui si vede benissimo il campo di battaglia, così vicino che c'è il rischio di prendersi una fucilata.

Ormai sono le prime ore del pomeriggio e tra il fumo degli spari si distinguono chiaramente le forze della Repubblica all'attacco: invece di aspettare il nemico sulle mura per colpirlo con fucili e cannoni, sono uscite e stanno contrattaccando alla baionetta.

I ragazzini sono competenti e indicano nome per nome tutti gli ufficiali, ma solo uno li entusiasma davvero: «Quello là con la mantellina bianca si chiama *Garibbardi*».

«Non è una mantellina, si chiama *poncio.*»

Impiego un attimo a fare il collegamento: si tratta dello stesso Garibaldi di cui avevamo sentito le gesta mentre ci ritiravamo verso il Ticino, l'anno scorso.

«È un demonio, non si copre e non si nasconde, ma le pallottole lo schivano.»

«Non fa sparare i suoi uomini, ma li fa andare all'assalto con la baionetta, la sciabola e il pugnale. Si chiama lotta a ferro freddo» spiega il più grandicello con fare da competente.

«Quello di fianco, grande grosso e moro, è il suo servitore che è più fedele di un cane e più forte di un toro e si chiama *Aggiar*. Lui è sicuro figlio del demonio» aggiunge l'altro, che non vuole essere da meno.

E poi, ovviamente: «*Daje Garibbardi*».

Si avvicina un signore con un magnifico cannocchiale. Si presenta: è un ufficiale inglese dell'ambasciata che non ha voluto mancare allo spettacolo.

Parla un buon italiano e mi informa della situazione: «L'assalto a Porta Angelica è stato respinto, questa legione di Garibaldi si batte magnificamente, ma tutti i romani stanno facendosi onore. Chi l'avrebbe mai detto? Voi siete un osservatore piemontese? Anche voi eravate convinto che i francesi sarebbero entrati in città dopo due schioppettate?».

Rispondo piccato: «Io non sono un osservatore, ma un combattente e faccio parte dei bersaglieri della divisione lombarda agli ordini di Luciano Manara. Siamo venuti a combattere per l'Italia».

L'inglese mi osserva con un lampo di interesse o di compatimento, non si capisce bene: «Vi ho visto entrare ieri in città: una bella truppa» e detto questo, che forse è un complimento oppure una semplice cortesia, mi gira le spalle e se ne va.

Non c'è rabbia, non c'è odio

A un certo punto succede qualcosa per cui le mie guide mi trascinano via fino a una porta delle mura dove è assiepata l'ennesima folla rumorosa, allegra e canterina. Impiego poco a capire il motivo: sta entrando la lunga colonna dei prigionieri francesi, a occhio e croce più di duecento, forse trecento. La gente ride, canta la Marsigliese e, come massima presa in giro, si sentono innumerevoli *chicchirichì*: mi hanno spiegato che gli antichi romani avevano sconfitto un popolo che si chiamava «galli» che era l'antenato di questi francesi.

Non c'è rabbia, non c'è odio, forse perché questi soldati non sono mai stati oppressori dentro la città: qualcuno offre loro da bere, qualcun altro tenta di convincerli che sono stati ingannati e lì non c'è nessuna città da liberare, ma solo una Repubblica da difendere.

Vado a cercare il mio battaglione che da piazza San Pietro è stato trasferito in via Lungara, facendomi largo in una città impazzita a festeggiare la vittoria. Le scene sono come quelle di Milano dopo Porta Tosa: gente che balla, che si abbraccia, che si bacia in una specie di ubriachezza collettiva.

Gli unici meno felici degli altri siamo proprio noi della neonata legione lombarda (in mia assenza hanno deciso di cambiare il nome): non abbiamo potuto dare il nostro contributo alla vittoria, ma soprattutto queste scene ci ricordano la felicità dopo le Giornate milanesi, che poi è svanita nell'amarezza della sconfitta. Ci sono ferite dell'anima che bruciano anche solo a sfiorarle.

Quando il nostro comandante viene chiamato per una riunione fra i militari e i rappresentanti del governo, io ed Emilio ne approfittiamo per andare in giro e goderci questi momenti così splendidi.

La cosa che balza agli occhi è che questi romani non si danno alcuna pena a divertirsi fino in fondo e bisogna dire che sono proprio portati a festeggiare, e lo fanno meglio dei milanesi: tutte le osterie hanno messo sulla strada le botticelle, a ogni angolo c'è un'orchestrina improvvisata che suona e gente che danza alla luce delle lanterne.

Ovunque ci sono uomini sudati per il ballo e signore dai capelli corvini così allegre che potrebbero far luce al posto delle luminarie: hanno gonne lunghe e colorate e qualcuna abbassa la camicia fino alle spalle. L'effetto è quello di un bicchierone di vino buttato giù d'un fiato.

Anche senza il papa

Nei tre giorni successivi la festa lentamente scema, anche se non vorrebbe proprio smettere del tutto. Per quanto ci riguarda, abbiamo di che mangiare con soddisfazione, buon vino chiaro e dolce e a ogni momento c'è qualcuno che viene a curiosare e intanto ci chiede come stiamo. Dopo l'esperienza della montagna, delle ritirate e della vita da emigranti indesiderati, siamo in paradiso.

Il rovescio della medaglia sono le ronde di pattuglia perché anche a Roma, come a Milano, ci sono gli «eroi del sesto giorno» che vogliono mettersi in luce: catturano un prete con la scusa che sia un cospiratore, o saccheggiano il palazzo di un papalino sostenendo che congiura per il ritorno del pontefice.

Fortunatamente il governo fa affiggere un proclama in cui condanna ogni giustizia privata e ogni furto, indipendentemente dalle motivazioni e così la situazione si calma.

Siccome non c'è molto da fare e i francesi si sono ritirati a leccarsi le ferite, c'è tempo e modo di girare per la città: è meraviglioso vedere come ogni straniero – un lombardo, oppure un legionario di Garibaldi proveniente da uno qualsiasi degli Stati della penisola e perfino dal Sudamerica, oppure un polacco, un genovese, un veneto – viene accolto come se fosse un amico che non si vede da tanto tempo.

Eppure i romani non sono certo ricchi, anzi in grande maggioranza sono poveri o poverissimi. Ci dicono che prima della Repubblica a stare bene erano i preti, secondo il loro grado, ma adesso molti sono scappati, anche se ne sono rimasti abbastanza per celebrare le messe e tutte le altre funzioni. Questa è una cosa che riempie d'orgoglio gli abitanti della città: ci tengono a far sapere che anche senza il papa le cose della religione continuano ad andare avanti come sempre ed è una bugia che la Repubblica abbia vietato le messe. La religione è davvero importante da queste parti e lo si capisce dal gran numero di chiese, ma ancora di più dalle immagini che fanno capolino dai muri in ogni via e a ogni incrocio: non si possono fare quattro passi senza che ci sia un santo o una madonna che ti scruta da dietro un lume o un mazzolino di fiori.

A me piace gironzolare assieme al giovane Emilio e, siccome lui è già stato a Roma con suo padre, mi spiega la straordinaria storia della città: mi ha mostrato una costruzione enorme, tutta diroccata, che sorge in mezzo alla campagna e si chiama Colosseo: lì un tempo la gente si ammazzava per far divertire il popolo e io sapevo per via di don Bragone che ci si uccidevano i cristiani affinché diventassero martiri. Siamo saliti su un colle che si chiama Campidoglio che stava per essere preso dai famosi galli – quelli dei *chicchirichì* – ma le oche hanno svegliato i difensori e così anche quella volta gli attaccanti se ne sono andati scornati.

Tra un piatto e l'altro, ci spiega vita e politica romane

Una sera veniamo invitati da un parente dei Morosini, il marchese Beniamino con in più due o tre cognomi, di cui uno spagnolo.

Il palazzo sarebbe straordinariamente bello se non fosse così decadente: a Milano non si tollererebbe la sciatteria del personale, i lavori eseguiti di malavoglia e la mancanza di cura in ogni aspetto del tenimento della casa.

Invece la cena è davvero piacevole e sembra una di quelle che da noi i signori fanno dopo una caccia, oppure a notte fonda, dopo l'opera: ospiti rilassati e il padrone di casa che di tanto in tanto si alza per andare a curiosare nelle cucine.

Il marchese Beniamino è un personaggio strano, come non se ne vedono spesso: sembra sempre divertito anche quando parla di tragedie e sostiene che non ci sia niente al mondo che possa stupirlo. Assomiglia vagamente al Conte, ma mentre il nostro amico ha lo sguardo del giovane che vuole dimostrarsi vissuto, il nostro ospite, al contrario, ha lo sguardo vissuto, ma che ci tiene a mostrarsi sbarazzino.

Si parla ovviamente di politica e il padrone di casa si diverte a scandalizzare, o meglio, a rivelare ciò che sa in maniera brusca e dura, per fare colpo su chi lo ascolta. Dice che la nobiltà di Roma è legata a filo doppio con il papa e perciò se ne sta ben chiusa nei suoi palazzi, pregando solo che la Repubblica finisca prima che qualcuno si ricordi della rivoluzione e cominci a tagliare teste aristocratiche.

Tra un piatto e l'altro, ci spiega vita e politica romane.

«Il Santo Padre io lo conosco bene ed è un debole che ha paura del giudizio degli altri; come tutti i deboli, quando viene colto in fallo, incattivisce.»

«Chi comanda nell'esilio di Gaeta è il segretario di Stato Antonelli: lui vorrebbe vedere tutti i repubblicani pendere dalle forche. Anzi, crocifissi lungo la strada da Gaeta a Roma come avevano fatto i romani con i gladiatori ribelli di Spartaco, affinché sia chiaro cosa succede a chi osa toccare il potere temporale della Chiesa.»

Più avanti: «No, sono sicuro che la diplomazia pontificia non volesse l'intervento dei francesi che in fondo sono repubblicani e non garantiscono il bel bagno di sangue che invece avrebbero fatto i napoletani e gli austriaci».

A questo punto suo cugino, il nostro Conte, ricorda che un anno prima il pontefice aveva ritirato le sue truppe dalla guerra in quanto «pastore di tutti i popoli fratelli». Quindi, amaramente: «Si direbbe che solo noi e i romani non siamo suoi fratelli».

Il marchese ride sonoramente: «A Gaeta ci chiamano "bestie frementi", altro che fratelli. E in quanto bestie, il nostro destino è il macello».

Dice questo e si guarda in giro soddisfatto, a controllare l'effetto delle sue rivelazioni.

Si passa a parlare del governo della città e lì la discussione si anima parecchio perché il marchese è un repubblicano rosso fuoco.

Il signor Luciano, che con i repubblicani non è mai andato troppo d'accordo, storce il naso e il marchese Beniamino, in risposta, sorride comprensivo e condiscendente: «Vi chiedete perché io, nobiluomo di illustrissimi natali, sono per la Repubblica? Qui a Roma hanno sempre comandato nobili o del tutto idioti, oppure folli, oppure corrotti da una vita di vizi e impunità: principi abili solo nel gioco d'azzardo, cardinali assatanati per le grazie delle fanciulle, o dei fanciulli, del popolo. In questo modo siamo andati avanti per mille anni e la città è ancora in piedi. A confronto di questo, che male possono fare i capricci di un beccaio, di un avvocatucolo o di un barcaiolo? Magari finisce che si dimostreranno più assennati. Di peggio, credetemi, non possono fare».

Beve e conclude, a mezza voce: «Non c'hanno neanche la grandezza per far di peggio».

Di questi giorni leggeri

Per tutti noi, i cinque giorni di riposo sono una manna dal cielo: non solo recuperiamo fisicamente, ma l'affetto della gente cura le ferite dell'anima e restituisce fiducia e orgoglio.

Intanto io, il Conte e i Dandolo, quando non siamo di servizio, facciamo la bella vita e qualche volta, cosa da non credere, si unisce anche il signor Luciano. A vederlo seduto in un'osteria a insegnare ai romani *La bella Gigogin* e a prendere lezioni di romanesco sembra tornato il milordino di Milano. Per me, che gli voglio bene, è strano vederlo cantare allegro e spensierato: mi ricorda la persona che era e che ha deciso di non essere più.

Ne ha scritto, ovviamente, anche alla moglie.

Cara Melita,
quanto ti piacerebbe Roma! Se tutto questo pandemonio arriva alla fine, ti prometto che ci torneremo insieme.
Devo confessarti che all'inizio i romani mi infastidivano perché per loro non ci sono né legge né ordine, invece tu li adoreresti.
Ti piacerebbero le donne di qui: sono serie, quasi cupe, ma quando ridono, la loro risata è stupenda, un inno alla vita e alla gioia.
Ricorda la tua di risata: forse anche tu hai sangue romano nelle vene.
Non ho tue notizie da oramai quasi due mesi, ma immagino che le lettere siano ferme da qualche parte in Liguria.

Poi, puntualmente, arriva qualcuno a strapparlo ai divertimenti perché il tale o il tal altro gli devono parlare, oppure c'è da decidere qualcosa: allora torna il maggiore Manara della legione lombarda.

Di questi giorni leggeri ricordo tante cose belle: il talento dei romani di divertirsi anche col nulla. Sbeffeggiano amici e nemici; prendono in giro i tanti poeti e pittori accorsi in difesa della città, ma sanno ridere quando i poeti si vendicano con rime feroci o i pittori fanno le loro caricature. Hanno una capacità incredibile di trovare la battuta o lo scherzo: sembrano attori nati.

Gustavo Modena, attore vero, qui recita praticamente dieci ore al giorno e su qualsiasi palcoscenico: improvvisa in teatro, nelle osterie, sui gradini di una statua, sul basamento di un'antica colonna; fa piangere a dirotto, oppure sbellicare dalle risa chiunque, dal principe al facchino, dal polacco al napoletano. E come lui in città ce ne sono cento, ma che dico, mille; ogni via, ogni piazza è un teatro a cielo aperto.

La persona davvero straordinaria

Uno spettacolo unico che si può vedere solo in questa Roma e in questo mese di maggio del 1849 è la legione italiana comandata da Giuseppe Garibaldi.

I suoi uomini, più che soldati, sembrano lavoratori agricoli in riposo: tanti braccianti dagli sguardi torvi, qualche contadino benestante, qualche anziano con esperienza e parecchi ragazzini che si danno le arie da adulto.

Poi si vedono le armi, fucili, carabine, pistole, ma anche lance e pugnali e si capisce che non sono pacifici contadini.

Stanno seduti dove capita, qualcuno sonnecchia, qualcuno fuma la pipa, qualcuno gioca a carte.

Al signor Luciano non piacciono e spesso critica e storce il naso: sono troppo differenti dalla sua idea di soldati regolari. Io gli do ragione, come sempre, però mi ricordo bene che questi uomini stravaccati hanno sconfitto i francesi che hanno fama di migliori soldati del mondo. Probabilmente a qualche cosa varranno pure...

Se quella legione è argomento da narrare nelle osterie, ancora più incredibile è la loro cavalleria. Buona parte dei cavalieri arriva dall'America del Sud e porta sempre con sé una lunga corda con un cappio in cima che si chiama *lazo*. Quando si fermano, lasciano i cavalli liberi di pascolare e, quando c'è bisogno, in un attimo, li catturano prendendoli per il collo con questo *lazo*. Serve del bestiame da dare da mangiare ai soldati? Col *lazo* catturano un certo numero di pecore e mucche e le distribuiscono fra le compagnie.

Ci sono dei ragazzini o delle signorine che guardano incuriositi? Allora si esibiscono e riescono a prendere col *lazo* un cappello lontano venti passi, oppure centrare un paletto a trenta.

Alcuni di questi legionari vengono a salutarci: ci sono reduci delle colonne di volontari dell'anno precedente e anche qualcuno che ha combattuto con noi sulle barricate. Riconosco quel Carlo, il ragazzino che aveva ucciso un croato colpevole di aver violentato e ammazzato due donne. Dopo le Giornate è andato a Venezia dove suo fratello è morto di colera e poi ha deciso di venire a Roma a lottare assieme a Garibaldi. Ha diciassette anni, ma la grinta del guerriero fatto e finito.

Non è il primo e non sarà l'ultimo che ha incrociato la nostra strada a Milano, sulle montagne, a Genova o in uno qualsiasi dei tanti momenti del nostro pellegrinaggio di libertà; adesso ci ritroviamo tutti a Roma, ultima sponda.

Però la persona davvero straordinaria è il loro comandante.

Se si cerca qualcuno con le spalline o i galloni dorati, non lo si trova di certo. Bisogna guardare a un altro tipo di personaggio: Giuseppe Garibaldi, il pirata, il bandito è un signore non troppo alto, non più giovanissimo, con capelli lunghi sulle spalle molto chiari, così come è chiara la barba. Veste con semplicità: una larga camicia rossa e un cappello piccolo nero con due piume di struzzo.

Dietro di lui, c'è sempre la sua ombra nera, Agujar, il moro che gli è fedelissimo; il popolino mormora che Garibaldi abbia fatto un patto con il demonio; di Agujar si dice invece che è direttamente figlio del diavolo.

Uno è biondo e veste di chiaro, l'altro nero e veste di scuro; il cavallo del primo è bianco e quello del secondo ovviamente nero come la notte.

La prima volta che ho visto Garibaldi era seduto sui gradini di un portico e mangiava pezzi di formaggio pecorino mettendoli in bocca con il coltello da combattimento e intanto chiacchierava con i suoi uomini. Sia i sottoposti in sua presenza, sia quelli nelle immediate vicinanze si comportavano esattamente come se non ci fosse nessun generale in vista.

Io non credo che una cosa simile sarebbe possibile nell'esercito piemontese, ma neppure in quello austriaco o francese: solo un matto può immaginare un generale che mangia formaggio col coltello scherzando con i soldati semplici.

Una volta gli ho anche parlato faccia a faccia: lo osservavo incuriosito e lui, vedendo la mia uniforme, mi ha fatto avvicinare e mi ha chiesto del nostro battaglione, del nostro comandante e della nostra storia.

Io nella mia breve carriera di guerra ho incontrato parecchi generali: Allemandi, Durando, Lamarmora, Ramorino e qualcun altro, di passaggio. Tutti, bravi e meno bravi, avevano una cosa in comune: si vedeva che gli piaceva comandare, erano orgogliosi che la gente scattasse ai loro ordini.

Garibaldi, invece, è differente: sorride, chiacchiera e ha occhi chiarissimi che osservano tutto con una punta di divertimento; se non fossero di un guerriero che in tanti chiamano demonio, si direbbero occhi buoni.

L'altra differenza è che quando si trova in azione, e io l'ho visto, non sta dietro ai soldati a dare ordini, magari in una villa al sicuro da ogni pallottola, ma è sempre davanti a tutti a incitare con la voce e con l'esempio. Quando è in campagna, ma non combatte, dicono passi ore con un piccolo cannocchiale a studiare lo schieramento del nemico per capirne i punti deboli e, addirittura, a volte si travesta da campagnolo per spiarlo da vicino.

Questo è quello che ho visto e capito io; Emilio, invece, non sta più nella pelle da quando ha conosciuto l'aiutante di campo di Garibaldi: un poeta genovese poco più che ventenne.

«Capisci? Il guerriero, l'avventuriero, il pirata sceglie come sua persona di fiducia un poeta giovanissimo. Tu riesci a immaginare qualche altro generale che possa anche solo pensare di prendere un poeta come aiutante? Questa sì che è rivoluzione!»

Questo giovane si chiama Goffredo Mameli e a vederlo potrebbe essere un cugino dei Dandolo: stessi modi da signorino di buonissima famiglia, occhi gentili e sognanti, stesso modo di fare educato.

Ha scritto una lunga poesia che si chiama *Il canto degli italiani*, che poi è stata musicata e molti combattenti l'hanno adottata come loro inno. Piace molto anche al signor Luciano che ha pensato di insegnarla ai nostri uomini perché comincia chiamando alle armi i «fratelli d'Italia». Secondo lui è importantissimo dichiararsi tutti fratelli, disposti a condividere onori e sacrifici: è la *fraternité* della rivoluzione.

I nostri uomini però hanno preferito tenere *La bella Gigogin* che ci accompagna sin dall'inizio di questa avventura; anch'io, devo confessarlo, sono di questo parere.

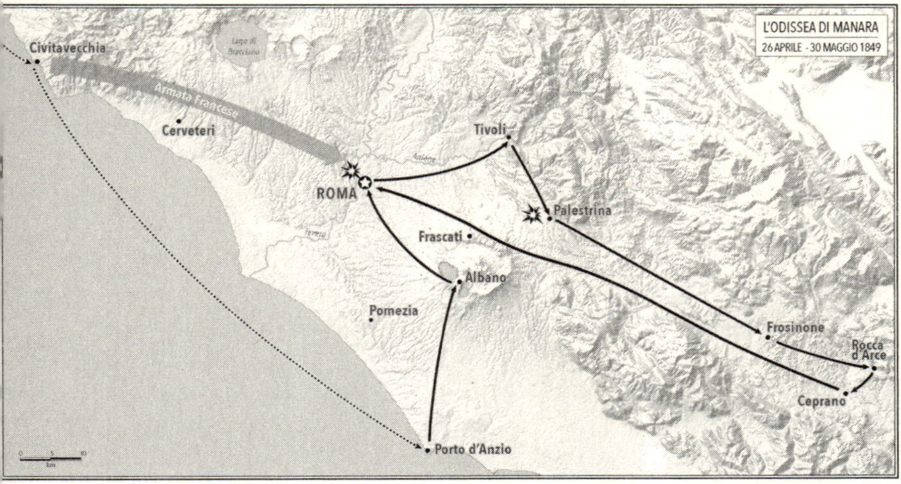

Il re Bomba si è messo alla testa della sua armata

La notizia grossa è che con i francesi si arriva a una tregua e, con un gesto di buona volontà, il triumvirato che è al governo di Roma libera i prigionieri e apre gli ospedali anche ai feriti nemici.

Messa in sicurezza la situazione su un fronte, viene deciso di muovere contro i napoletani.

Infatti, da quando il papa Pio IX si è rifugiato a Gaeta sotto la sua protezione, il re Borbone si fa in quattro per appoggiarlo in tutte le rivendicazioni; così spera di far dimenticare il tradimento della Costituzione che aveva concesso, il ritiro delle truppe dalla guerra italiana e tutto il sangue versato per piegare la Sicilia.

Per dimostrare che fa sul serio, il re Bomba si è messo alla testa della sua armata per riconquistare Roma, cancellare la Repubblica ed essere lui a rimettere il papa sul trono.

Il governo romano decide di mandargli contro un corpo di spedizione. Piccola cosa, a ben vedere: poco più di duemila uomini – noi della legione lombarda, il battaglione universitario e la legione italiana di Garibaldi – contro una forza sei o sette volte superiore. Però le truppe che si possono allontanare dalla città sono queste e bisogna fare la zuppa con le verdure che si hanno.

Tutti sono convinti che la differenza la farà proprio il condottiero arrivato dal Sudamerica e che ha il comando delle operazioni. Inizialmente il signor Luciano è un po' sulle spine per via della sua diffidenza verso gli irregolari, però non appena ci mettiamo in marcia inizia a ricredersi: tappe massacranti, ma ragionate per far credere che la colonna vada negli Abruzzi; invece con una rapida conversione si punta su Palestrina.

È la guerra che il nostro comandante avrebbe voluto fare l'anno scorso contro gli austriaci: veloce, senza dar tregua al nemico, ingannandolo e colpendolo dove meno se lo aspetta.

Piove, la stanchezza si fa sentire e sono vietati tutti i canti e qualsiasi schiamazzo. I nostri uomini marciano benissimo, ma fa piacere vedere che al loro fianco la legione italiana è altrettanto celere e disciplinata. Dice uno dei suoi ufficiali che fa un tratto di strada a fianco di noi: «Non bisogna giudicare quando i soldati sono in riposo: lì è giusto lasciarli rifiatare. La disciplina serve in campagna, allora deve essere tenuta con qualsiasi mezzo».

Arriviamo a Palestrina di notte, del tutto inattesi e, secondo le guide del posto, noi verremo ospitati in un convento dei domenicani. Però i frati si sono chiusi dentro e non vogliono aprire per nessuna ragione; i soldati spossati e fradici cominciano a dar segni di nervosismo. Il signor Luciano va a parlare con l'abate, ma senza risultato, torna e commenta: «Quegli uomini pii non vogliono aver nulla a che fare con i senza Dio della Repubblica. "Bussate e sarà aperto" vale solo per chi porta le decime, evidentemente».

Quindi dà ordine agli zappatori di sfondare il portone, ma gli ufficiali devono raddoppiare la sorveglianza affinché non venga portato via nemmeno uno spillo.

La notte passa così senza problemi, a parte qualche mugugno, e al mattino, quando usciamo in perfetto ordine, i religiosi ci guardano straniti, incapaci anche di essere riconoscenti.

Il giorno successivo trascorre sempre in movimento: facendo base a Palestrina vengono inviate pattuglie in tutte le direzioni per avere chiara la posizione del nemico; ci sono anche piccoli scontri, ma la cosa importante è che gli uomini si sentono impegnati e le incertezze vengono dimenticate. Non c'è come avere qualcosa da fare per svuotare le teste e riempire le giornate.

A sera torniamo al convento e ognuno ha qualcosa da raccontare prima di prendere sonno.

Dei napoletani non si vede più nemmeno l'ombra

La mattina del 9 maggio veniamo svegliati all'alba: i cavalieri in ricognizione notturna riportano che una forte colonna di nemici sta marciando nella nostra direzione. Siccome avanzano senza molte precauzioni, i nostri hanno potuto osservarli bene: due reggimenti della miglior fanteria napoletana, la guardia reale, e un grosso corpo di cavalleria.

È il giorno della battaglia e questa volta, finalmente, ci siamo anche noi: credevo che saremmo stati emozionati o impauriti o esaltati. Invece ci muoviamo come se fosse una giornata qualsiasi, forse un poco più attenti a ogni particolare: che il fucile sia pulito, la divisa in ordine, ogni cosa al suo posto. Arriviamo alle mura, lasciamo a terra gli zaini e andiamo a schierarci davanti alla cittadina.

Non so dove sia il generale Garibaldi, ma vedo bene il signor Luciano sul suo cavallo proprio fuori alla Porta del Sole da dove domina il campo di battaglia, con la bandiera da una parte e un trombettiere per dare gli ordini dall'altra.

Io sono poco più sotto, ma anche da lì la visuale è perfetta: potrei dire chi comanda ogni quadriglia.

I borbonici avanzano con le fanterie in ordine chiuso e vedo la nostra prima linea formata da quattro compagnie retrocedere e intanto allargarsi in catena per cercare di avvolgerli: a quel punto i napoletani dovrebbero allungare a loro volta le loro linee, ma si vede distintamente che i plotoni recalcitrano a staccarsi dal grosso e rimangono tutti vicini, come un gregge di pecore.

Così risulta facile alla nostra ala sinistra distendersi, aggirare un piccolo burrone e minacciare il loro fianco. Sulla destra la fucileria e più vivace, ma un assalto alla baionetta dei garibaldini fa arretrare i napoletani dalle tre case che avevano occupato.

Allora il comandante nemico prova a muovere la cavalleria che avanza bravamente, ma viene dapprima fermata e poi volta in fuga.

Sono passate poco meno di tre ore da quando siamo usciti dalla cittadina e il nemico è in piena rotta, tanto che se avessimo anche noi una vera cavalleria potrebbe essere completamente disfatto. La vittoria è stata così facile e la resistenza offerta dai napoletani così esigua che Garibaldi decide di non tentare un inseguimento, sospettando che si tratti di una trappola per smuoverci dalla nostra forte posizione di Palestrina.

Trascorriamo il resto della giornata con l'arma al piede, temendo un ritorno dei napoletani: si passa la notte fuori dalle mura e il giorno dopo, in attesa degli eventi, il signor Luciano comanda delle esercitazioni come non ne avevamo più fatte dai tempi di Solero.

Dei napoletani non si vede più nemmeno l'ombra e allora procediamo a interrogare i prigionieri presi: dei poveracci con divise di buonissimo panno, cappelli carichi di cordoncini dorati, una infinità di amuleti e santini e dei vecchissimi fucili a pietra, migliori come mazze che non per sparare. Inizialmente sono così terrorizzati che si buttano in ginocchio, scongiurando di non strappargli gli occhi e di non castrarli: gli era stato detto che i demoni repubblicani fanno queste cose ai prigionieri, prima di fucilarli.

Quando si rendono conto che nessuno ha intenzione di torturarli, si rialzano e non hanno problemi a rivelare tutto ciò che sanno: il re si trova ad Albano con il grosso dell'armata, mentre il loro distaccamento doveva occupare Palestrina: erano sicuri di non trovare resistenza perché il tanto temuto Garibaldi era in marcia verso gli Abruzzi.

Uno, piccolo e riccio, termina ogni frase con un «Mannaggia a Pio IX», ma non si sa se ce l'abbia davvero con il papa, causa di quella guerra, oppure pensi di risultare simpatico ai suoi carcerieri.

Adesso la nostra realtà è a Roma

A sera si rientra a Palestrina, ma i frati del nostro convento, confidando in una vittoria napoletana, hanno di nuovo sbarrato gli ingressi.

Ci pensano gli zappatori a sfondare nuovamente la porta e dentro troviamo il deserto: questa volta nessuno può fermare i soldati dall'aprire le celle, impadronirsi di quello che trovano e girare, allegri ed eccitati per i corridoi con addosso gli abiti dei religiosi.

Solo il signor Luciano se ne sta in disparte, seduto sulla vera di un pozzo: sorride tra sé e sé perché oggi abbiamo vinto una battaglia in pochi contro molti, proprio come lui ha sempre sognato che succedesse. Perciò può starsene solitario come aveva fatto alla fine delle Giornate, a godersi il suo grumo di malinconia che un poco si scioglie e deve essere una bella sensazione.

Il giorno seguente partono pattuglie a cavallo in tutte le direzioni per capire le intenzioni dei napoletani, ma non trovano un borbonico nel raggio di trenta miglia.

Così Garibaldi decide di tornare a Roma: ci si muove di notte e si marcia in perfetto silenzio, tanto che a un certo punto passiamo a meno di due miglia dall'accampamento nemico senza che nessuno ci scopra.

In città ci attende, anche se è primo mattino, una folla straordinaria che grida «evviva», batte le mani e lancia fiori perché la notizia del successo ci ha preceduto. Emilio mi spiega che così si usava nell'antica Roma al ritorno dei generali vittoriosi: si chiama trionfo.

A completare la gioia troviamo ad aspettarci altri centocinquanta dei nostri compagni della divisione lombarda che hanno raggiunto Roma dopo un viaggio pieno di peripezie.

Raccontano infatti che dopo la nostra partenza i francesi hanno bloccato ogni nave destinata al Lazio, per evitare che arrivassero armi o rinforzi alla Repubblica. Loro hanno marciato fino a La Spezia e da lì sono entrati in Toscana, temendo in ogni momento di essere catturati dagli austriaci che stanno dilagando nelle terre dell'arciduca. L'unica isola di resistenza è la città di Livorno, ma a loro giudizio, i difensori lavorano tanto sui proclami e poco sulle difese; per questo hanno preferito evitare la città e oltrepassarla su dei pescherecci.

È una grande festa ritrovarli, anche se le notizie che portano sono tristi: la nostra bella divisione si è sfasciata pezzo per pezzo. Nessuno decideva sulla destinazione, non arrivavano nemmeno gli stipendi e così alla fine è crollata, come un tetto marcio cede sotto il suo peso e gli uomini se ne sono andati, ognuno per la sua strada.

«In fondo, è quello che a Torino volevano sin dall'inizio» dice uno, e guarda il signor Luciano come se fosse colpa sua non aver capito le intenzioni dei comandi e dei ministeri piemontesi.

«Non avevamo molte alternative» taglia corto il Conte.

Queste storie, però, sembrano appartenere a un secolo fa e adesso la nostra realtà è a Roma e combattiamo a fianco di persone che mai avremmo pensato di avere come compagni: Garibaldi, Mazzini, il napoletano scienziato di guerra Pisacane, Ciceruacchio, l'amatissimo condottiero del popolino di Roma, il milanese repubblicano Cernuschi, i genovesi Bixio e Mameli...

E dobbiamo ammettere che ci troviamo bene.

Anche i nuovi arrivati sono piacevolmente stupiti dell'accoglienza dei romani e dei festeggiamenti per la vittoria di Palestrina che durano fino a notte fonda.

È quasi mezzanotte quando uno dei sergenti appena arrivati consegna al signor Luciano un pacco e, dal sorriso, si capisce che sarà un dono gradito.

Inseguire gli esaltati sulla loro china

Siamo alloggiati in una caserma dove c'è spazio in abbondanza: gli uomini dispongono di comode camerate e nei letti dove normalmente dormono due soldati, uno con la testa da una parte e uno dall'altra, loro possono starci da soli e ci si trovano benissimo. Gli ufficiali, a partire dal signor Luciano, hanno diritto a camere con due letti e così c'è posto anche per me.

Io lo guardo mentre, alla piccola scrivania e alla luce di una lanterna, apre il pacco che gli hanno portato, vede le lettere della signora Carmelita che aspettava da tanto tempo, lancia un urlo che è una mezza risata e inizia a sfogliarle.

La prima risale addirittura al 20 marzo, quando stavamo per andare in guerra contro l'Austria e non era ancora successo il fatto di Cava, né la disfatta di Novara. Ne seguono almeno una dozzina e l'ultima è del 20 aprile, quando eravamo ancora a Chiavari in attesa di imbarcarci: la missiva però è indirizzata ad Alessandria, segno che la moglie non sapeva nulla dei nostri tragici pellegrinaggi.

La posizione con cui comincia a leggere, come se dovesse spiccare un salto, mi dice quanto sia emozionato; così, un po' perché sono cose personali, un po' perché sono sfinito da una giornata intensa preceduta da una notte di marcia, mi lascio scivolare nel sonno.

Non so per quanto io abbia dormito, penso pochissimo, ma vengo svegliato da un baccano come di lotta. Salto giù dal letto e vedo il signor Luciano guardare il buio fuori dalla finestra, con le mani incrociate dietro la schiena, rigido come un palo. Ripete con un tono basso, cantilenante: «Traditrice».

«Cosa è successo?» domando preoccupato.

Senza voltarsi, a voce dura: «Niente, niente».

Però tutto quello che c'era sulla scrivania, tranne la lanterna, è stato scagliato sul pavimento della stanza.

Mi domando quali tremende notizie possano esserci nelle lettere da provocare tanta ira, ma non oso chiedere.

Ci pensa il signor Luciano a rompere il silenzio: «Italo, per favore, ho bisogno di qualcuno con cui parlare» e mi mette sotto il naso un foglio di carta.

«Ci sono due lettere del mese di marzo che raccontano della vita a Barzanò e parlano dei guai di casa e degli screzi con i miei genitori, ovviamente per questioni di soldi: queste beghe una volta erano la mia vita, adesso le sento lontanissime come se fossero sulla luna. Ma non è questo il problema.»

Cerca tra i fogli per terra: ne trova uno e me lo mostra: «Questa è una lettera del 28 marzo, il giorno in cui ha saputo del disastro di Novara. Ovviamente si lascia prendere dallo sconforto e mi dice che ormai ogni speranza di raggiungere i nostri ideali è svanita e che è il momento di tornare a casa, da lei e dai nostri figli».

Prende un'altra pallottola di carta: «Questa è una lettera del 2 aprile in cui mi scrive che ha saputo da una sorella Morosini della nostra intenzione di restare con la divisione lombarda. Adesso ti leggo cosa scrive:

Tu hai sempre avuto la capacità di seguire i tuoi ideali senza cedere alle lusinghe degli esaltati. Hai combattuto come un uomo forte, hai sofferto e pagato più di quanto si possa umanamente pretendere da una persona. Ora è il momento di accettare la sconfitta, rimettere i remi in barca e tornare alla tua casa, da chi ti ama, confidando che quando si riaccenderà la fiamma della rivolta, noi saremo nuovamente pronti. Così si comporta un uomo forte: spero che tu non ceda all'orgoglio e voglia inseguire gli esaltati sulla loro china che può portare solo alla distruzione.

Mi mordo la lingua: sono tutte cose che in un momento o nell'altro, e in più occasioni anche l'Italo assennato ha pensato.

Il signor Luciano riprende a parlare come se avesse la testa e il cuore pieni di parole che devono in qualche modo saltare fuori, impetuose come un torrente.

«Ma come si permette? Io attraverso gli inferni in nome degli ideali che tutti e due abbiamo condiviso e lei scrive che sarebbe da forti fuggire e rinunciare. Così ho preso la penna e ho cominciato una lettera di risposta… eccola, senti…»

Spiana un'altra pallottola di carta raccattata da terra e comincia a leggere:

Le tue lettere, i tuoi rimproveri sulla mia determinazione di cercare sino all'ultimo palmo di terra italiana dove si possa morire

liberi, mi hanno fatto vedere quanto le idee materiali siano lungi dalle pazzie dei forti.
Ma io sono fatto così...
Tu sei capitata compagna di un uomo che fa dei sacrifici per il proprio Paese, che lascia un nome onorato ai suoi figli, certamente non ti sei unita a un officier che vede le cose nostre valutandone i guadagni. Io ti compiango...

«Qui mi sono fermato. Non sono riuscito ad andare avanti.»

Cosa devo fare?

Mi guarda scrutando una reazione, ma io riesco solo a vedere la signora Carmelita, bella e innamorata che scrive stringendo le labbra, un po' bambina che fa gli esercizi con la penna. In fondo, lei rivuole suo marito e il padre dei suoi figli: come la si può condannare?

«Dimmi cosa pensi. Dimmelo sinceramente. Pensi che io sia come tuo padre che aveva... come lo chiami... sangue sciagurato? Ecco tu pensi che io abbia il sangue sciagurato e stia abbandonando la mia famiglia per seguire le utopie di esaltati repubblicani?»

Se altre volte la mia lingua aveva fatto tutto da sola, senza interpellare il cervello, questa volta entrambi sono d'accordo nel tacere: il signor Luciano non è pronto ad ascoltare, ma deve, da solo, estirparsi una mala pianta dal cuore o dalla testa.

Infatti, dopo un altro giro della stanza come una belva in gabbia, riprende a parlare: «Non è che ha ragione Carmelita e sono proprio i forti capaci di ammettere le sconfitte? Mi sono ricordato di una frase che aveva usato una volta il nostro Emilio: *intossicato di speranze morte*. È questo il veleno che mi fa sragionare?».

Io continuerei volentieri a stare in silenzio, ma il signor Luciano mi prende per le spalle e con i suoi occhi a una spanna dai miei, parla lentamente: «Ma io cosa posso fare? Tornare a Milano e vedere ogni giorno i tedeschi e i croati far da padroni nella mia terra? Andare in Piemonte che mi vede come un fastidio o uno sgradito emigrante? Cosa devo fare?».

Non lo so, però non posso più stare zitto.

Inspiro una botte d'aria e provo a rispondere: «Lettere più o meno simili le hanno ricevute dai famigliari i due Dandolo e il Conte. Non si sono rivolti a lei per timore che li considerasse deboli o, peggio, che ordinasse loro di tornare a casa. Vuole sapere cosa hanno risposto?».

Il signor Luciano annuisce lentamente.

«Emilio, entusiasta e sognatore come sempre e più che mai, ha risposto che sconfiggeremo i napoletani e poi saliremo a combattere gli austriaci e il nostro esempio porterà la Francia a schierarsi dalla nostra parte, la Germania a insorgere nuovamente e il Quarantanove diventerà un nuovo Quarantotto. Se non andrà così, morirà nel tentativo.»

Un piccolo sorriso: entrambi immaginiamo il giovane mentre scrive con gesti furenti queste sue convinzioni.

«Il Conte ha scritto che non bisogna giudicare la lotta dalle persone che la dirigono, qui si respira la stessa aria delle Giornate milanesi ed è musica con la quale si deve ballare.»

Ancora un sorriso, forse un poco più largo del precedente.

«Infine Enrico, tranquillo e di poche parole come sempre, ha detto che qui non si lotta per la Repubblica, ma per l'indipendenza di una città italiana minacciata dagli stranieri. Quindi questo è il luogo della lotta.»

Silenzio.

Signor Luciano: «Tutte cose giuste, mi sembra, no?».

Io: «Tutte cose sacrosante, ma loro sono giovanissimi: hanno conosciuto il mondo in questi mesi, si sentono uomini e hanno paura di dover tornare ragazzi».

Una parte di me deve morire

Il signor Luciano prende una sedia e viene a sedersi di fronte a me.

«Tu, caro il mio Italo, sei sempre abile a schivare le domande.»

«Adesso ci arrivo. Le ho detto quello che hanno scritto i

nostri amici perché tutti hanno una parte di ragione. Se io avessi una famiglia che mi reclama, tornerei a casa perché non ha senso morire; non ha mai senso morire. Abbiamo fatto tanto, tantissimo e nessuno al mondo potrà mai rimproverarci di esserci tirati indietro da qualsiasi sacrificio e da qualsiasi dolore. Direi anche, che al mondo c'è molto altro che non gli ideali.»

Il signor Luciano si rialza e continua a fissarmi: non so se sia incredulo di quello che sente, oppure riconoscente perché gli ho detto quello che in cuor suo voleva sentire.

Però non ho finito.

«Questo lo avrei detto quando eravamo a Milano e lo direbbe ancora l'Italo assennato, quello che sa come va il mondo, cioè che ha i piedi per terra. Però se questo ragionamento è così facile e piano, perché allora non riesce a convincermi? Poi ho capito, o almeno credo di aver capito.»

Riprendo fiato: «In tempo di pace niente è più importante della propria casa e della propria famiglia e a loro è giusto sacrificare ogni cosa. In pace, chi uccide viene condannato alla forca e chi entra in casa d'altri e ruba da mangiare finisce in prigione. Questo è il mondo in cui vivono Carmelita e i genitori dei Dandolo e del Conte.

In guerra tutto è diverso, anzi, è proprio l'opposto: sei bravo se uccidi, un eroe se ti fai ammazzare. In tempo di guerra chi pensa alla casa e alla famiglia è chiamato codardo. Sto parlando troppo?».

Il signor Luciano fa segno di no con la testa.

«In tempo di pace, morire è una cosa tremenda: nessuno pensa di morire, nessuno vuole morire. La salute innanzitutto: si va dal medico o dalle guaritrici per qualsiasi malanno, ci si rovina per comprare medicine e rimedi. In tempo di guerra consideriamo normale prendere una pallottola, ricevere il colpo di una lama: se poi si può ancora camminare si dice che non è niente. Se si muore dispiace, ma solo i pavidi mettono la salute davanti a tutto.»

Momento di silenzio, sotto la finestra passa un gruppo di ubriachi cantando sguaiato.

«Quando si va in guerra, si crea un'altra persona uguale a noi, ma che fa cose del tutto differenti. Le ho detto di Emilio e del Conte: una copia di loro è un adulto combattente con i gradi di ufficiale e l'altra è uno studente a Milano. C'è un signor Luciano che ama la sua Carmelita, vuole bene ai figli, suona almeno una volta al giorno il pianoforte e canta in ogni occasione. Poi ce n'è un altro che comanda centinaia di uomini ed è il primo negli assalti, pur sapendo di rischiare la vita.

I due signori Luciani sono tutti e due veri, solo che non possono abitare entrambi nello stesso corpo. Se vuole che sopravviva quello di pace allora deve cominciare a pensare di tornare a casa. Se vuole che sopravviva quello di guerra allora mandi la lettera a sua moglie così come l'ha scritta.»

Nel silenzio penso che in vita mia non ho mai fatto un discorso così lungo.

«Io vorrei fare solo quello che è giusto.»

«Anche cosa sia giusto dipende da dove si è: a casa, in pace c'è un giusto; in guerra, qui c'è un altro giusto.»

Silenzio.

«Quindi, secondo te, una parte di me deve morire: o il Manara marito e padre, o il soldato e patriota?»

«Non so se deve morire, ma una delle due deve prendere il comando, con tutto quello che segue.»

Sono parole pesanti, che cadono sul pavimento come sassi.

«Lo sai che hai detto grandi cose?»

Mi viene da sorridere: questa è stata la prima volta che sono riuscito a dire bene i miei pensieri. Anch'io non sono più lo stalliere di Milano.

Comunque il signor Luciano vuole avere l'ultima parola.

«Grazie, Italo. In ogni caso non spedirò quella lettera a Carmelita: sarebbe troppo crudele e lei non se lo merita.»

Non ho mai saputo alla fine cosa le ha scritto; conosco solo l'ultima riga perché mi ci è caduto l'occhio passandogli alle spalle, mentre asciugava l'inchiostro.

Vogliami sempre bene o almeno rispettami che lo merito.

Inseguire un nemico che non vuole farsi prendere

Non c'è tempo per tornare sulla questione perché arriva l'ordine di rimetterci in marcia contro i napoletani. In città, è cosa sulla bocca di tutti, stanno avvenendo colloqui con il rappresentante francese, monsieur De Lesseps, e sembra che procedano piuttosto bene, essendo questo gentiluomo assai più ragionevole del generale Oudinot e disposto a tenere in conto la volontà del popolo romano.

Quindi, tranquillo il fronte francese, la decisione del governo è di allontanare definitivamente la minaccia napoletana; poi, se e quando arriveranno anche gli austriaci e l'esercito spagnolo, allora si vedrà come comportarci.

Partiamo il giorno 16 puntando su Albano dove è radunato l'esercito del Borbone, ma le nostre staffette mandate in avanscoperta riportano che si appresta a ritirarsi. C'è chi dice che il re di Napoli si sia reso conto di non avere un esercito all'altezza del demonio Garibaldi; teme che, in caso di sconfitta, la ribellione torni a scoppiare nelle sue terre. Altri insinuano che siano stati i francesi stessi a consigliare la ritirata, forse perché imbarazzati di combattere fianco a fianco col re Bomba. Io non so quale delle ipotesi sia vera, però mi sembra che il re di Napoli ci tenesse davvero molto a fare bella figura con il papa e debba costargli parecchio fuggire.

Il giorno successivo la legione italiana si scontra con una colonna napoletana che si chiude in Velletri: si dice che persino Garibaldi abbia rischiato la vita.

Noi arriviamo a sera e ci accampiamo poco fuori dalle mura, preparandoci perché il giorno dopo si dovrà attaccare quella forte posizione. A notte fonda, circa l'una dopo mezzanotte, il signor Luciano manda una pattuglia ad avvicinarsi alle difese, per capire quali siano i punti deboli. Io ne faccio parte: si avanza in catena larghissima senza incontrare nessuna resistenza; si procede ancora e arriviamo a un tiro di pistola dalla porta senza notare alcun movimento. Facciamo ancora qualche passo avanti e non si sente un «chi va là»; eppure oramai dovremmo essere ben visibili anche alla sentinella più assonnata.

Arriviamo alla porta e scopriamo che non ci sono difensori; subito mandiamo dei messaggeri indietro ad avvisare i comandanti della novità e intanto, con cautela, superiamo la barricata di carri e fascine e ci addentriamo fra le case, nelle vie deserte. I primi dei velletrani che mettono il naso fuori dalle porte ci confermano che i borbonici se ne sono andati in tutta fretta non appena si è fatto buio, così velocemente che hanno abbandonato tutto ciò che poteva essere d'impaccio: armi, vivande e persino parecchi feriti.

I giorni seguenti sono abbastanza strani perché i napoletani continuano a ritirarsi inseguiti da Garibaldi così da presso che si dice dorma nel letto dove la sera prima aveva riposato il sovrano di Napoli. Di più non succede perché al generale arriva l'ordine di abbandonare l'inseguimento e tornare a Roma.

Noi invece abbiamo a che fare con una strana colonna comandata da un tal Zucchi, formata da volontari napoletani: più che combattere, si dice che si dedichino alle rapine e ad assassinare chiunque sia simpatizzante delle idee liberali. Li inseguiamo fino a Frosinone e ci entriamo senza sparare un colpo, accolti molto bene dalla popolazione.

Il 25 maggio raggiungiamo il paese di Ripi e da lì passiamo nelle terre napoletane verso Ceprano e poi a Rocca d'Arce, un villaggio che si trova in posizione assai forte, ma ancora una volta scopriamo che è stato abbandonato.

L'ordine è di rispettare rigorosamente case e proprietà e così gli abitanti che si erano nascosti nei dintorni, piano piano, ritornano in paese, stupiti e intimoriti: gli avevano detto che siamo anime nere generate dal diavolo che rubano, ammazzano e rapiscono i bambini.

È una strana sensazione inseguire un nemico che non vuole farsi prendere, ma dura poco perché anche a noi arriva l'ordine di tornare a Roma; rientriamo alla sera del primo giugno, accolti dalla solita folla che applaude e grida «evviva»: noi rispondiamo marciando impettiti, nonostante la stanchezza.

Per tutto il tempo della campagna io ho osservato attentamente il signor Luciano per vedere se mostrava qualche conseguenza del nostro discorso notturno. Non ho visto nulla: è assolutamente lo stesso ufficiale che seguo da quattordici mesi. Anzi, mi sembra che il suo grumo di malinconia, per qualche arcano motivo, sia scomparso.

A Roma ci accoglie la grande notizia che è stata firmata una convenzione con i francesi: non entreranno in città e non si immischieranno negli affari interni dei romani. Questa è una cosa magnifica, perché a tutti noi sembrava un'ingiustizia mostruosa combattere contro un popolo che avevamo tante volte invocato come alleato.

Così, sistemata la questione francese, si comincia a pensare a una spedizione verso Ancona per liberare quella piazza assediata dagli austriaci.

Vogliono dimostrare di essere diversi e migliori

Il mattino successivo, a un'ora decisamente presta, incontriamo il marchese Beniamino in compagnia di Anna Modena con una grossa cesta sotto il braccio, coperta da un telo.

Come sempre è allegro e ciarliero e ci obbliga gentilmente a sedere con lui in un caffè per inaugurare la giornata con un vino denso e dolce e biscotti profumati di spezie.

«La signora Anna aveva bisogno di medicamenti per il suo ospedale, ma i dottoroni che facevano affari con il papa e i cardinali, adesso si sentono messi da parte, fanno gli offesi e per ripicca tengono sotto chiave medicine e rimedi. La situazione è peggiorata da quando un bravissimo dottore arrivato come voi da Milano, credo si chiami Bertani, li ha definiti ridicoli praticoni ignoranti e superstiziosi; o qualcosa di simile. Per fortuna a Roma c'è sempre il modo di far cambiare idea a qualcuno, basta "sapere cose" e io, modestamente, di cose ne so parecchie.»

Sorride pudico e orgoglioso e rosicchia un biscotto.

Si arriva fatalmente a parlare della convenzione firmata con il De Lesseps e anche su questo argomento il marchese ha le sue opinioni originali: «Non mi convince: vedete, essere nato a Roma e in una certa famiglia e in un certo ambiente fa sì che sia naturale pensare male. È come avere un occhio che guarda il mondo così come appare e l'altro che spia dietro la facciata alla ricerca del marcio: la congiura, la slealtà e il tradimento».

Ci osserva per vedere se seguiamo il ragionamento e poi conclude: «Questi signori della Repubblica, a partire da quel bravissimo uomo del Mazzini, hanno la fissazione di essere retti e onesti perché vogliono dimostrare di essere diversi e migliori dei loro predecessori. Sarà anche bello e morale, ma ci vuole poco a passare da ingenui e fare la fine degli agnelli fra i lupi».

Quando rimaniamo soli, il signor Luciano commenta che se tutti ragionassero come il marchese, allora la politica sarebbe solo una rissa di colpi bassi e inganni, in cui vince lo scaltro e non il saggio o il giusto. Io, forse perché sono quello che sa come va il mondo, darei ragione al marchese; però non posso dirlo perché il mio comandante è davvero convinto che la gente si muova in nome degli ideali, senza badare al proprio tornaconto. Lui è fatto così, e pensa che tutti lo siano.

La giornata prosegue tranquilla, perché gli uomini, provati dalle battaglie contro i napoletani e dalle lunghe marce, hanno diritto a tre giorni di riposo.

A sera scoppia la bomba: una lettera del generale Oudinot in cui annuncia di non accettare gli accordi presi dal De Lesseps perché, a suo dire, non aveva il potere di fare simili concessioni. Di conseguenza la tregua terminerà domani 3 giugno e a mezzogiorno riprenderanno le ostilità. Cosa strana, perché è domenica, giorno dedicato al Signore: non dovrebbe essere usato per attaccare la città di San Pietro.

La notizia impiega un nulla per fare il giro della città e viene accolta con sentimenti contrastanti. Scetticismo da chi la considera solo una mossa diplomatica per ottenere qualche vantaggio; desolazione da chi pensa alla tragedia di riprendere una guerra. C'è anche chi la accetta con spirito guascone, ricordando la vittoria degli inizi di maggio e confidando nel genio di Garibaldi.

Perfetta malafede o grandiosa furberia

Il mattino dopo si respira un'aria di gravità, come quando si deve andare in chiesa per qualche celebrazione importante: poco dopo l'alba viene distribuito il primo rancio, accolto con meno lazzi e risate del solito. Anche i romani che vediamo passare per strada hanno sguardi strani e opachi.

Ovviamente si tratta di suggestione, eppure tutti proviamo una inquietudine indefinita, quasi un triste presagio. Verso le ore nove passa un tamburino concentrato nel *ratataplan* che chiama la città a raccolta.

Trombe lontane, suono di campane e poi il tuono dei cannoni e un'intensa fucileria proveniente da Porta San Pancrazio. Cosa succede? La tregua dovrebbe scadere fra qualche ora.

Arriva un ragazzino di una decina d'anni, uno dei tanti che fanno da portaordini, con un messaggio del generale Garibaldi: il signor Luciano legge e poi fa alzare in gran fretta gli uomini, riunisce le compagnie e le instrada verso un quartiere chiamato Trastevere. Siamo come istupiditi e il brutto presentimento che aleggia sin dalla mattina si fa scuro e minaccioso come una nuvola di temporale: per fortuna c'è gente per strada che ci saluta e ci grida «evviva» e questo è un rimedio potente contro i brutti pensieri.

Per arrivare alla Porta di San Pancrazio bisogna uscire dall'abitato e salire su quella collina del Gianicolo da cui avevo assistito alla prima battaglia, attraversando coltivazioni e vigneti che separano le case dai bastioni. Man mano che ci avviciniamo alle mura il fragore della battaglia aumenta e incrociamo le prime barelle che portano i feriti alle infermerie: qualcuno è solo un corpo immoto, qualcun altro emerge a mezzo busto, quasi seduto e stringe mani e dice «Viva l'Italia unita».

A giudicare dalle uniformi si tratta di uomini della legione italiana che, evidentemente, sono stati i primi a essere impegnati: ma in che cosa?

La risposta la dà un tenente giovanissimo, venuto di persona a portare gli ordini di Garibaldi. È successo che con perfetta malafede o grandiosa furberia, alle prime luci dell'alba il generale Oudinot ha fatto occupare il casino di villa Corsini, conosciuto come casino dei Quattro Venti.

La posizione era tenuta da circa duecento romani che però, considerandosi ancora in tregua, dormivano tranquilli e avevano messo scarse sentinelle. Attaccati di sorpresa, sono stati in gran parte presi prigionieri dopo una breve resistenza; solo pochi ce l'hanno fatta a rientrare nei bastioni.

Il Conte guarda la villa in distanza e non può far altro che dar ragione al suo cugino marchese: «Va bene l'ingenuità, ma questa è coglioneria».

Tutti noi rimaniamo a osservare il ben triste panorama che abbiamo davanti: il casino in questione è uno splendido edificio pensato per ospitare feste e divertimenti e costruito su un'altura esattamente davanti alla porta di San Pancrazio, a occhio e croce distante cinquecento passi.

Dalla porta una via rettilinea costeggia un'altra magnifica villa chiamata il Vascello, e poi si divide in tre rami: quello di destra e quello di sinistra si divaricano correndo lungo il muro perimetrale di villa Corsini, quello centrale, superato il cancello porta in salita fino al casino.

Non bisogna essere dei geni delle scienze militari per capire che l'attacco è difficilissimo, quasi un suicidio: si deve andare all'assalto in salita, senza ripari, mentre il nemico può fare fuoco dalle finestre e dai grandi terrazzamenti da una posizione di grande vantaggio: dall'alto e protetto dalle balaustre e dai vasi alti come un uomo. Chi attacca ha solo l'aiuto dei cannoni dei bastioni, che però devono smettere di far fuoco quando ci si avvicina alla meta. Per i francesi che controllano il parco dietro al casino, è facile invece far affluire rinforzi in modo che le perdite vengano subito rimpiazzate e la difesa non abbia cedimenti.

Però è altrettanto chiaro a tutti che quella posizione sia vitale: domina tutta l'area davanti ai bastioni ed è la chiave per avvicinarsi alle mura.

Insomma, chi tiene il casino dei Quattro Venti ha vinto mezza battaglia di Roma.

Anche il comandante francese deve essere giunto alle stesse

conclusioni e non ha esitato a tradire la parola data pur di evitare qualche centinaio di perdite dei suoi. E poi, cos'è un pizzico di dignità di fronte alla possibilità di tornare a casa da vincitore?

È un inferno così come sembra?

I garibaldini hanno già tentato due volte l'assalto: ogni volta si sono slanciati di corsa per arrivare subito alla baionetta e ogni volta sono stati ributtati indietro con tanti morti e molti più feriti.

Anche da questa distanza si vedono i corpi dei caduti: il primo proprio sul cancello, sei o sette lungo il viale che porta alla villa e altri ancora sulla scalinata.

Parte una salva di cannonate e per un attimo la villa è avvolta in una nuvola di polvere; una seconda salva e un grosso pezzo di muro si stacca e crolla sulla terrazza che circonda l'edificio.

Il signor Luciano è a colloquio con Garibaldi e nell'attesa ci lasciamo distrarre da quel Bertani, il medico di cui si parla tanto, che come impazzito, in piedi in mezzo alla strada, urla di tutto a quei vigliacchi, disonesti, mentitori, traditori, senza onore, figli di puttana, pozzi neri, fogne, merde, vomiti, vergogne, immorali, ladri, vili, spergiuri infedeli, Caini; caso mai non capiscano l'italiano: *lâches*, *canailles*. Salta e si dimena con così tanta rabbia che se ogni insulto fosse un proiettile, avrebbe già sistemato tutto l'esercito nemico.

Il signor Luciano ritorna, guarda i suoi uomini con un'angoscia infinita: come si fa a dire a qualcuno di andare a morire? E andarci con le proprie gambe, perché se lui lo ordina, noi dobbiamo obbedire.

«Prima compagnia, all'attacco: non perdete tempo a sparare. Su di corsa e poi alla baionetta.»

La prima compagnia è quella comandata da Enrico Dandolo che in quel momento sta mangiando un pezzo di pane assieme al fratello. Li ho di fianco e posso sentire la forza con cui si stringono le mani e insieme cominciano a mormorare con una voce sola una litania in latino, come quelle che recitava don Bragone nella chiesetta di palazzo Cistellia.

«*Accingimi, et estote, filii, potentes, parati in mane ut pugnetis adversus nationes has quae convenerunt disperdere nos et sancta nostra; quoniam melius est mori quam videre mala gentis nostrae. Sicut autem fuerit voluntas in coelo, sic fiat!*»

Poi il maggiore dei Dandolo si alza e va a mettersi alla testa dei suoi uomini: li guardiamo percorrere il tratto rettilineo addossati ai lati della strada, raggrupparsi in prossimità del cancello, rimanere immobili un attimo e poi slanciarsi.

Vedo i primi due cadere e poi non ho il coraggio di restare a fare lo spettatore. Ritorno da Emilio che non si è alzato dalla sua posizione e continua a sbocconcellare il pezzo di pane con gli occhi fissi nel vuoto.

«Non preoccuparti, vedrai che ce la farà.»

Non mi ascolta e continua a masticare lentamente.

«Cosa vi siete detti? Ho capito che era latino, ma io non lo conosco.»

Il giovane Dandolo si risveglia, mi guarda e io leggo nei suoi occhi tanta paura. Però mi risponde, e se parla non pensa al fratello.

«È la frase che nostro padre ci ha scritto quando gli abbiamo annunciato la volontà di combattere per la libertà e l'indipendenza. Lui all'inizio non voleva che noi partecipassimo ai moti patriottici, ma poi ha dovuto arrendersi, anche se ci ha sofferto moltissimo. La frase è presa dalla Bibbia e la pronuncia Giuda Maccabeo, un grande guerriero ebreo: "Figli, abbiate animo e coraggio per combattere le genti che muovono per sconfiggere noi e le nostre cose sante; meglio morire che essere testimoni della rovina del nostro popolo. Quale sia la volontà del cielo, così sia!".»

Sono parole pesanti e importanti: ma un conto è leggerle sui libri, altro è citarle mentre il proprio fratello maggiore corre contro pallottole che feriscono, squarciano e uccidono.

Finisce con la voce rotta, gli occhi pieni di lacrime e io non riesco più a guardarlo in faccia.

Intanto cominciano ad arrivare di corsa i barellieri con i feriti: ci passano davanti e spariscono verso l'infermeria apprestata a San Pietro in Montorio, distante qualche centinaio di passi dalla porta; poi tornano, sempre di corsa, e svaniscono nuovamente in direzione del casino. Emilio scruta ogni barella che passa: stringe una mano, mormora una parola e mostra la bandiera che tiene nella destra. I soldati lo guardano, sorridono e qualcuno bacia il tricolore.

C'è un nostro sottotenente, un tal Mancini, colpito a una coscia e al braccio e a cui le palle hanno rotto le ossa; soffre terribilmente e i muscoli della faccia sono così tirati che scopre i denti come in un ringhio. Tempo solo a dire: «Suo fratello è colpito...» che sviene. Il mio giovane amico spalanca gli occhi e sarebbe tentato di scuotere quel poveretto per saperne di più, ma deve lasciarlo andare.

Arriva il generale Garibaldi in persona e ordina un nuovo assalto: lì eravamo una cinquantina e non c'è tempo per radunare altri.

Emilio risponde «signorsì», deposita la bandiera in un ufficetto della porta, raduna gli uomini compreso il sottoscritto; percorriamo di corsa il rettilineo fino al cancello e lì, essendo tenente, il più alto in grado, grida per farsi sentire anche dagli uomini dall'altra parte: «È inutile sparare. Subito alla baionetta».

Quindi si slancia avanti e noi dietro, di corsa, un po' rannicchiati per offrire meno bersaglio.

Ancora, come era successo a Porta Tosa io non sento nulla: eppure centinaia di fucili stanno sparando e feriti urlano, ma a me sembra di muovermi nel silenzio perfetto. Percepisco solo un rumore sordo, come una testata in un muro, e vedo il soldato al mio fianco cadere all'indietro.

Mi sveglio da questa specie di sogno che siamo alla muraglia sotto la terrazza della villa, con i francesi che sparano dalla balaustra, ma lì sotto non possono colpirci, mentre è più facile che ci becchino le cannonate delle nostre batterie.

Siamo arrivati, ma siamo troppo pochi e dietro di noi non giungono rinforzi e quindi non c'è nessuna possibilità di riuscire.

Torniamo indietro inseguiti dalle pallottole che fischiano e ronzano: una corsa a perdifiato come quando, da bambini, si rompeva un nido di vespe e bisognava fuggire il più in fretta possibile dallo stormo di pungiglioni. A due terzi del viale io ed Emilio veniamo colpiti: lui alla gamba sinistra io a quella destra, forse dalla stessa palla. Troviamo un riparo dietro un vaso: la mia ferita non è grave, poco più che uno striscio; la sua è più profonda, ma mi fa segno che ce la fa a camminare.

Appena fuori dal cancello ci sono due infermieri che accorrono a sorreggerci: uno, probabilmente un facchino con la schiena larga come una carrozza, si carica Emilio sulle spalle e di buon passo lo porta all'infermeria. Il mio, più magrolino, si passa il mio braccio attorno al collo e mi fa da bastone.

All'altezza della villa del Vascello, sfiliamo davanti a una compagnia della legione italiana pronta per andare all'attacco; tutti gli occhi sono su di noi, come a chiedere: «È un inferno così come sembra?».

Il sangue gocciolato dalle barelle

L'infermeria di San Pietro in Montorio è un inferno vero e lo si capisce dalla passatoia rossa che dalla strada volta nella piazzetta, sale le scale del sagrato e attraversa il portone: non è un tappeto, ma il sangue gocciolato dalle barelle.

I feriti sui lettucci sono una trentina e molti di più quelli su una coperta per terra; a reggere il peso di tutto quel dolore è il dottor Bertani che non ha più tempo per insultare i francesi ed è aiutato da Anna Modena e da cinque o sei altre giovani donne che, con le maniche rimboccate e le braccia sporche di sangue fino al gomito, si affannano a dare conforto ora all'uno ora all'altro. Proprio di fianco all'ingresso c'è Mameli, il poeta guerriero, che è stato colpito gravemente alla gamba: scavato in volto, sofferente, barbuto, con lo sguardo fisso al soffitto e i lunghi capelli sciolti sembra un Cristo morente, come lo si vede dipinto nelle chiese.

Le nostre ferite richiedono solo un'occhiata distratta del dottore e una fasciatura svelta da parte di una ragazza che in quella mattinata avrà imparato di più sulle medicazioni di quanto le servirà nel resto della vita. O almeno, questo è il mio augurio.

Io sarei pronto a tornare al mio posto, ma Emilio vaga di letto in letto alla ricerca del fratello; va a cercare anche fra i morti accatastati contro una parete, con uno straccio a coprire i volti: trova due, tre, quattro nostri compagni, ma non Enrico.

Zoppicando stiamo per tornare sui bastioni, ma il giovane non si dà pace e vuole andare anche nella sacrestia. È uno stanzone cupo, rischiarato da quattro lanterne, invaso da un odore repellente che un giovane nobiluomo non può conoscere. Solo chi è stato ragazzino in strada e ha conosciuto i canali di scolo dei macelli sa di cosa si tratta: odore di sangue rappreso e carne che va a male.

Entriamo proprio nel momento in cui un medico sta amputando la gamba a un soldato. Credo che ognuno debba pregare di non dover mai mettere piede in un ospedale in tempo di guerra: oltre all'odore pestilenziale c'è il sordo lamento dei moribondi, le urla, le preghiere, i deliri; ma non si può dire di aver conosciuto il vero orrore se non si assiste, anche solo per un attimo brevissimo, a una amputazione. Il rumore atroce della sega sull'osso, le urla strazianti o, ancora peggio, quelle soffocate stringendo fra i denti una cintura o un pezzo di stoffa, i muscoli tesi allo spasimo, gli occhi rovesciati all'indietro, le mani che artigliano un braccio, una coperta, qualsiasi cosa.

Enrico non c'è, usciamo più in fretta che possiamo e torniamo a Porta San Pancrazio giusto quando la nostra terza compagnia parte all'assalto. La vediamo superare il cancello e poi dividersi, per tentare di prendere la villa dai fianchi; una salva di cannoni avvolge l'edificio in una nuvola di polvere. Quando si dirada scorgiamo la lotta sulla terrazza superiore: in quel momento servirebbero rinforzi, altri uomini a dar manforte, visto che i difensori sono impegnati nel corpo a corpo; invece sono altri francesi a sbucare da dietro la villa. I trombettieri suonano la ritirata e i nostri sono costretti a tornare sui loro passi.

Adesso, a guardare attentamente, ci sono almeno trenta corpi per terra sulla salita e la passatoia di sangue verso l'ospedale comincia all'ingresso del casino.

Arriva un messaggero che ci cerca da un po', perché il signor Luciano – lui dice «colonnello Manara», la promozione è arrivata dopo Palestrina – ci vuole parlare.

Lo troviamo in una casetta a sinistra di villa Corsini: un'osteria a giudicare dalle botti e dalle panche; fuori dall'ingresso ci sono parecchi corpi con le divise dell'esercito francese, segno che si è combattuto anche qui.

Il signor Luciano ha una benda sulla fronte: «Non è niente, un colpo che sono riuscito a schivare. Ma anche voi siete feriti...».

Lo rassicuriamo, ma Emilio porta subito il discorso sul fratello: «Ne hai notizie? Mi hanno detto che è ferito. Tu sai dov'è?».

Il signor Luciano apre la bocca, la richiude e poi, in silenzio, lo abbraccia e lo stringe al petto.

«Ti sono sempre stato amico, d'ora in avanti ti sarò anche fratello.»

Il giovane resta pietrificato e deve appoggiarsi alla parete per non cadere: cerca di respirare, vorrebbe piangere, ma non sarebbe da soldato. Tenta persino una battuta: «L'aveva detto che, al momento giusto, non avrebbe procrastinato».

Con quello esaurisce il coraggio e gli occhi si riempiono di pianto. Anche il signor Luciano tenta di nascondere le lacrime: «Se lo vuoi vedere è nella stanza qui di fianco».

Troviamo il povero Enrico steso per terra, con le braccia pietosamente raccolte sul petto e una brutta tela, forse un pezzo di tovaglia, a coprire il viso. Emilio la sposta e rimane muto guardando il fratello che dorme sereno, se non fosse per il colorito grigio e le labbra sbiancate.

Abbasso gli occhi e vedo che il pantalone del mio amico si sta riempiendo nuovamente di sangue: evidentemente la ferita si è riaperta. Gli prendo un braccio, me lo metto intorno al collo, mi carico il suo peso e lo trascino a far curare la ferita. Lui non vorrebbe; vorrebbe restare, vorrebbe pregare, vorrebbe fare qualcosa quando non c'è più niente da fare. Non sembra, ma quella ferita è una grande fortuna perché gli evita di impazzire.

Come un marchio doloroso

Dopo averlo accompagnato in una infermeria un poco più lontana e tranquilla di quella di San Pietro, torno alla porta.

Devono essere le sei passate, la giornata è ancora bollente e i soldati boccheggiano sfiniti, appoggiati ai muri, con i volti sporchi di polvere da sparo, di terra e di sangue. Manca l'acqua perché prima serve per raffreddare i cannoni e poi per dissetare gli uomini; quando ne arriva un secchio, viene finita avidamente in pochi istanti. Manca l'acqua, ma non il vino perché qualche oste intraprendente porta le botticelle quasi fino alla prima linea e vende vinello per pochi spiccioli.

Arrivo contemporaneamente al signor Luciano che si pianta a gambe larghe in mezzo alla strada e indica il casino: «Tocca a noi l'ultimo assalto».

Ci alziamo lentamente, stanchi e sfiniti e soprattutto perfettamente consapevoli che quella potrebbe essere l'ultima volta che ci leviamo da terra. Eppure nessuno si lamenta; non si sente una parola. Ripenso a quanto ho detto qualche sera prima: per tutti noi è normale, persino facile, accettare di morire.

Usciamo sempre in duplice fila ai lati della strada fino al cancello; poi la solita raccomandazione: «Non perdiamo tempo a sparare. Su di corsa e poi subito alla baionetta».

Nuovamente corro su quel maledetto vialetto e nuovamente mi ritrovo nell'innaturale silenzio, tanto che potrei pensare che sia un sogno se non vedessi i miei compagni cadermi di fianco.

Arriviamo agli scaloni che portano al terrazzamento superiore e davanti abbiamo una fila di francesi che apre il fuoco a bruciapelo: non so con quale forza, ma facciamo ancora uno slancio, la linea nemica viene spezzata e riusciamo a entrare in quel maledetto casino, ormai ridotto a un cumulo di macerie. Ovunque ci sono corpi riversi di italiani e francesi, alcuni privi delle membra, altri della testa, altri ancora avvinghiati nell'ultima lotta. Uno spettacolo orrendo a cui nessuno fa caso.

Non abbiamo nemmeno il tempo di capire dove siamo che dall'altra parte entrano i rinforzi francesi in numero almeno triplo del nostro, freschi e riposati. Un'ultima zuffa mortale e nuovamente sentiamo le trombe della ritirata, dobbiamo ripiegare e per l'ennesima volta tornare verso le mura.

Arrivati al sicuro, i superstiti si lasciano cadere a terra come sacchi vuoti, senza più alcuna energia né volontà.

Invece il signor Luciano, il conte Morosini e io, così sfiniti da avere la nausea, ma con un peso nel petto che ci rende incapaci di parlare, saliamo a una delle batterie sopra i bastioni e ci issiamo fino ai gabbioni che proteggono le piazzole rialzate dei cannoni.

Guardiamo il panorama con il sole che lentamente scende.

Il viale che porta alla villa è coperto di corpi e la villa stessa, al mattino uno splendido esempio di architettura e di lusso, adesso assomiglia a una forma di cacio divorata da centinaia di topi: così è il casino dei Quattro Venti alla sera della domenica 3 giugno 1849, la domenica di sangue.

Restiamo in silenzio: abbiamo bisogno di imprimerci a fuoco quelle immagini nel cuore e nella mente, come un marchio doloroso.

Colpiti crudelmente, fatichiamo a rialzarci

Lunedì 4 giugno cerchiamo di riprendere la nostra solita vita, ma non è possibile. Siamo sopravvissuti a ogni genere di drammi: sconfitte, ritirate, malattie, delusioni, naufragi di idee e sogni, ma adesso è morta una delle persone che erano partite con noi, uno degli amici. È come se si fosse rotto un incantesimo: la convinzione che, per qualche oscuro e magico motivo, le cose potessero andare anche male, ma noi non saremmo stati toccati. Sapevamo che si poteva morire per gli ideali, ma sarebbe sempre toccato a qualcun altro. Qualcuno che avremmo pianto, ricordato e onorato, ma non uno di noi.

Così credevamo con tutte le nostre forze e ora, invece, colpiti crudelmente, fatichiamo a rialzarci.

Il signor Luciano mi ha chiesto di cedere il mio lettuccio nella sua camera a Emilio in modo da potergli stare vicino; quindi io vado in stanza con il Conte.

Decido di dormire per terra per non occupare il giaciglio in cui dormiva Enrico; ai piedi c'è il suo zaino; sul tavolo il calamaio da viaggio e i fogli che usava per la corrispondenza con i genitori e le sorelle. Appesi a un chiodo alla parete la cartucciera e il cappello calabrese con la piuma e la coccarda tricolore che aveva portato durante le Giornate e poi accantonati, ma non abbandonati, quando era diventato bersagliere.

Tutte queste cose ci parlano di un bravissimo giovane, silenzioso, colto e coraggioso. Parlano loro e noi tacciamo, sopraffatti dal dolore. Sul tavolino un foglio in cui il Conte ha cominciato con un titolo: «La fine dei Trazi». Ha scritto quello e poi più niente.

Avendo cambiato stanza, devo anche rinunciare alle piccole chiacchierate serali con il signor Luciano, gli anelli della catena che ci unisce; di giorno lo vedo ancora meno perché il generale Garibaldi lo ha voluto come suo capo di stato maggiore, dopo che il predecessore, il colonnello Daverio, è caduto a villa Corsini.

Mi capita spesso di vederli uno a fianco dell'altro. Da una parte il generale biondo con il mantello chiaro, oppure la camicia cremisi, il cappello con piume di struzzo e la sua aria trasandata da buon bandito. Dall'altra parte il signor Luciano, perfetto come un milordino in uniforme da bersagliere.

Quando li guardo mi chiedo cosa tenga unite due figure così distanti: non l'affetto e forse nemmeno la simpatia; non ho mai visto fra loro un gesto che denoti se non amicizia, almeno familiarità. Credo abbiano annusato l'uno nell'altro che sono retti dalle medesime ossa: il disprezzo per le ingiustizie e per i tiranni, l'amore per la libertà. Penso li leghi la stima e forse un riconoscere mai ammesso che l'uno è il completamento dell'altro.

Sarebbe bello se quelle due figure così diverse e così simili fossero i mattoni alla base di questa benedetta Italia che forse un giorno ci sarà: una libera e piena di inventiva, affascinante e anche un po' selvatica; l'altra ordinata, affidabile, decisa, onesta, ma che sappia essere anche divertente e artistica. A questo pensiero ne sopravviene un altro, maledetto e indesiderato: forse è giunto il momento di ammettere che questa Italia sognata non ci sarà. Non questa volta almeno. Forse mai.

Questa riflessione è probabilmente la pausa più lunga che mi sono concesso in quei giorni di giugno. Per il resto del tempo non sto fermo un attimo: corro da Emilio che a letto soffre terribilmente per la ferita e a volte viene preso dai deliri e dagli incubi. Quando si riprende e posso lasciarlo alle cure di una delle giovanette infermiere, torno alla mia compagnia perché ogni giorno c'è da organizzare qualche attacco alle trincee francesi.

Infatti il marchese Beniamino, nel suo pessimismo aveva visto bene: le trattative condotte in buonafede per quasi un mese dal signor De Lesseps sono state usate da Oudinot come paravento per far arrivare imponenti rinforzi dalla Francia: il più moderno parco di cannoni da assedio che ci sia in Europa, il miglior generale del genio per dirigere le opere e nuove divisioni, fino a far raggiungere il numero degli assalitori a trentamila uomini. Per contro noi ne schieriamo meno di ventimila, contando i giovanetti, gli studenti e qualche migliaio di lavoratori di tutti i tipi, dal vasaio al poeta, dal venditore d'aglio al pittore che non hanno mai imbracciato un fucile; i nostri cannoni sono antiquati come il potere temporale dei papi (frase del Rasoio Morosini) e hanno di buono solo l'eroismo dei cannonieri.

Ogni giorno gli zappatori francesi scavano trincee che si avvicinano sempre di più alle mura e permetteranno l'assalto definitivo; ogni giorno noi usciamo a rovinare questi lavori, o almeno a disturbarli.

Quando rientro, passo da Emilio e poi vado a cercare il Conte: pure lui sta male, ma cerca di nasconderlo. A diciannove anni ha perso la persona che considerava un fratello maggiore e vede languire il suo amico più caro, temendo a ogni crisi che gli si debba amputare la gamba. Così si chiude in se stesso e non parla con nessuno: quando non è a combattere, gira le chiese a cercare la compagnia di santi dipinti, illuminati da fioche candele.

Anche il marchese Beniamino è preoccupato per la malinconia profonda del cugino, e non manca di farci arrivare inviti per cena. Il signor Luciano puntualmente declina, travolto dai doveri; così, per due volte, ci vado solo con il Conte, nella speranza di strapparlo al suo mutismo. Non ci riesce nemmeno il marchese pur intavolando gli argomenti più interessanti.

In compenso io imparo che l'esito della battaglia di Roma verrà deciso a Parigi, dove il signor De Lesseps è tornato per difendere il suo operato e il parlamento dovrà dire una parola definitiva sulla missione in Italia: se ha come scopo difendere Roma, oppure sopprimere la Repubblica e rimettere sul trono il papa.

Quelle cene sono fatte per il Conte, ma lui ascolta, mangiucchia, assaggia un po' di vino e tace; lui, il Rasoio, da sempre innamorato dei dibattiti di politica. Così succede che in una principesca sala da pranzo di un grandioso palazzo romano, un marchese che conta papi e cardinali nel suo albero genealogico, si ritrova a discutere di alta politica con un orfano milanese con esperienze di chierichetto, stalliere e servitore.

Sulla città hanno preso a piovere bombe

Intanto sulla città hanno preso a piovere bombe perché il parco d'assedio francese non solo batte le povere mura antiche e cadenti, ma spara anche sui tetti civili, sulle chiese, sui palazzi per piegare lo spirito della popolazione. Noi non possiamo rispondere nulla perché a confronto dei cannoni modernissimi che hanno gli assedianti, le batterie romane sono poco più che petardi, utili giusto per infastidire i lavori di trincea.

La cosa straordinaria è che il popolo di Roma non perde nemmeno una briciola del suo buonumore, scherza con le bombe che piovono e se ne fa vanto: i ragazzini fanno a gara per raccoglierle, strapparne la miccia e portarle ai rappresentanti del governo che le pagano sedici baiocchi. Qualche volta va bene, qualche volta la bomba esplode e restano madri che piangono e urlano.

Una di queste bombe l'ho vista sulla tavola del marchese Beniamino come portacandela, una è stata portata in parlamento come atto di accusa a un papa che preferisce il suo popolo bombardato, piuttosto che libero.

Un giorno, tornando dalla solita incursione contro le trincee francesi, mi fermo incuriosito perché c'è una piccola folla attorno a un signore scuro di pelle che fuma un grosso sigaro. Chiedo e scopro che è un nobile spagnolo, nato nell'isola di Cuba, che offre i sigari del suo Paese a chi gli porta una bomba ancora calda per accenderli: tre sigari per un proiettile. Nei dintorni ci sono già ragazzini che fumano ostentatamente, come nobiluomini alle corse dei cavalli.

La malattia di Emilio, per fortuna, supera la fase più acuta: la ferita è sempre rossa e gonfia, ma la febbre, i deliri e i momenti di assenza sono scomparsi. Così ogni volta che si profila un'azione della sua compagnia, vado a prenderlo e lo accompagno in linea: lui fa di tutto per nascondere il dolore, usa l'asta della bandiera come bastone, e partecipa esattamente come tutti gli altri. Al rientro, lo riaccompagno nella sua camera.

Una sera mi trattengo di più e così incrocio il signor Luciano: è da quella orribile domenica che non ho tempo di parlare con lui un attimo, da amico ad amico; anche lui sembra contento di vedermi.

Comincia a raccontare, cosa insolita per lui, del nuovo incarico: Garibaldi è un genio e un demonio sul campo di battaglia – completamente cancellate le diffidenze iniziali – ma un vero caratteraccio in tutte le altre questioni. Così a lui tocca far da paciere con Raselli, il comandante in capo dell'armata romana, e da diplomatico con Mazzini che vorrebbe mettere il naso nelle questioni militari.

Io, mentre ascolto, lo osservo e vedo che non è più lo stesso uomo che conoscevo: più serio, se possibile; più concreto, come se fosse fatto di legno e pietra; impassibile, come se per lui non esistesse gioia o tristezza, coraggio o paura. Un uomo che è solo dovere e che parla tanto per non mostrare quello che ha dentro.

Con la scusa di dover assistere il giovane Dandolo, mi fermo a guardarlo scrivere alla moglie.

Solo così, nel profilo illuminato dalla lanterna fioca e nel lieve ingobbirsi lo riconosco per quello che era.

Cara Melita,
Qui si continua a combattere contro un nemico straripante per numeri, armi e addestramento. Però tutte le ragioni del mondo sono dalla nostra parte e il parlamento francese, se possiede ancora un briciolo di umanità e di morale, non potrà fare altro che controfirmare la convenzione concordata con il De Lesseps e richiamare quel traditore senza onore di Oudinot. Allora, con i francesi schierati a proteggere Roma dagli austriaci e, perfino da un ridicolo esercito che sta arrivando dalla Spagna, si potrà ricominciare a pensare al futuro su basi solide e positive.
Quindi il nostro dovere è mantenere alto l'onore della città, affinché sia chiara all'opinione pubblica di tutto il mondo che si tratta di una vile aggressione e possiamo dare solidi argomenti ai democratici e ai liberali di Parigi per venirci in aiuto.

Chi si salva e chi no, questa è la realtà

Le bombe continuano a cadere sulla città e la gente a morire negli scontri sulle trincee: la popolazione mantiene intatto il suo appoggio, sopporta ogni cosa con rabbioso umorismo e anche fra i soldati il morale, nonostante tutto, rimane alto. Un nostro ufficiale, un polacco con un passato da eroe della legione straniera francese, si è mostrato su una trincea con la prestigiosa medaglia della Legion d'onore appuntata al petto e a chi gli sparava addosso dava consigli per centrarla: «Più in alto, più a sinistra, più in basso». È stato colpito di striscio alla testa e così hanno potuto portarlo via, prima che si facesse ammazzare.

In un'altra scaramuccia fuori le mura è stato coinvolto uno dei fratelli Induno, i pittori, che quando non hanno un fucile in mano, disegnano quello che vedono e sono bravissimi; i loro ritratti sembrano vivi e viene voglia di offrire un buon bicchiere a quei poveri soldati di carboncino. Lo hanno trovato e dato per morto con venticinque ferite di baionetta; invece è sopravvissuto e si dice che si stia rimettendo bene.

Chi si salva e chi no, questa è la realtà: come alla lotteria, dipende da che numero viene pescato.

Tra i nostri è morto il capitano Rozat, uno svizzero che ha condiviso con noi tutto il calvario sin dai tempi delle montagne: era stato ferito, ma non appena si era rimesso era voluto tornare in linea. Una pallottola gli è entrata in un occhio: per fortuna è morto in fretta.

In questi miei giorni solitari non trascuro di fare almeno due volte il giro delle infermerie per vedere i progressi dei feriti che conosco. Passo anche a visitare quel Mameli, il poeta guerriero che tanto aveva entusiasmato il giovane Dandolo e che, invece, ha pescato il numero sbagliato: la sua ferita alla gamba è peggiorata rapidamente e hanno dovuto amputargliela, ma sembra che questo ancora non basti e il poveretto sta patendo tutte le pene dell'inferno, nonostante una piccola corte si prodighi intorno al suo giaciglio.

Quando esco dopo averlo veduto, bianco come un cencio e devastato dalla sofferenza, mi torna la domanda che in questi mesi non mi ha mai abbandonato: perché mai giovani belli, intelligenti, colti, ricchi, con nulla da domandare alla vita, hanno gettato tutto alle ortiche e si sono condannati alla più terribile delle pene?

Mi rispondo che, per gioventù o per ideale, fanno ciò che considerano giusto sopra ogni dubbio: non ci guadagnano nulla, anzi hanno tutto da perdere. Eppure per loro è così che deve andare: essere a posto con la coscienza vale più di tutti gli agi del mondo.

Forse un giorno si pentiranno di questa loro eroica gioventù ardente. Quelli che potranno farlo. Ma non qui e non ora.

I giorni seguenti trascorrono immutati, tra bombe che cadono, sfondano tetti, sventrano muri, fanno scoppiare incendi. Tutta la città è colpita, ma il quartiere più esterno di Trastevere è quello che paga il prezzo più alto: io mi sono trovato tra i militari che hanno dovuto difendere con le baionette spianate un piccolo gruppo di prigionieri francesi dalla furia di un padre a cui una bomba aveva ucciso le due bambine piccole. Adesso le famiglie trasteverine che hanno perso la casa sono state trasferite nei palazzi lasciati liberi dai cardinali e dalla nobiltà fedele al papa: in Europa i giornali conservatori urlano scandalizzati che la plebe rivoluzionaria romana saccheggia le case degli aristocratici e i beni della Chiesa.

Ogni giorno ci sono scontri per disturbare il lavoro delle trincee che però inesorabilmente avanzano verso le mura: molti dei nostri soldati non si sono tolti l'uniforme dal 3 giugno e io stesso, un poco più privilegiato, non mi spoglio da quattro giorni.

È come avere la febbre, quando è alta e provoca allucinazioni: si lavora, si combatte, si marcia, si mangia, ma la mente è da un'altra parte.

Dobbiamo ammettere che siamo soli

L'11 giugno al parlamento di Parigi viene messa ai voti una risoluzione della sinistra che chiede lo stato d'accusa del governo per l'aggressione a Roma. Dopo un dibattito particolarmente acceso, la mozione viene bocciata: il partito che si definisce «dell'ordine» stravince contro quello bollato come «dell'anarchia».

Che le cose non fossero andate bene noi lo abbiamo capito dalla nota del nuovo incaricato alle trattative, de Corcelles, che recita: «Un solo intendimento ha la Francia in questa lotta dolorosa; la libertà cioè del venerabile capo della Chiesa, la libertà degli stati romani, la pace del mondo».

Come se noi, proprio noi, fossimo l'ostacolo alla libertà e alla pace.

Da parte sua, il generale, anche se qui tutti lo chiamano per spregio «cardinale», Oudinot minaccia «irreparabili disastri» se la città non si arrenderà.

Le bombe cadono con frequenza sempre maggiore e qua e là i bastioni cominciano a franare, perciò a tutte le fatiche precedenti, si aggiungono anche quelle da zappatore. Ogni giorno chi non combatte lavora a scavare trincee e preparare una seconda linea di difesa alle spalle delle mura. Militari e cittadini faticano spalla a spalla, di pala e piccone; ogni giorno vengono riempiti centinaia, se non migliaia, di sacchetti di sabbia che sono il miglior riparo contro le pallottole.

Altro lavoro faticosissimo: siccome le batterie romane non sono all'altezza di quelle francesi, si utilizza il trucco di spostarle in continuazione da una piazzola all'altra. Vanno in una posizione, sparano fino a quando cominciano a essere investite dal fuoco di risposta e allora vengono portate da un'altra parte. Il giochetto funziona, ma è uno spossante lavoro supplementare perché un cannone è tale finché spara; a muoverlo è un macigno. Inoltre i cannonieri hanno avuto tantissime perdite e il loro posto viene preso anche da semplici soldati e pure da qualche borghese.

Si continua a combattere per frenare le trincee nemiche che oramai sono quasi sotto le mura e si combatte nella villa detta il Vascello, ridotta a un moncone di casa quasi peggio del casino dei Quattro Venti. Però questa volta tocca ai francesi attaccare: nonostante tutti gli sforzi non riescono a prendere la posizione.

Non ho memoria precisa di questi giorni: un rosario di fatiche e sofferenze, interrotte dalla notizia della morte di questo o di quello. Ricordo solo che nei rari momenti di riposo – e anche montare la guardia a pochi passi dal nemico è considerato un riposo – mi capita di girare lo sguardo sugli altri bersaglieri e vedo solo divise sporche e lacere, cappelli con le piume per metà strappate o bruciate e, sotto, volti smagriti, neri di polvere da sparo e di barbe incolte.

Una volta ho provato a confidare la mia stanchezza che confina con la disperazione al conte Morosini, sempre più chiuso e tetro, ma tutto quello che ho ottenuto di risposta è stato un «Viva l'Italia» che non so se contenesse più disillusione o più ironia.

Un giorno, probabilmente il 16 o il 17, veniamo a conoscenza che a Parigi c'è stata una dimostrazione dei democratici contro il governo e a favore di Roma, ma è stata dispersa dalla cavalleria. Quella sera il marchese Beniamino, a cena, ha commentato che a Parigi è morta la libertà di Roma, ma a Roma comincia a naufragare la libertà dei francesi; il nostro Conte ha alzato la testa e per una volta ha sorriso, amaro.

In breve la notizia si diffonde in città e per tutti diventa chiaro che c'è una conseguenza gravissima: le nostre fatiche, la nostra resistenza disperata dovevano dimostrare al mondo quale fosse la volontà popolare romana, trovare simpatie e alleati e convincere Parigi a cambiare politica. Adesso dobbiamo ammettere che siamo soli e nessuno più ci ascolta: perché continuare a combattere?

Il giorno 21 succede un fatto disastroso e non si sa come sia avvenuto.

Una compagnia dei nostri bersaglieri passa la sorveglianza di una breccia a una squadra di granatieri dell'Unione; alla ronda successiva la posizione è occupata dai francesi, senza che sia stato sparato neanche un colpo. Nessuno sa se l'accaduto sia dovuto semplicemente alla stanchezza dei difensori, o ci sia stato un tradimento, fomentato dai papalini rimasti in città. Il signor Luciano è convinto che la colpa sia di un ufficiale che poi ha disertato ed è passato al campo nemico: io non ci voglio credere, ma in ogni caso il danno è fatto.

Il giorno dopo ho ascoltato la conversazione fra due capitani dell'armata romana: sostenevano che, con la presa di una porzione di mura, una città è tecnicamente conquistata, l'assedio è finito e non c'è nulla di disonorevole nella resa. Ragionamenti di questo tono aggiungono disillusione alla stanchezza e il risultato lo si legge negli sguardi dei borghesi: «Allora, quando finisce?».

Invece non finisce perché il signor Luciano e il generale Garibaldi insieme, hanno escogitato una nuova linea di difesa alle spalle della breccia che, a dispetto di tutto, tra trincee, terrapieni, qualche casolare e soprattutto un edificio che si chiama villa Spada, riesce a contenere gli assalti dei francesi. Su questa nuova linea continua la resistenza con soldati che si muovono come burattini e aspettano solo che qualcuno tagli loro i fili.

Dovremmo accettare che abbiamo sbagliato?

La sera del 24 giugno il marchese Beniamino riesce, non so bene in quale modo e con quale magia, a riunirci tutti attorno al suo tavolo. Ci sono Emilio e il Conte che hanno fatto la strada spalla a spalla, parlando fitto, come forse facevano a Milano, tornando dal liceo.

Partecipa perfino il signor Luciano che per l'occasione si è lavato la faccia e ha scoperto che la polvere da sparo bruciata si è infilata a fondo nella pelle e non viene via nemmeno sfregando e sprecando mezzo pezzo di sapone.

Il nostro ospite arriva subito al punto: «È inutile nascondersi dietro un dito perché la città non può non cadere. Non ha speranze militari contro la superiorità francese, non ha speranze diplomatiche perché nessuna nazione al mondo vuole mettersi contro la Francia, né contro il papa per appoggiare una Repubblica di banditi».

Occhi bassi sul piatto ed espressione dura nelle labbra serrate; sono cose che sappiamo benissimo, ma non vogliamo sentircele dire.

Incurante il marchese prosegue: «L'unico aspetto positivo di avere contro i francesi è che non hanno la rabbia sanguinaria che avrebbero gli austriaci o, ancora peggio, i napoletani. Voci sicure mi dicono che non hanno intenzione di procedere ad arresti una volta presa la città, né tanto meno di impiccare e fucilare».

Nessuno chiede quali siano queste voci sicure e come siano giunte su quella tavola.

«Non è un segreto che Garibaldi stia preparando una colonna per lasciare la città non appena la resa verrà firmata. Un mio buon amico del consolato inglese mi dice che c'è una nave pronta a imbarcare eventuali esuli, così come ce n'è una americana.»

Non è il solito marchese che parla, l'ironico uomo di mondo; è triste, rassegnato e sinceramente preoccupato per i nuovi amici.

Le parole cadono in un lungo silenzio; il primo a rispondere è suo cugino, conte Morosini: «Quindi, secondo te, dovremmo accettare che abbiamo sbagliato, salutare le persone con cui abbiamo combattuto fino a oggi e mollare tutto?».

Il giovane Dandolo, al suo fianco, giocherella con un pezzo di pane: «È da quando abbiamo lasciato la Liguria che non scrivo più nemmeno una parola di poesia. Qualche volta ci provo, prendo la penna, ma è come se quella fonte si sia seccata. Ho tentato di scrivere qualcosa in onore di mio fratello e mandarlo a nostro padre; però qui dentro è tutto arido e non sono riuscito a spremere nemmeno una riga. Cosa ritornerei a fare?».

Loro sono ragazzini e gli è permesso rimanere aggrappati ai sogni morenti; anzi forse subiscono il fascino di questo tramonto rosso sangue. Importante invece è cosa dirà il signor Luciano, il comandante e l'adulto.

Lui si alza e chiede il permesso di provare il pianoforte che si trova nella stanza di fianco.

«Fai pure, ma non so se è a posto: l'accordatore che se ne occupa ha seguito i cardinali a Gaeta.»

Passi pesanti di stivali sullo splendido pavimento. Lo seguiamo dopo qualche istante e lo vediamo aprire lo strumento, togliere il tessuto che protegge i tasti e abbassare la testa per concentrarsi. Poi alza le mani e comincia un brano lento, che a Milano suonava spesso in onore di sua moglie, triste e dolce.

Però la musica non è la stessa: sarà per qualche colpo di fucile lontano, per un grido sotto le finestre, per la divisa lacerata in più punti, o per le mani scure e forti da manovale. Le note sono giuste, ma l'effetto è freddo, come quello degli organetti meccanici che si ascoltano alle fiere.

Nessuno commenta, ritorniamo a tavola e il signor Luciano liquida la proposta del marchese con un educato ringraziamento e un «ci penseremo il giorno della resa».

Rientriamo nelle nuove stanze che abbiamo affittato per essere più vicini alla linea di difesa; siccome non c'è più il letto di Enrico, Emilio è tornato a dormire con il Conte e io ho ripreso il mio posto vicino al signor Luciano.

Così nuovamente lo vedo scrivere le solite righe alla moglie.

Stasera ho provato a suonare il pianoforte, cosa che non facevo da un'infinità di tempo. Le dita ricordano la musica, la testa le dirige, ma il cuore non c'è.

Ho capito definitivamente di aver imboccato una strada senza ritorno: l'ho seguita all'inizio per leggerezza e per entusiasmo, poi per senso del dovere e per giudizio morale. Alla fine, come un vento irresistibile o una febbre, mi ha portato lontano da te, dai bambini e da tutti i miei affetti.
Lascio a te la parte più difficile, perché in queste condizioni di spirito morire è facile, sopravvivere è duro e ingrato.

Capire cosa provi chi scrive queste parole è quasi impossibile, a meno di non aver attraversato le stesse tempeste. Dire consapevolmente addio a ciò che si è amato sopra ogni altra cosa richiede una forza disumana, molto superiore a quella dell'eroe romano che si è volontariamente bruciato un braccio.

È un dolore lacerante, anche perché la parte di sé che ama non accetta la sconfitta senza combattere. Solo pochi giorni prima il signor Luciano scriveva tutto il contrario:

Povera mia Melita, come sarai inquieta! Quand'è che finiranno queste nostre angosce. (...) Io sto bene e starò sempre bene perché devo essere conservato per te, alla famiglia che amo tanto. (...) Pensa che viviamo in grandi momenti, che dobbiamo portarci all'altezza del tempo! Poi riposeremo oscuramente, modestamente, e educheremo i figliuoli con l'esempio della virtù e di quello che abbiamo fatto...

Buoi dal fondo del mare

Una notte ho sognato in maniera così vivida e veritiera che mi sono svegliato ricordando ogni particolare.

Ero in fondo al mare, ma stavo in piedi come sulla terra e respiravo normalmente; c'era anche il signor Luciano che mi guardava, mi dava ordini, ma parlava francese e io non lo capivo.

Io dovevo portare dei buoi dal fondo del mare a Roma, però non avevo una corda per legare gli animali e questi erano immobili e pesanti come rocce. Io mi affannavo a spingerli, a colpirli, ma tutto era inutile e il mio padrone continuava a guardarmi, a parlare in francese ed era irritato per la mia lentezza.

Io mi dannavo l'anima e mi veniva da piangere, ma tutto era inutile e i buoi non si spostavano di un pollice.

Mi sono svegliato angosciato e con la brutta sensazione di un presagio sgradevole; allora ho provato a fare come le zingare che predicono il futuro interpretando i sogni.

La questione dei buoi è facile da comprendere: a Roma comincia a girare la fame e, anche se per adesso nessuno si lamenta, è chiaro che serve cibo.

Il signor Luciano parla francese perché in questi giorni lo sento distante, tutto preso dai suoi affari con Garibaldi, con Mazzini, con gli altri capi, a dire la sua sulla Costituzione, organizzare le difese, spostare gli uomini e tenere in vita questa armata agonizzante.

Fa un gran lavoro, è un ottimo comandante, ma non è più la persona che conoscevo. Per quanto riguarda la mia disperazione e il senso di inutilità di tutti gli sforzi, non credo servano spiegazioni; basta guardarsi in giro.

Penultimo

Veniamo svegliati dal solito tamburino che poco prima dell'alba fa il giro delle strade per dare l'allerta ai difensori e ci prepariamo a una nuova giornata di patimenti. Guardo i ragazzini che ci seguono e ci scimmiottano, marciando con un bastone sulla spalla come fucile e facendo facce buffe per prenderci in giro e ripenso al sogno: mi sembra di vedere corpi più piccoli, occhi più grandi e meno voglia di vivere. Questa è la fame.

Arriviamo a dare il cambio alla compagnia che ha tenuto villa Spada durante la notte e ci informiamo sui movimenti dei francesi che, dopo qualche giorno di inutili assalti, si sono riorganizzati e stanno procedendo con le trincee per avvicinarsi al sicuro alla nostra linea.

Villa Spada non è possente come il casino dei Quattro Venti o il Vascello: è un delizioso piccolo edificio, la dimora amena di una famiglia benestante.

Dal giorno 22 questo è il centro degli scontri e non so quante volte i nemici sono venuti all'assalto e sono arrivati fino alle scalinate dell'ingresso; però in un modo nell'altro, da noi bersaglieri o dai garibaldini, sono sempre stati ricacciati. Il terreno davanti alle finestre si copre di feriti e cadaveri e una volta al giorno, per tacito accordo, si concede ai francesi una tregua per recuperare i corpi.

In tutta onestà, io non so da quanto duri questa folle resistenza: ogni alba dovrebbe essere l'ultimo giorno della Repubblica e invece si va a dormire che siamo ancora sulle nostre posizioni.

L'unico cedimento, se così lo si può chiamare, lo ha avuto il giovane Dandolo. Supplica in ogni occasione il signor Luciano affinché non mandi in linea il Conte: dice di vederlo cupo e svuotato e teme che voglia mettere fine alla sua vita.

«Se dovesse morire, mi ucciderei anch'io» ha detto una volta, e così ha ottenuto che al suo amico vengano risparmiati più turni possibile. Ma è cosa che deve essere fatta con gran cautela perché, da parte sua, il Conte è più ostinato di un mulo a rifiutare ogni trattamento preferenziale.

Un giorno, in una stanza di villa Spada, ho chiesto anch'io al signor Luciano perché si continui a combattere e a morire per una battaglia chiaramente persa: ne parliamo appoggiati a una parete sotto una finestra, in un momento di tregua, mentre beviamo il vino che il solito mercante viene a vendere fino alla prima linea.

«Vedi, Italo, prima di arrenderci è necessario che venga emanata ufficialmente la Costituzione della Repubblica: va a pochissimi giorni.

Contiene tutte le cose per cui abbiamo lottato in questi mesi.

La sovranità dello Stato appartiene al popolo che la esprime attraverso le elezioni.

Non si riconoscono titoli di nobiltà e privilegi di nascita e di casta.

La credenza religiosa non influisce sui diritti civili e politici e il papa è autorità suprema e indipendente, ma solo in materia religiosa, senza potere temporale.

So benissimo che sono sogni, addirittura forse deliri di un folle utopista, e sai anche che non sono sempre stato d'accordo su certi punti. Però io credo che sia importantissimo che questi principi vedano la luce: vengano scritti e resi pubblici in modo che esistano e siano esempio per il futuro. Forse non verranno applicati mai, ma io confido che un giorno qualcuno dirà di essere stato ispirato da queste parole e dal sacrificio di uomini giusti che le hanno rese possibili. Vedi, per questo motivo, può essere che noi moriremo per chiudere con serietà il Quarantotto; affinché il nostro esempio sia efficace, può essere che noi dobbiamo morire.»

Lo guardo e non posso credere alle mie orecchie: forse sta parlando in francese, come nel sogno. Mi viene da piangere, ma non è quello il momento.

Provo a ribattere, anche se sono perfettamente consapevole dell'inutilità delle parole: «Non è necessario morire. Quello che abbiamo fatto e l'esempio che abbiamo dato potrebbero anche essere sufficienti».

Due fucilate entrano dalla finestra e si infilano nel muro opposto, oramai completamente corroso dai colpi. Il signor Luciano sorride, per una volta sereno: «Ti ricordi quando mi sono ammalato e mi avete portato da una strega che mi ha curato con erbe, intrugli e magie?».

«Certo che me lo ricordo: sono stato per tre giorni a sorvegliare l'uscio e spiare come stavate.»

Ancora sorride: «In quella capanna è successa una cosa che non so come raccontare: io lì ho saputo che sarei morto in quest'avventura. All'inizio era come un sogno, vago e indistinto; poi è diventato sempre più concreto. In Liguria per la prima volta ho capito di avere due ombre: una è la mia solita, l'altra il mio Fato. Sono sicuro che se raccontassi questo al maestro Verdi vorrebbe metterla in una sua opera».

Si ferma e sorride, immaginando l'aria: *Due ombre seguon li passi miei*.

«Cosa devo fare? Scappare? Non si può fuggire dalla propria ombra e nemmeno dal proprio destino, soprattutto se non si è più che convinti che si debba farlo.»

Altre fucilate si piantano nel muro e strappano una pioggia

di schegge: «Succeda quel che deve succedere e bando alle tristezze: vedremo se una montanara mezza matta è stata davvero messaggera del Fato, oppure se questi sono i primi segni della mia follia. Ma adesso basta chiacchiere, abbiamo dei francesi da respingere».

Ultimo

Anche quel giorno i francesi non prendono villa Spada e non passano in nessun punto della linea di difesa.

A sera, non appena è buio, avviene un fatto eccezionale, una di quelle cose che non si dimenticano per tutta la vita.

Il governo ha deciso, nonostante il momento drammatico, le ristrettezze e i lutti, che essendo il giorno 29 giugno festa di San Pietro, patrono e protettore della città, si debba festeggiare con tutta la grandiosità possibile, per dimostrare al mondo che la Repubblica romana non manca a nessuno dei suoi doveri nei confronti né del popolo né del cielo.

La basilica di San Pietro viene illuminata a giorno con lanterne su tutte le colonne della piazza, ma anche sulla facciata e sul cupolone, in posti che sembrerebbero impossibili da raggiungere a meno di non essere dotati di un paio di ali. Dopo un maestoso rintocco delle campane le fiamme si alzano e nella piazza sembra che sia giorno; partono i bengala e, nelle fontane, gli zampilli obliqui catturano la luce e risplendono come pietre preziose.

Il Conte, che era sul Gianicolo, ha detto che, vista da lontano, la cupola sembrava un gigantesco sole al tramonto.

«Il meraviglioso tramonto della Repubblica romana.»

Quella sera abbiamo dormito dietro alla villa, ma il signor Luciano ha trovato la forza per scrivere le sue lettere, grazie a una lanterna cieca prestata da una sentinella.

La prima l'ha scritta alla signora Fanny perché, nonostante tutto, non ha mai dimenticato la sua amica.

Alza la testa e mi guarda con un sorriso che, per un momento, lo fa tornare la persona serena e divertente che spopolava nei caffè di Milano: «C'è un ricordo della mia infanzia che ho presente nitido, come se fosse successo ieri. Eravamo bambini, passavamo l'estate a Barzanò, ero innamorato perdutamente di lei e una zia ci leggeva ogni sera l'*Orlando furioso*. Io per conquistarla le promisi che sarei diventato un eroe come quelli dei libri. Me lo ricordo benissimo: eravamo in fondo al giardino, in una specie di grotta verde formata da quattro lauri cerasi. Credevo di aver detto una cosa bellissima, ma lei mi ha risposto che non le interessavano i cavalieri del passato, ma avrebbe amato gli eroi che combattono per l'Italia. Chissà, forse è cominciato tutto quel giorno».

Poi si china a scrivere.

Qui è una questione di tempo. Si sa matematicamente che una piazza della tal forza deve essere presa in tanti giorni. Immagina poi Roma che non è che improvvisamente e debolmente fortificata! La nostra piccola armata va distruggendosi ogni giorno e perdendo il fiore dei suoi ufficiali e soldati.
Addio, mia buona amica, non posso scrivere di più. Addio.

Poi si rimette a scrivere, alla moglie.

Cara Melita,
Da nove giorni i francesi occupano un bastione. Si sono sotterrati come topi nei fossati: non osano mostrarsi. Quando assalgono, sono respinti e fuggono. Vinceranno, perché materialmente quaranta grossi cannoni che sparano sopra un punto demoliscono e distruggono. Ma ogni maceria sarà difesa.
Roma in questo momento è grande...
Addio. Vogliami bene. Ho salutato tutti, puoi ben credere che di noi è una vera distruzione: ogni giorno venti o trenta di meno. Addio.

Il mattino dopo all'alba siamo già tutti nuovamente in linea e il conte Morosini si allontana a difendere la punta estrema a destra della nostra linea che chiamiamo bastione del Merluzzo. Con noi c'è anche Garibaldi che quando ci vede, si mette a canticchiare *La bella Gigogin*, un omaggio a quegli improbabili alleati lombardi che in altri tempi non lo avrebbero seguito e lui non avrebbe scelto. Sorride tranquillo, eppure ha appena saputo che è morto il suo fido scudiero moro, il gigante Agujar, colpito da una scheggia di bomba alla nuca mentre accompagnava al sicuro il figlio del generale.

Alle otto comincia l'assalto francese e arrivano a prendere la barricata dell'ingresso, ma vengono rigettati da un contrattacco guidato assieme dal signor Luciano e da Garibaldi. Nella pausa che segue compare Emilio con gli occhi di chi non ha più lacrime: il Conte è stato ferito gravemente. I suoi uomini dicono che è stato colpito più volte, gridava dal dolore e i francesi lo hanno portato in barella dietro le loro linee.

Il mio comandante stringe le labbra e mormora qualcosa che fatico a comprendere. Qualcosa di simile a: «Siamo alla fine. Stasera dobbiamo prepararci per andarcene da Roma».

Non c'è tempo per ragionare perché ricomincia il fuoco che precede un nuovo attacco: è quasi peggio che andare all'assalto come si era fatto quasi un mese prima a villa Corsini, perché in una stanza le palle rimbalzano e non si sa dove colpiscono, volano dappertutto pezzi di mattone, di intonaco, di pietra e in ogni momento un muro può cadere e schiacciare chi ci sta sotto. Ci sono le grida dei feriti, un rombo continuo e assordante, si respira polvere e fumo, la bocca sembra impastata con la calcina e per terra si scivola sul sangue.

Il signor Luciano prende quel cannocchiale d'ottone che aveva requisito ai tempi del Ticino e si sporge per osservare cosa stiano preparando i nemici.

Lo vedo ricacciato indietro, spezzato in due: un colpo di fucile gli è entrato nello stomaco ed è uscito dalla schiena.

Il nostro medico accorre, si china, ma subito alza gli occhi scuotendo la testa. Ugualmente chiamo una barella e lo faccio portare alla prima infermeria dietro le linee; al dottor Bertani che arriva di corsa, il signor Luciano ha la forza per dire: «Lasciami morire presto. Soffro troppo!».

Nell'infermeria dove lo hanno portato, per terra, di fianco al lettuccio, c'è un corpo sotto un lenzuolo lercio da cui spuntano due polpacci neri. È Agujar e io mi fermo a osservare, per chissà quale scherzo del cervello, che le unghie dei suoi piedi sono rosate e spiccano sulla pelle color bruciato. Altro salto della mente: non ho mai trovato il tempo per dire al signor Luciano che lo consideravo la mia famiglia.

Quali sono state le ultime parole di Luciano Manara?

Perfino io, che sono ignorante, so che bisogna riportarle, perché sono l'unica cosa che gli stolti ricorderanno della vita e delle opere dell'eroe.

Così si deve fare e così io farò.

Le ultime parole di Luciano Manara sono state rivolte a Emilio Dandolo che, inginocchiato al fianco, piange come un bambino in divisa da bersagliere e lo prega di non abbandonarlo anche lui, di non morire.

Con un filo di voce e un'ombra di sorriso: «Emilio, anche a me dispiace».

Altro non so, sono scappato via, perché il cuore non reggeva tanto dolore.

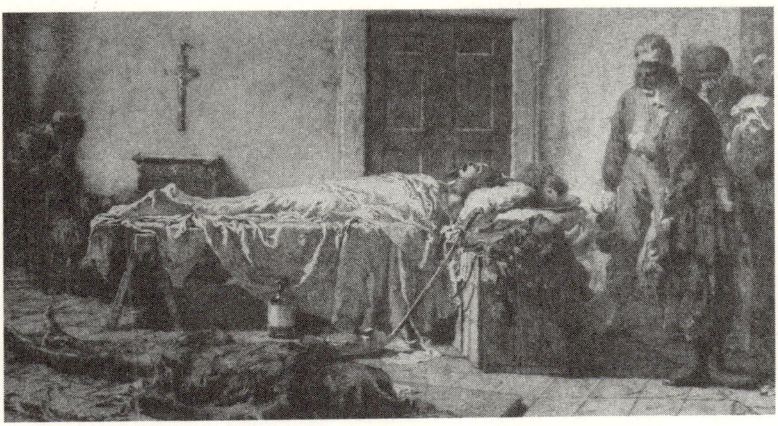

Acquaforte dal dipinto di Eleuterio Pagliano,
Il corpo di Luciano Manara a S. Maria della Scala a Roma

Avrei dovuto capire

Sono uscito dall'ospedale di Santa Maria della Scala: non volevo allontanarmi troppo dal signor Luciano, ma nemmeno restargli vicino e vederlo senza vita.

Seduto su un gradino, mi sono preso la testa fra le mani: mi sarebbe piaciuto piangere, oppure pregare.

Invece ho pensato, e subito mi sono dato dello stupido.

Avrei dovuto capire e avrei dovuto portarlo via.

Io, che so come va il mondo, avrei dovuto portare via il mio padrone e i suoi amici da Roma.

Sono stato stupido e inutile.

Sapevo che si era smarrito, mi aveva confessato tutto: «Noi dobbiamo morire per chiudere con serietà il Quarantotto. Affinché il nostro esempio sia efficace, noi dobbiamo morire».

Ecco quel che pensava e voleva il signor Luciano; testone com'era, la cosa più importante era essere in pace con la sua coscienza e con il suo gran cuore.

Alzo gli occhi al cielo e mi picchio un pugno sul ginocchio: dovevo vedere che non era più lui.

Aveva rinunciato a Carmelita e ai suoi figli, all'eleganza e al sorriso; aveva smarrito la musica e visto crollare i sogni e le speranze. Solo gli ideali, cocciutamente inseguiti, lo tenevano in vita.

Forse doveva finire così e qualcuno dirà che è perfino giusto, o almeno logico.

Io so solo di aver perduto, dopo mio padre e mia madre, un altro genitore.

Postfazione, linee e incroci

Il giorno seguente ci furono i funerali di Luciano Manara. La Repubblica romana, come ultimi atti prima di arrendersi, emanava la tanto sospirata Costituzione e accompagnava uno dei suoi difensori più ostinati nell'ultimo viaggio.

Così racconta le esequie Emilio Dandolo:

> *Era uno spettacolo che lacerava l'anima. Venivano primi i due battaglioni da novecento uomini ridotti a quattrocento senza uffiziali, tristi, scoraggiati, estenuati. Io vedevo passarmi dinnanzi dieci o dodici soldati, ultimo avanzo della compagnia di mio fratello, senza tenenti, tutti miei amici, morti o prigioni. Una musica romana seguiva i soldati, poi la bara coperta della tunica insanguinata, poi un centinaio di feriti che si erano a stento trascinati fuori dal letto per salutare l'ultima volta il povero loro colonnello.*

Il corteo funebre arrivò a San Lorenzo in Lucina dove il rito venne officiato dal padre barnabita Ugo Bassi (che verrà fucilato da lì a poco dagli austriaci).

Il giovane Dandolo non poté seguire tutto il funerale, impegnato com'era a recuperare, fra i meandri della burocrazia militare francese, il corpo del conte Morosini, morto dopo trenta ore di agonia.

Nei giorni successivi quello che restava dei bersaglieri lombardi, senza la guida che aveva sempre fatto di tutto per sostenerli e proteggerli, si sfasciò: esisteva un fondo di solidarietà per aiutarli a trovare una sistemazione a cose finite, ma scomparve nella confusione di quei giorni. Questi soldati, che fino all'ultimo avevano onorato il loro giuramento, si ritrovarono abbandonati a cercare ciascuno per sé una via di salvezza.

Le salme di Luciano Manara e di Enrico Dandolo (mummificate dal Bertani), e quella di Morosini (seppellita dai francesi, dissepolta, chiusa in due casse stagne perché in cattivo stato), vennero portate a Vezia, in Svizzera, nella villa dei Morosini. Più precisamente in una sorta di piccolo padiglione dove il Conte amava stare da solo a studiare, trasformato in cappella funebre.

Un dettaglio riguardo alla villa dei Morosini, utile per comprendere l'ambiente famigliare in cui si erano formati e avevano vissuto i protagonisti della nostra storia. Poco distante da quello che sarebbe diventato il sepolcro del figlio, la madre Morosini conservava un tabernacolo con il cuore di Tadeusz Kościuszko, eroe della rivoluzione americana e del tentativo di indipendenza lituano-polacca. Il generale in esilio, infatti, negli ultimi anni della sua vita era stato ospite a Zurigo della famiglia della donna, che ne aveva condiviso gli ideali democratici e illuministici e aveva voluto conservarne una reliquia.

Il corpo di Manara, che aveva viaggiato da Roma in una cassa con la dicitura «Oggetti di storia naturale», continuava a incutere timore: rientrerà in Italia solo diversi anni più tardi, con una sepoltura privata. La tomba oggi si trova a Barzanò.

Emilio Dandolo tornò a Milano: aveva diciannove anni, ma era già un vecchio. Della sua vita fece poco, anima inquieta: viaggiò, intraprese diverse iniziative, tentò di innamorarsi di Carmelita Fé, la moglie di Manara, ma non fu un successo, nonostante i due fossero da tempo molto vicini ed Emilio avesse tenuto con lei un serrato epistolario per tutta l'avventura chiamandola «mammina giovane». Scrisse le sue memorie *I volontari ed i bersaglieri lombardi* (Gaetano Brigola ed., Milano 1860. Prima ed., Torino 1850) che ho usato come timone per queste pagine. Morì nel febbraio del 1859 di malattia, pochi mesi prima della Seconda guerra d'indipendenza.

La linea e la rete

A questo punto il libro è finito.

Però, per chi mi vuol seguire su base rigorosamente volontaria, c'è ancora qualcosa che voglio aggiungere.

Questo romanzo è una linea: un percorso geografico/temporale delle vicende di Luciano Manara e dei suoi amici che conduce da un punto A (Milano, ristorante, 1846) al punto Z (Roma, villa Spada, giugno 1849), passando per una serie di punti intermedi: le Cinque Giornate… Salò… Cava… Chiavari… ecc.

La storia invece non è mai una semplice linea, ma piuttosto una rete di incroci, connessioni, intrecci: esattamente come una strada ne interseca altre e tutte insieme formano la mappa della città. Durante il loro itinerario, Italo e il signor Luciano hanno incontrato molti altri personaggi che poi, a loro volta, hanno seguito il proprio destino: accompagnarli anche solo come accenno per queste diramazioni, credo serva a rendere più completo e ricco il quadro della vicenda.

Non inserisco i grandi personaggi come Carlo Alberto, Pio IX, Luigi Napoleone, Ferdinando II di Borbone: sono ancora oggi figure che dividono e ridurli a poche righe significherebbe solo incentivare litigi e polemiche. Dico solo che i primi due, Carlo Alberto e Pio IX, meriterebbero che una bella penna si occupasse di loro. Il primo come personaggio tragico e amletico, segnato dai traumi giovanili. Il secondo ancora più tragico: il papa mediocre che si troverà a perdere quel potere terreno che i suoi predecessori avevano difeso per mille anni a qualsiasi prezzo, con le unghie e con i denti.

Detto questo, procedo in ordine di apparizione.

Giuseppe Verdi

Giuseppe Verdi è celeberrimo e su di lui si sa tutto e più di tutto. Il suo *Macbeth*, dopo il successo iniziale fiorentino scomparve dalle scene; venne rieditato nel 1865, poi sparì nuovamente, per essere riscoperto e rivalutato a partire dagli anni Cinquanta del secolo scorso. Il compositore era sicuramente un innovatore dell'opera e autore sensibile agli ideali patriottici del tempo (i temi della tirannia e del popolo oppresso sono comuni nelle prime opere), senza però farsi coinvolgere più di tanto. Avrebbe dovuto scrivere un'opera per celebrare la conquistata libertà milanese, ma non se ne fece nulla per ovvi motivi.

Di certo la straordinaria passione popolare che lo ha accompagnato per tutta la vita e oltre nacque anche da questa capacità di intercettare gli umori popolari.

Io sono un emerito ignorante di lirica e quello che ho scritto riguardo alla prima del *Macbeth* al teatro della Pergola di Firenze l'ho ricavato da due articoli: uno di Roberta Pedrotti, *Il Macbeth di Verdi dal 1847 al 1865*[5] (grazie a Corinne Baroni per la segnalazione), e soprattutto quello di Cesare Galla: *Macbeth: un capolavoro di frontiera*.[6]

Gustavo Modena

Poco prima delle Cinque Giornate incontriamo Gustavo Modena, attore considerato fra i più grandi dell'Ottocento e fervente patriota di fede repubblicana. Più vecchio degli altri, era un quarantacinquenne, aveva preso parte a tutti i moti e le ribellioni dal 1831 in poi. Nella sua vita ha alternato successi teatrali in patria e all'estero (è lui ad aver fatto amare la *Divina Commedia* agli inglesi) alla continua lotta con le polizie di tutt'Italia e a un'inesausta attività di propaganda politica. Dopo la vicenda della Repubblica romana e i fatti che abbiamo narrato, avrà un lungo periodo di depressione ben condensato in questo stralcio di lettera: «… Bisogna sperare e credere; ed io non ispero nulla e non credo gli uomini d'Europa suscettibili di far nulla di bene, quindi non sarei capace di scrivere nulla. Vada il mondo come sa andare, io penso che ormai ho pochi anni da vivere in mezzo a queste pecore. Ho l'anima in cenere e vorrei vedere l'universo in cenere».[7]

[5] R. Pedrotti, *Il Macbeth di Verdi dal 1847 al 1865*, in «L'ape Musicale», 26 settembre 2018.

[6] C. Galla, *Macbeth: un capolavoro di frontiera*, in «Doppiozero», 6 dicembre 2021.

[7] G. Amoroso (a cura di), *Lettere di patrioti italiani del Risorgimento*, Cap-

Invece si riprenderà e continuerà con l'attività teatrale e di propaganda repubblicana. Morirà di pleurite nel 1861, quattro giorni dopo la proclamazione dell'unità nazionale.

Il maresciallo Radetzky

Johann Joseph Franz Karl Radetzky, conte di Radetz è la persona che senza dubbio ha maggiormente influito, seppur in negativo, sul futuro dell'Italia, ponendosi di traverso praticamente da solo al processo unitario spinto entusiasticamente dalle rivolte del Quarantotto. Lo abbiamo incontrato a Milano già vecchio, aveva ottantadue anni, e con una vita di battaglie alle spalle, contro tutti i nemici del suo impero, dai turchi a Napoleone.

Sarebbe interessante ipotizzare cosa sarebbe successo se in quegli anni, ci fosse stato al comando delle truppe austriache in Italia un personaggio meno abile e meno coriaceo. A lui e alle sue vittorie che hanno affossato il primo processo unitario è dedicata quella *Marcia di Radetzky* di Strauss che chiude l'attesissimo concerto di capodanno da Vienna.

Carlo Cattaneo

Incontriamo all'inizio delle Giornate Carlo Cattaneo, quello che vedendo Manara e i suoi giovani amici andare verso la piazza dell'insurrezione, pronuncia una frase su cui riflettere: «Quando i ragazzini hanno il sopravvento, gli uomini vanno a casa». In seguito, quando si convince che il movimento non è solo un sussulto, aderisce al governo provvisorio, mette il suo notevolissimo ingegno al servizio di Milano e fa tutto quello che è nelle sue possibilità per far funzionare le cose, compito superiore alle forze di qualsiasi uomo.

Dopo il Quarantotto si rifugia in Svizzera, a Lugano, dove passerà il resto della vita.

Il suo libro *Dell'Insurrezione di Milano nel 1848 e della successiva guerra* è un'analisi straordinariamente lucida degli av-

pelli, Bologna 1971. Lettera di Gustavo Modena a Giovanni Grillenzoni del 19 settembre 1850.

venimenti e delle ragioni della sconfitta. Per non giurare fedeltà ai Savoia non ha mai voluto sedere nel parlamento italiano, nonostante fosse stato più volte eletto.

Anche la figura di Cattaneo necessiterebbe di un ragionamento più attento e approfondito: per i protagonisti di questo libro l'opzione delle armi e della rivolta sembrava l'unica via per realizzare un progetto democratico e unitario. Lui era invece sostenitore di una strada non violenta verso un futuro dove sia l'impero austriaco, sia la congerie di Stati italiani trovassero senza conflitti una sistemazione federalista. Nel suo immaginare un modello politico e pacifico, poneva anche come meta finale gli Stati Uniti d'Europa. Un vicolo cieco dell'Italia che non fu.

Angelo Fava e Antonio Boselli

Angelo Fava, nato a Chioggia e cresciuto a Verona, istitutore di casa Dandolo e in seguito anche di Emilio Morosini, era figlio, per ironia del destino, di un funzionario della polizia imperiale. Di chiari sentimenti antiaustriaci, indirizzò sulla via del patriottismo i suoi alunni oltre a una notevole schiera di altri personaggi che furono in prima linea nella rivolta del 1848. La funzione degli educatori come «lievito» insurrezionale lo accosta al Boselli caduto durante le Giornate, di cui fu amico e collega. Questi aveva aperto una scuola con programma innovativo (contemplava tra le tante materie, anche ginnastica e nuoto)[8] e mantenne una linea di insegnamento decisamente liberale, contraria allo straniero e a favore dell'unità italiana.

Dopo la sconfitta di Novara il Fava rimase in Piemonte lavorando sempre nell'amministrazione scolastica, fino ai più alti livelli. Morì a Milano nel 1881, ospite di una sorella Morosini ed è sepolto a Vezia (Lugano) assieme ai suoi discepoli Emilio Morosini ed Enrico Dandolo.

[8] Emeroteca digitale. Biblioteca nazionale Braidense, *Il 22 marzo primo giorno dell'indipendenza lombarda*, 1848 aprile, Volume 1, Fascicolo 27.

Pasquale Sottocorno ed Elisa Battistotti Sassi

Due storie di povero eroismo finito male.

Di Pasquale Sottocorno, lo zoppo dell'assalto al palazzo del Genio, c'è poco da aggiungere a quanto raccontato: ciabattino a Milano, eroe per un breve periodo, ciabattino a Torino. Che bevesse è una mia invenzione, ma credo nemmeno troppo azzardata. Morì di tisi nel 1857. Assieme a lui in prima fila nella celebrazione solenne delle Giornate in Duomo, c'era Luisa Battistotti Sassi, l'altra eroina popolare: al ritorno degli austriaci fuggirà anche lei a Torino e da lì emigrerà negli Stati Uniti dove sparirà dalla storia. Si sa solo che morì nel 1876.

Carlo Camillo di Rudio

Con lo stesso intento di rendere la straordinaria varietà umana che ha caratterizzato il periodo risorgimentale e, soprattutto, il 1848-49, ho infilato Carlo Camillo di Rudio tra i personaggi che i nostri eroi incontrano durante le Cinque Giornate e poi nella Repubblica romana.

Carlo è il sedicenne che, assieme al fratello Achille, partecipa all'insurrezione milanese e uccide un croato che aveva violentato e ucciso due donne. Dopo Custoza va a combattere a Venezia, dove vede morire il fratello, e poi a Roma, nella legione italiana di Garibaldi. Si rifugia in Francia e partecipa assieme a Felice Orsini al fallito attentato a Luigi Napoleone (diventato nel frattempo l'imperatore Napoleone III) ideato come vendetta per la repressione della Repubblica capitolina.

Condannato a morte, Carlo viene graziato e la pena commutata nell'ergastolo nell'inferno della Cayenna. È uno dei pochissimi che riescono a evadere da quel carcere spaventoso (descritto nel romanzo *Papillon* di Henri Charrière); si rifugia negli Stati Uniti dove presta servizio nell'esercito. Va con il colonnello Custer a Little Big Horn e sarà tra i pochi superstiti. Queste avventure, che da sole basterebbero per farne un mito letterario o cinematografico, sono solo alcune delle prodezze di quest'uomo. Perché sia quasi sconosciuto è una domanda interessante da porsi.

Alfonso Lamarmora

Passiamo a figure più «tranquille». Nel primo scontro dopo l'uscita da Milano, i nostri eroi conoscono due ufficiali piemontesi che, per ordini superiori, non possono prendere parte al combattimento.

Uno è Alfonso Lamarmora: maggiore di artiglieria a marzo diventerà generale e ministro della Guerra a fine anno; una delle carriere più veloci che si siano mai viste. Sarà, nel bene e nel male, un protagonista del Risorgimento reggendo per molti anni il ministero della Guerra, diventando presidente del Consiglio e comandante dell'armata sarda nella triste giornata di Custoza del 1866. Sarà anche uno dei comandanti della lotta al brigantaggio nel Meridione d'Italia dopo l'Unità.

Lamarmora è uno degli ufficiali (assieme a Manfredo Fanti che abbiamo visto nella divisione lombarda, ai fratelli Durando – conosciuti di sfuggita – a Enrico Cialdini – che non abbiamo incontrato – e parecchi altri) che hanno fondato carriera e una vita agiata e rispettabile sulle disavventure del Quarantotto. Non a tutti quell'anno ha portato solo delusioni e disgrazie, ma non sono stati i migliori a ottenere benefici, questa è la mia opinione strettamente personale. In fondo lo si sapeva: «Vuole andare con i rivoluzionari? Se ne pentirà: badi che quella è una carta che non guadagna».[9]

Giuseppe Govone

L'altro personaggio descritto a fianco di Lamarmora nel primo scontro fuori Milano e che poi ritroviamo a dialogare (parto della mia fantasia) con Manara in un cascinale vicino a Brescia, mi è particolarmente caro poiché gli ho dedicato una sudata biografia (*Lo scrittoio del generale*, UTET, Torino 2006): si tratta di Giuseppe Govone che diventerà uno dei migliori e più sfortunati generali italiani.

[9] Citata in F. Anfossi, *Memorie sulla campagna di Lombardia del 1848*, Tipografia Fontana, Torino 1851, p. 20. A pronunciarla è il generale Claudio Seyssel d'Aix di Sommariva, uno dei generali colpevoli del disastro della guerra ed esonerato dal comando.

Dopo il 1849 dovette andarsene in esilio volontario per le critiche pesanti espresse sui suoi superiori per la condotta della guerra: servì i turchi nella guerra contro la Russia, partecipò alla carica dei seicento di Balaklava e infine ritornò nell'esercito sabaudo durante la guerra di Crimea. È considerato il padre dei servizi segreti italiani e nella ferale giornata di Custoza del 1866, con una magistrale manovra, per poco non riusciva a raggiungere la vittoria. La sua iniziativa venne frustrata dal superiore «Macigno» Della Rocca, raccomandato di ferro, che al messaggero che chiedeva rinforzi, rispose, «*Ch'al dia al so general ch'as rangia!*»: dica al suo generale che si arrangi. Il messaggero era il figlio di Luciano Manara, tenente del Savoia Cavalleria: una sorta di mesta chiusura di un cerchio risorgimentale dell'Italia che non fu.

Qualche giorno dopo la battaglia, Govone scrisse: «Perdemmo per inabilità l'occasione di avere il Tirolo e forse Trieste! Dio ci perdoni e ce lo perdonino i posteri».[10] È un interessante esercizio di storia fatta con i *se* e con i *ma* (quella che un tempo si insegnava non dovesse mai essere tentata) ipotizzare quali sarebbero stati i destini italici senza il bisogno di conquistare le terre che verranno successivamente chiamate irredente.

Govone impazzì nel settembre 1870 da ministro della Guerra e morì suicida due anni dopo.

Francesco Anfossi e Bois Gilbert

Nella narrazione tradizionale e patriottica del Risorgimento, sembrerebbe che tutti i protagonisti siano buoni, eroici e generosi. Poi si conosce Francesco Anfossi, il fratello «per male» di Augusto, e andrebbe studiato da vicino perché è un personaggio importante nella sua ostinazione alla negatività: lo abbiamo visto comportarsi da vile e da brigante con la sua Compagnia della Morte sulle montagne del bresciano e successivamente venne arrestato per furto, malversazione e incitamento all'insubordinazione; liberato al rientro degli austriaci, venne scartato dall'esercito piemontese nel

[10] Da una lettera conservata all'Archivio del Museo Nazionale del Risorgimento di Torino, da Giuseppe Govone a Genova di Revel, 10 luglio 1866.

1849. Nel 1859 non venne ammesso nei Cacciatori delle Alpi di Garibaldi, ma l'anno successivo riuscì a partire con i Mille, giusto per farsi congedare per vigliaccheria dopo la battaglia di Calatafimi. Un eroe al contrario, ma utile anche lui a creare un'immagine profonda e reale del tempo e soprattutto per ricordare che nella storia non succede mai che tutti i bravi siano da una parte e i cattivi dall'altra. A fianco di Francesco Anfossi, a rappresentare gli aspetti meno onorevoli dei moti patriottici, c'è Bois Gilbert: quasi tutto quello che ho scritto su di lui è inventato. Nelle fonti si racconta solo di una banda di pregiudicati guidata da un sarto che si segnala per furti e violenze.

Carlo Lorenzini

Tra i toscani che a Brescia raccontano la giornata di Curtatone e Montanara, ho voluto inserire come narratore un tal Carlo, che poi ritroviamo al ponte di Boffalora, quando i volontari abbandonano la Lombardia dopo l'armistizio.

Si tratta di incontri inventati con un personaggio reale: un omaggio a Carlo Lorenzini, più noto come Carlo Collodi, il padre di Pinocchio e uno dei tanti che ebbero la vita segnata in negativo, quasi una frattura mai ricomposta, dall'esperienza del Quarantotto.

Volontario ventiduenne combatté a Montanara e poi fu un acceso sostenitore della Repubblica toscana. Il ritorno dell'arciduca grazie alle baionette austriache significò per Carlo l'inizio di un'esistenza infelice e precaria tra giornalismo, teatro e scrittura. *Le avventure di Pinocchio* arrivarono quando l'autore era avanti con gli anni, stanco e disilluso, tanto che la pubblicazione a puntate su un giornale per bambini procedette a rilento e terminò con l'impiccagione del burattino. Solo in un secondo tempo accettò di completare l'opera e pensare al lieto fine.

Mikolaj Kamiensky

Kamiensky guida la cosiddetta «legione polacca» tra i volontari del 1848, e comanda nello scontro fuori Gavardo, nell'estate dello stesso anno. Lo cito qui per ricordare tutti gli stranieri che partecipano al tentativo unitario italiano, reduci dalle tante lotte contro l'assolutismo in nome della *liberté, egalité, fraternité* diffuse dalle armate napoleoniche. Polacchi e ungheresi furono in qualche misura affratellati all'Italia nella lotta nazionale (nel Museo Nazionale di Budapest c'è un'intera sala dedicata ai rapporti ottocenteschi con la nostra penisola).

A ben vedere, le lotte italiane ebbero un respiro ampiamente internazionale: in queste pagine abbiamo incontrato parecchi svizzeri e polacchi, poi i sudamericani con Garibaldi. Tra le memorie di quel periodo che ho utilizzato ci sono quelle di uno svizzero (Hoffstetter) e di un olandese (Ian Philip Koelman).

Francesco Cavallotti

Una nota a margine della lettera che una donna milanese mostra al signor Luciano ad Alessandria, scritta da un fratello austriacante (p. 178): è ispirata a una vera, di Francesco Cavallotti. Costui viene descritto benissimo da Alessandro Galante Garrone[11] come rappresentante esemplare di quella parte della società milanese che, a onta delle Giornate, rimase concentrata sulla concretezza quotidiana: favorevole agli insorti se questo poteva comportare un miglioramento di posizione e di stipendio, grata agli austriaci per il ritorno alla tranquillità e alla sicurezza nella vita di tutti i giorni. Siccome il Fato spesso è beffardo, da questo grigio Francesco Cavallotti nacque Felice, uno dei più straordinari ed eclatanti rappresentanti della sinistra italiana dell'Ottocento, detto «il bardo della democrazia» per i discorsi e gli articoli fiammeggianti di passione. Siccome oltre che con la penna, frequentemente sosteneva le sue idee con la spada, morì trafitto in duello nel 1898.

Gerolamo Ramorino

Gerolamo Ramorino, il comandante della divisione lombarda e responsabile dell'errore di Cava, era un altro gran bel personaggio che andrebbe approfondito.

11 A. Galante Garrone, *Felice Cavallotti*, UTET, Torino 1976, p. 18.

Formatosi negli eserciti napoleonici, per un verso era un militare guascone e picaresco, abile a confezionarsi un curriculum invidiabile con cui ambire a incarichi prestigiosi; per l'altro era un soldato di mestiere, probabilmente anche coraggioso, ma senza le capacità per comandare grandi unità e per di più dedito al gioco e alla bella vita. Furono i democratici piemontesi, abbagliati dal suo fascino così diverso da quello dei generali sabaudi, a spingere perché avesse un comando. Ignoravano, tra le altre cose, che era accusato di aver perso alle carte i fondi che Mazzini gli aveva dato per armare la spedizione in Savoia del 1834.

Nel 1849, per le sue scelte errate, fece da capro espiatorio e venne fucilato a Torino il 22 maggio dello stesso anno. Da notare che i generali sabaudi che erano stati causa del disastro del Quarantotto non ubbidendo agli ordini, commettendo errori marchiani o addirittura abbandonando le posizioni di fronte al nemico non ebbero nessuna sanzione, se non essere allontanati dai loro posti.

E molti altri...

Si potrebbe continuare a lungo a raccontare le vite dei tanti che hanno incrociato la strada di Manara, ma mi limiterò a qualche breve citazione.

I fratelli Bronzetti sono quelli che hanno presentato Carlo Lorenzini e poi hanno militato nei bersaglieri lombardi. Narciso morì nel 1859 combattendo con i Cacciatori delle Alpi; Pilade cadde l'anno dopo con i Mille nella strenua difesa di Castel Morrone durante la battaglia del Volturno. La sua ostinata resistenza assieme a poche centinaia di camicie rosse contro parecchie migliaia di borbonici fu decisiva per la vittoria garibaldina e per la successiva storia italiana. Oreste, il bambino, fu l'unico a morire nel suo letto.

Agostino Bertani, il medico che abbiamo incontrato in diversi punti della narrazione, percorse tutto il Risorgimento sempre dalla parte democratica, seguendo Garibaldi in tutte le sue avventure. Divenne deputato con un impegno anticlericale e vagamente socialisteggiante.

La Repubblica romana fu un'ecatombe dei personaggi più capaci, motivati e carismatici del fronte democratico nazionale: lo stesso Garibaldi riuscì a cavarsela per il rotto della cuffia. È interessante domandarsi come sarebbe proseguita la storia d'Italia senza l'Eroe dei Due Mondi.

Abbiamo visto di sfuggita il ventiduenne Goffredo Mameli, di nobile famiglia genovese, poeta aiutante di Garibaldi, che aveva già partecipato assieme ai volontari genovesi alle fasi successive alle Cinque Giornate. Ferito nell'assalto al casino dei Quattro Venti, gli venne amputata una gamba e morì a causa della gangrena.

Carlo Pisacane potrebbe essere tranquillamente un protagonista di romanzo: nobile napoletano, deve abbandonare una promettente carriera militare a causa di una relazione con una donna sposata. Viene dapprima punito dall'esercito per adulterio e poi riesce a sfuggire ai sicari mandati dal marito di lei. Con la donna gira per tutta Europa, tra miserie e avventure, combattendo anche in Algeria nella legione straniera (lei si è arruolata come infermiera). Entrambi arrivano a Roma e offrono i loro servigi alla Repubblica, di cui lui diventa una sorta di ideologo militare. Muore nel tentativo di far sollevare le popolazioni del Regno delle Due Sicilie: di tutta questa esistenza rimane famosa solo la celebre poesia *La spigolatrice di Sapri*: «*Eran trecento, eran giovani forti…*».

La Costituzione romana

Non è un personaggio, ma merita una citazione. Se vi capita di passeggiare sul Gianicolo dove ci sono le erme e i monumenti dei protagonisti della difesa della Repubblica romana, troverete i suoi primi articoli scolpiti nel parapetto di un belvedere da cui si ammira il panorama della città. Un'esperienza che non lascia indifferenti.

Carmelita Fé Manara

Infine le due donne principali di questa storia.

Carmelita Fé, la moglie di Manara, lontana parente di Alessandro Manzoni, è così descritta da Giovanni Visconti Venosta che andò a trovarla sei anni dopo i fatti narrati, nel '55: «Carmelita Manara aveva poco più di trent'anni; era stata bellissima, ed era ancor bella; d'una beltà pallida e delicata, illuminata quasi dalla luce diafana d'un lento tramonto a cui la condannava quel mal sottile che doveva precocemente spegnere lei e i suoi figli. Eppure sulle sue bianche gote ricompariva una fiamma improvvisa, e i suoi begli occhi celesti s'illuminavano, quando gli amici le portavano qualche notizia in cui vi fosse una speranza, o le richiamassero alla memoria qualche sacro ricordo d'un passato recente».[12]

Devo ammettere che, tutto concentrato sul marito e i suoi amici, non sono riuscito a dare il giusto risalto alla figura della donna che appare un po' statica e in controluce. Leggendo la sua biografia ne esce invece un personaggio decisamente più complesso e vivo, anche se non positivo a tutto tondo: moglie giovanissima, con qualche deriva adolescenziale, innamoratissima e quindi anche gelosa e possessiva, accusata di spendere un po' troppo e non proprio in buoni rapporti soprattutto con i suoceri. Insomma, un essere umano reale.

Fanny Bonacina

Di Francesca Fanny Bonacina Spini ho trovato meno notizie: il suo nome è legato a quello di Luciano Manara da un carteggio[13] a cui mi sono ispirato per molte delle lettere contenute in questo libro.

Di lei si sa che era bellissima ed ebbe un matrimonio infelice con il conte Giulio Spini, anche lui patriota vicino a Mazzini,

[12] G. Visconti Venosta, *Ricordi di Gioventù. Cose vedute o sapute: 1847-1860*, Cogliati, Milano 1906, p. 331.

[13] *Lettere di Luciano Manara a Fanny Bonacina*, Regio Istituto per la storia del Risorgimento italiano, Vittoriano, Roma 1939.

ma visse quasi sempre solitaria. Probabilmente ci fu una relazione fra lei e il nostro eroe: lo sostengono alcune fonti e le lettere del loro carteggio cominciano all'indomani della partenza del conte Spini per una missione diplomatica. Io ho preferito raccontare di una profonda amicizia nata durante l'infanzia, ma è una invenzione romanzesca.

Ai funerali di Emilio Dandolo, strettamente sorvegliati dalla polizia austriaca timorosa di dimostrazioni patriottiche, fu lei a gettare sulla bara una corona tricolore di fiori, in barba ai gendarmi che sorvegliavano la cerimonia.

L'Italia

In tutto il libro il convitato di pietra è l'Italia unita: chi la vuole e chi non la vuole, chi la vuole repubblicana e chi monarchica, chi organismo unico e chi federazione. Chi la considera un solido progetto e chi una rarefatta utopia.

La nazione che nasce dodici anni dopo la morte di Manara è quella per cui i nostri eroi hanno sperato e sognato, per cui hanno lottato e alla fine hanno sacrificato la loro vita?

Questa è esattamente la domanda a cui non voglio rispondere, ma spero, sinceramente e di cuore, che sia una questione su cui il lettore voglia riflettere.

A proposito di scherzi del destino

A libro finito, mentre stendevo queste note, ero ancora onestamente convinto che il personaggio di Italo fosse una mia invenzione per dare una voce narrante all'intera vicenda. Immaginatevi lo stupore quando ho scoperto questa pagina di Giovanni Visconti Venosta. Più che stupore, direi uno *sciupon*, un colpo:

Il Mangiagalli era cocchiere e cavallerizzo[14] *in casa Manara allo*

[14] «Cavallerizzo» a metà Ottocento indicava il cocchiere o un dipendente delle scuderie deputato alla cura dei cavalli dei signori. Secondariamente indicava chi sapeva ammaestrare e trattare i cavalli e solo successivamente chi li cavalcava con abilità.

> *scoppiare della rivoluzione, e durante le Cinque Giornate, egli si mise accanto al suo padrone e non si staccò più da lui, seguendolo nelle file dei volontari sui campi di Lombardia e sulle mura di Roma. (...) Ritornato a Milano, dopo la resa di Roma, i suoi nuovi amici gli acquistarono una cavallerizza, e lo introdussero nelle loro case. Così ricomparve in casa Manara quale amico quel medesimo Mangiagalli che ne era stato il cavallerizzo.*[15]

È grossomodo la storia che ho narrato, compreso l'epilogo che io non ho immaginato, ma che avrei augurato al mio Italo.

[15] Visconti Venosta, *Ricordi di Gioventù*, cit., p. 332.

Annotazioni

Questo libro è un romanzo e, come tale, non dovrebbe avere una bibliografia. Però ha anche una pretesa di storicità: sono documentabili tutti i grandi eventi e anche parecchi dei piccoli. Le parti che ho inventato, se non sono vere, spero siano almeno verosimili.

Per i personaggi di Manara, dei Trazi (Emilio ed Enrico Dandolo ed Emilio Morosini) e delle due donne, Carmelita e Fanny, ci sono parecchi volumi che mi hanno permesso di ricostruirne la vita e il pensiero. Il primo e più famoso è *Lettere di Luciano Manara a Fanny Bonacina* (Regio Istituto per la storia del Risorgimento italiano, Vittoriano, Roma 1939, con introduzione e l'ottimo apparato di note di Francesco Ercole); il secondo e fondamentale (e già citato) è la memoria di Emilio Dandolo, *I volontari ed i bersaglieri lombardi. Annotazioni storiche* (G. Brigola, Milano 1860). Tutto il gruppo dei nostri eroi scriveva con continuità alla madre Morosini, Emilia, e alle cinque sorelle del Conte. La signora ha poi ricopiato tutto l'epistolario che è stato pubblicato in maniera parziale nel 1948 da Antonio Monti (*Quarantotto romantico ed eroico*, Sansoni, Firenze 1948). Un poco meno interessante, *Dandolo, Morosini, Manara e il primo battaglione dei bersaglieri lombardi nel 1848-49* (Gaetano Capasso, Cogliati, Milano 1914).

Per Carmelita Manara è illuminante la biografia di Aida Cavazzani Sentieri, *Carmelita Manara nell'Italia eroica dell'Unità,* Libreria scientifica e letteraria, Milano 1937.

A proposito delle lettere

Nel romanzo ho usato le lettere come escamotage letterario per raccontare fatti o stati d'animo con immediatezza e, spero, chiarezza. Per questo motivo la maggioranza sono inventate, nel senso che non sono mai state scritte davvero, anche se i contenuti sono credibili e coerenti con i personaggi.

In qualche caso ho usato lettere vere, mescolando però argomenti, scriventi o destinatari, a seconda delle esigenze della narrazione; inoltre le ho tagliate e ridotte per renderle compatibili con il linguaggio del romanzo. La sostanza, però, è quella degli originali. In altri casi, frammenti dalle vere missive spuntano qua e là tra le righe inventate.

Le lettere più «vere» sono:

Sarebbe il segnale d'una diserzione nei vacillanti (p. 113). Capasso, *Dandolo, Morosini, Manara*, cit., p. 57.

Siamo qui abbandonati, dimenticati, demoralizzati (p. 127). *Lettere di Luciano Manara a Fanny Bonacina*, cit., p. 139.

Visto che da qualche giorno / Visto che Ella da qualche tempo / Se la coglioneria dell'altro giorno (p. 131). Capasso, *Dandolo, Morosini, Manara*, cit., pp. 94-97.

Finché ho la speranza di poter mantenere viva (p. 170). *Lettere di Luciano Manara a Fanny Bonacina*, cit., p. 166.

Non puoi immaginarti in che mani ladre (p. 179). *Lettere di Luciano Manara a Fanny Bonacina*, cit., p. 184.

Le tue lettere, i tuoi rimproveri (p. 256) / Vogliami sempre bene (p. 260). Cavazzani Sentieri, *Carmelita Manara nell'Italia eroica dell'Unità*, cit., p. 163.

Povera mia Melita, come sarai inquieta (p. 286). Cavazzani Sentieri, *Carmelita Manara nell'Italia eroica dell'Unità*, cit., p. 174.

Qui è una questione di tempo (p. 291). *Lettere di Luciano Manara a Fanny Bonacina*, cit., pp. 264-265.

Da nove giorni i francesi occupano un bastione (p. 291). Capasso, *Dandolo, Morosini, Manara*, cit., p. 251.

La citazione in latino di Giuda Maccabeo pronunciata dai fratelli Dandolo (p. 268) è stata scritta dal padre ai figli e andrebbe letta assieme alle parole che la precedono:

> *Però sapete che detesto le declamazioni e abomino i retori: il mio dire sarà grave, perché profondo è il sentimento che lo ispira, perché parlo a' miei figli; (...) quando scoccherà l'ora imminente della lotta decisiva vi dirò le parole di Giuda Maccabeo:* Accingimi, et estote, filii, potentes, parati in mane ut pugnetis adversus nationes has quae convenerunt disperdere nos et sancta nostra; quoniam melius est mori quam videre mala gentis nostrae. Sicut autem fuerit voluntas in coelo, sic fiat![16]

A proposito di citazioni. Nell'ultimo capitoletto del libro è riportata la frase forse più famosa attribuita a Manara: «Noi dobbiamo morire per chiudere con serietà il Quarantotto. Affinché il nostro esempio sia efficace, noi dobbiamo morire». In precedenza l'avevo inserita, con qualche piccola variazione, in un discorso con Italo. La si trova a p. 127 del volume *Lettere di Luciano Manara a Fanny Bonacina*, alla fine dell'introduzione scritta da Francesco Ercole. Non riporta la fonte, ma annota che «Egli aveva scritto a un amico di Milano». Cenni sullo stesso tono si trovano qua e là nella corrispondenza di quei giorni: «... E poi quest'ultima pagina di storia italiana sarà chiusa, ma per Dio! Si deve chiudere onoratamente, sarà suggellata dal sangue di mille martiri» (*Ibidem*, p. 123).

[16] G. Capasso, *Dandolo, Morosini, Manara e il primo battaglione dei bersaglieri lombardi nel 1848-49*, Cogliati, Milano 1914, p. 27.

Ringraziamenti

Questo libro è nato ed è cresciuto grazie alla mobilitazione e all'aiuto di parecchia gente.

Paolo Cirri è la persona che sa tutto del 1848 e soprattutto del 1849. Gli si possono fare domande tipo «I bersaglieri del 1849 avevano in dotazione una gavetta o no?» certi di una risposta.

Giuseppe Tamba, il giocatore, e Massimo Casa, l'affabulatore, mi hanno condotto e guidato nei luoghi e nei tempi della Repubblica romana. Sono stati gentilissimi, cortesi, competenti e irresistibilmente simpatici.

Chiara e Aldo sono sempre stati solerti a risolvere piccoli dubbi milanesi.

Un grazie a chi, in Solferino, ha dato il suo contributo. Carlo Alberto Brioschi ha adottato Manara e ha operato affinché arrivasse al meglio al traguardo; Luna Orlando, oltre a tantissime cose che fa benissimo, è stata il caso e il fato.

Fabio Lagiannella è il burattinaio di questo libro, il suggeritore dietro le quinte: anche all'inizio dell'avventura, quando pensavo ad altri protagonisti, lui puntava con decisione su Manara.

Sergio Schiavi non solo ha realizzato le cartine e mi ha aiutato in cento altri modi, ma mi è stato anche vicino quando le cose sembravano non funzionare. Spesso una parola o un aperitivo arrivano e aiutano, dove sforzi più imponenti non possono nulla.

Poi ci sono sempre le due donne della mia vita, il Topo e la Tartaruga.

Il Topo ha letto, commentato e criticato.

La Tartaruga ha letto, riletto, corretto, commentato, criticato, borbottato, combattuto, sudato, faticato, sofferto fino all'ultimo istante utilizzabile.

Senza di loro questo libro forse non sarebbe e sicuramente non sarebbe così.

Indice

Questo libro è stampato fabbricato da Grafica Veneta S.p.A.
con un processo di stampa e rilegatura certificato 100% carbon neutral
in accordo con PAS 2060 BSI

Finito di stampare nel mese di gennaio 2025
per conto di RCS MediaGroup S.p.A.
da Grafica Veneta S.p.A., Via Malcanton 2, Trebaseleghe (PD)
Printed in Italy